UN VIAJE AL CORAZÓN DEL BUDISMO

María Teresa Román

UN VIAJE AL CORAZÓN DEL BUDISMO

Alianza Editorial

Reservados todos los derechos. El contenido de esta obra está protegido por la Ley, que establece penas de prisión y/o multas, además de las correspondientes indemnizaciones por daños y perjuicios, para quienes reprodujeren, plagiaren, distribuyeren o comunicaren públicamente, en todo o en parte, una obra literaria, artística o científica, o su transformación, interpretación o ejecución artística fijada en cualquier tipo de soporte o comunicada a través de cualquier medio, sin la preceptiva autorización.

© María Teresa Román López, 2007
© Alianza Editorial, S. A., 2007
Calle Juan Ignacio Luca de Tena, 15; 28027 Madrid; teléf. 91 393 88 88
www.alianzaeditorial.es
ISBN: 978-84-206-8723-0
Depósito legal: M. 50.718-2006
Fotocomposición e impresión: Fernández Ciudad, S. L.
Coto de Doñana, 10. 28320 Pinto (Madrid)
Printed in Spain

SI QUIERE RECIBIR INFORMACIÓN PERIÓDICA SOBRE LAS NOVEDADES DE
ALIANZA EDITORIAL, ENVÍE UN CORREO ELECTRÓNICO A LA DIRECCIÓN:
alianzaeditorial@anaya.es

A Ricardo Tercedor

«No existe sufrimiento para el que ha llegado al fin del camino y se ha puesto fuera del alcance de los pesares, que se ha liberado del todo y ha roto todos sus lazos.»

Dhammapada (VII, 90)

«Debemos ver que toda apariencia es como bruma o niebla; aunque se hagan votos por liberar a toda criatura sensible, debe saberse que cualquier manifestación es como el reflejo de la luna en el agua.»

Milarepa

ÍNDICE

PRÓLOGO, por Iñaki Preciado Idoeta 11

INTRODUCCIÓN 15

1. ACERCAMIENTO AL BUDISMO 19
   Una nueva espiritualidad 19
   Qué es el budismo 22
   Budismo y Occidente 26
      Encuentros y aproximaciones 26
      Paralelismos y coincidencias 35

2. BIOGRAFÍA DEL BUDDHA SHÂKYAMUNI 43
   El hinduismo en tiempos del Buddha 43
   El nacimiento 51
   En busca de la sabiduría 54
   El descubrimiento 57

3. LAS CUATRO NOBLES VERDADES 61
   La puesta en movimiento de la rueda del Dharma 61
   El sufrimiento 64
   El origen del sufrimiento 73

El nirvâna 77
El Noble Sendero Óctuple 83

4. LA EVOLUCIÓN DEL BUDISMO 85
   La literatura budista 85
   Los concilios 89
   Hînayâna 90
   Mahâyâna 91
      Escuela Mâdhyamaka 94
      Escuela Yogâchâra 101

5. LA DIFUSIÓN DEL BUDISMO 105
   El budismo traspasa las fronteras de la India 107
   Budismo theravâda 122
   Budismo zen 123
   Budismo tibetano 129

NOTAS 139

BIBLIOGRAFÍA 180

GLOSARIO 189

PRÓLOGO

Iñaki Preciado Idoeta

En los «tiempos negros» que está viviendo la Humanidad, cuando el ala dorada del desarrollo económico sirve de escondite para no ver el borde del abismo al que nos estamos acercando, algunas doctrinas del Oriente, del viejo, del viejísimo Oriente, aún más viejo que la vieja Europa, puede que sean una de las últimas esperanzas que nos quedan. Una de estas doctrinas es, por supuesto, el budismo.

Desarrollar y profundizar el conocimiento del budismo en Occidente es, por tanto, una encomiable tarea, y de no poco provecho. Y también tarea ardua, y laboriosa, pues a menudo se tropieza con absurdos prejuicios filosóficos, con una irracional intolerancia, o lo que es peor, con espurios e inconfesados intereses.

Muchos, y de gran variedad y diversa calidad, son los libros sobre el budismo que hasta la fecha se han publicado en nuestro país. Su fundador y sus enseñanzas no son desconocidas; mas con harta frecuencia, tanto en los libros como en las opiniones, no faltan inexactitudes o cuando menos zonas de sombra. Una de ellas, y no la menos oscura, es el propio término «Buddha». Si buscamos su etimología, enseguida vemos que procede del sánscrito «Buddha», que a su vez deriva de una raíz que significa «Despertar». Un «Buddha» es, por tanto, alguien que ha despertado, aunque queda en el aire una cuestión, y no de poco tomo para futuras controversias y escolásticas disputas: ¿los budas se despiertan por sí solos, o sólo cuando otro los despierta?

Si consideramos el fenómeno del despertar, vemos que presupone el haber estado antes dormido, y en el caso que nos ocupa, además soñando. Al despertar se supone que pasamos de un estado no real, ilusorio, a un estado de auténtica realidad. Aunque tampoco aquí faltan sabios enredadores, algunos veinte siglos anteriores al mismo Descartes:

> Una noche Zhuang Zhou soñó que era una mariposa: una mariposa que revoloteaba, que iba de un lugar a otro contenta consigo misma, ignorante por completo de ser Zhuang Zhou. Despertóse a deshora y vio, asombrado, que era Zhuang Zhou. Mas, ¿Zhuang Zhou había soñado que era una mariposa? ¿O era una mariposa la que estaba ahora soñando que era Zhuang Zhou?

Así leemos en *Maestro Zhuang*, uno de los grandes clásicos taoístas. Ahora bien, en el caso de los Buddhas deberíamos hablar de un «Gran Despertar». A diario nos despertamos para seguir soñando el largo engañoso sueño de la vida, hasta que un día nos despertamos para no volver a dormir-soñar: nos hemos convertido en un «Buddha».

Este cambio vital, esta mutación existencial, nos trae al recuerdo ejemplos tan alejados en el espacio y en el tiempo, como el mito de la caverna, los grandes místicos de todos los tiempos y lugares, e incluso la «realidad aparte» de Don Juan, el indio yaqui. ¿Don Juan, un Buda? En cierto modo, *sensu lato*, sí. Sin embargo, *sensu stricto*, el término «Buddha» sólo se puede decir bajo ciertas condiciones.

En lo que divergen los diferentes «budismos» es en el punto de llegada, a la hora de expresar o describir el estado al que se accede una vez se ha producido el despertar. Porque en lo que atañe al punto de partida, el sueño, son todos coincidentes: tomamos por real y verdadero, y llegado el caso como única realidad, el mundo exterior e interior que percibimos y captamos mediante los sentidos y la razón en su funcionamiento «normalizado». Al «despertarnos» nos percatamos de que aquello, de que esto, no era, no es, real. Generalmente tampoco se suele negar absolutamente el mundo de los sentidos y de la razón, sino que su existencia y su verdad se consideran algo relativo, como la *doxa* platónica. Incluso en ocasiones se asume por entero su verdad al identificarla con la verdad absoluta del Despertar. Y ello es así porque nos hemos despertado a una realidad totalmente distinta, donde nuestras facultades discursivas han quedado rotas e inservibles. Estamos en el mundo del infinito cusano, en un mundo donde no existe el «ser-no ser», el «sí-no», en un mundo donde sâmsara y nirvâna son una y la misma realidad.

Así pues, en el más amplio sentido hay muchos budas y muchas formas de budismo; mas en sentido estricto, ¿a quiénes y cómo se pueden aplicar estas denominaciones?

A la hora de responder a esta pregunta, tampoco hay que olvidar que aquellos a los que hoy llamamos budistas, es decir los seguidores del Buddha Shâkyamuni, nos hablan de toda una larga serie de Buddhas desde tiempos sin principio. Según ellos, Dipamkara fue el primero de los veinticuatro que precedieron al Buddha Shâkyamuni, el Buddha de nuestros días, y también en tiempos venideros otros muchos grandes Despiertos se harán presentes en este mundo. Y aun más, pues si miramos más allá de esa específica tradición, también en India y en Persia hubo figuras similares, sólo que de nombre diferente, como Mahâvîra, Jina, etc. Y al mismo Tonpa Shenrab, fundador del tibetano Bon de la Svástika, sus seguidores lo consideran un Buda persa, que antecedió en varios siglos al indio Shâkyamuni. En cualquier caso, este último y sus seguidores son quienes han hecho propios los términos «Buddha» y «budismo», y de hecho la historia así lo ha reconocido.

Hace dos mil quinientos años, el príncipe Siddhârtha abandonó a su familia, dejando la regalada vida de palacio, y se entregó por entero a la búsqueda del sentido de la existencia y de un camino que le permitiera liberarse del sufrimiento que aquélla conlleva. Tras alcanzar el Despertar, hizo pública una enseñanza, centrada en las Cuatro Nobles Verdades, en torno a la cual se organizó una comunidad. Con el tiempo esta enseñanza, traspasando las fronteras de la India, llegaría a convertirse en una de las tradiciones espirituales más fascinantes, y de mayor originalidad y arraigo, entre las varias que la humanidad ha desarrollado.

Alianza nos brinda en esta ocasión una excelente oportunidad de aproximarnos a esta tradición, de la mano de la profesora Román, una de las más sobresalientes orientalistas de nuestro país. Su libro, perfectamente documentado y con una visión panorámica completa del horizonte budista, desde sus orígenes hasta las posteriores etapas de su evolución, se convertirá, a no dudar, en referencia principal y obligada lectura tanto para estudiosos como para entusiastas de esa penúltima tabla de salvación que nos resta en pleno *kali-yuga*.

INTRODUCCIÓN

«Sentada a horcajadas sobre los sentidos hay una figura sombría, parecida a un fantasma, con unos deseos insaciables y una gran ansia de dominar. ¿Su nombre?: Ego, Ego el Mago; y los trucos mortales que esconde en su manga son el pensamiento engañoso, la avaricia y la ira. Nadie sabe de dónde vino, pero sí sabemos que ha estado con nosotros tanto tiempo como la mente humana.»

Philip Kapleau

Un número cada vez mayor de personas en todo el mundo comienza a estar cansado de la frenética carrera por los bienes materiales, el éxito social, el dinero, el sexo y el poder. El diálogo, la generosidad, la alegría por el bien ajeno, la tolerancia, la compasión y el amor preconizados por el budismo empiezan a ser importantes en una sociedad cada vez más complicada, frustrada y desencantada. Algunas personas han hallado en el budismo no sólo una fascinante visión filosófico-religiosa y una valiosa senda de progreso espiritual, sino también una eficaz terapia para aliviar las profundas heridas del «alma».

Un sector de la población mundial está convencido de que la doctrina budista brinda no sólo la oportunidad de acceder por medio de un trabajo unificador sobre la mente y el cuerpo a la interioridad y a la vida contemplativa, como han demostrado los «maestros del silencio» en su extrema soledad, sino también la posibilidad de acercar posturas entre el pensamiento lógico y el pensamiento mágico, entre la mística y la razón (ningún sistema reposa únicamente sobre el razonamiento discursivo o sobre la intuición) y la ocasión de despertar una visión distinta del mundo, una nueva forma de experimentar la vida, más allá del universo relativo, fugaz, convencional, consensuado, limitado, samsárico [1]... En palabras de Yasutani: «Con la experiencia de la iluminación, que es la fuente de la doctrina budista, se capta el mundo del ku. Este mundo —cambiante, sin materia, más allá de lo individual o de la personalidad— está fuera del ámbito de la imaginación. De la misma forma, la verdadera sustancia de las cosas, es decir, su Naturaleza-búdica o Naturaleza-dharma, es inconcebible e inescrutable. Puesto que todo lo imaginable participa de forma y color, cualquier cosa que uno imagine que es la Naturaleza-búdica necesariamente será irreal» [2]. Y en la *Chandogya-upanishad* leemos: «El *Âtman* es el dique, la barrera para separar estos mundos. Ni el día, ni la noche, ni la vejez, ni la muerte, ni el dolor, ni la acción buena, ni la acción mala atraviesan este dique. Todos los males se regresan de ahí, pues el mundo de *Brahman* está libre de mal. Por eso, atravesando este dique, el que está ciego deja de ser ciego, el que está herido deja de estar herido, el que está enfermo deja de estar enfermo. Por eso, al atravesar este dique, la noche se convierte en día, pues el mundo de *Brahman* siempre es luminoso» [3].

Es indudable que el budismo presenta en la actualidad un reto a nuestro modelo operativo (basado en un compuesto de factores cognitivos, emocionales, interactivos, interpretativos, etc.), pues nos cuestiona acerca de quiénes somos realmente, y más tarde o más temprano, el universo en su conjunto se verá sometido a juicio. Sin embargo, no hay que llegar a la idea de que el budismo sustituirá a nuestras creencias y concepciones psicológicas, filosóficas y religiosas; más bien, será un elemento de gran ayuda en la nueva síntesis de conocimientos que está teniendo lugar en el seno de la civilización occidental, al asimilar la fecunda y variada herencia cultural que ahora se halla a su disposición. Según Thomas Merton: «La renovación cristiana ha terminado por producir una amplia apertura de los cristianos hacia las religiones asiáticas, según las palabras del Vaticano, para "conocer, preservar y promover los bienes espirituales y morales" que ellas contienen» [4]. Y, en relación con el budismo, Diego Sánchez Meca dice lo siguiente: «No sólo se me aparecía con la capacidad clara de ejercer un importante influjo espiritual, sino que me pareció también que, en nuestros días, podía tener algo decisivo que decir al hombre occidental» [5].

La figura del Buddha y su original e inquietante mensaje siguen despertando, después de dos mil quinientos años, un gran interés en muchas personas de distintas culturas, latitudes, edades, sensibilidades y creencias [6]. Fuera de toda sospecha de charlatanería o delirios fanáticos; rodeado de un halo de serenidad; libre y consecuente pensador, tan contrario a la frívola y egocéntrica «actividad filosófica de salón» como a las ingenuas supersticiones; fundador de una tradición religiosa animada de espíritu de benevolencia y libertad, Shâkyamuni ha sido el primero —al menos el primero de quien el mundo tenga noticia— en denunciar al deseo como la raíz de la maldad y de nuestro penoso destierro en el ciclo de las existencias; en enseñar a sus seguidores un remedio infalible para evitar el sufrimiento, a saber: el desarrollo de la sabiduría, la introspección, la humildad, el amor y la compasión.

El surco radiante que dibujó Shâkyamuni en nuestro sombrío destino no se extinguió con él: dejó en nuestro brumoso horizonte un inagotable resplandor. Está al alcance de la mano de cualquier persona inquieta por su salvación decidir en conciencia si esa luminosidad es para ella el alba de una consoladora esperanza o, por el contrario, sólo es el crepúsculo de un nuevo desengaño.

Tratar algunos contenidos básicos del edificio intelectual del budismo es el objetivo que nos hemos propuesto. Para ello hemos trazado un itinerario que, tras una breve presentación del budismo, nos conducirá desde la vida y leyenda del llamado Buddha Shâkyamuni, pasando por algunos de los rasgos más significativos de su enseñanza, hasta la evolución y difusión de la misma.

CAPÍTULO 1

ACERCAMIENTO AL BUDISMO

«Los Maestros de Wu Li saben que "ciencia" y "religión" son únicamente danzas y que aquellos que las siguen son danzarines. Los danzarines pueden proclamar que siguen la "verdad" o proclamar que buscan la "realidad", pero los Maestros de Wu Li están mejor enterados. Saben que el auténtico amor de todos los danzarines es la danza.»

GARY ZUKAV

Una nueva espiritualidad

El espectacular cambio cultural que se viene produciendo desde el siglo XX ha ido erosionando muchas de nuestras creencias. A menudo resulta difícil reconciliar la sencilla fe de otros tiempos con la sofisticada y compleja atmósfera intelectual y científica que nos envuelve. Hemos llegado a un punto en el que muchas personas empiezan a creer que la ciencia «se ha llevado el gato al agua» y que las religiones no tienen gran cosa que ofrecer cuando se trata de explicar el mundo natural.

Desde el Renacimiento la ciencia ha ido esquivando el ámbito divino. Pero hasta la década de los sesenta del siglo XX no desaparecieron del todo las lagunas del conocimiento para las que era necesaria la existencia de Dios. Los grandes avances protagonizados por los físicos y los astrónomos dieron como resultado la creencia de que el camino hacia la «verdad absoluta» era la investigación científica y no los «débiles zancos de la espiritualidad, del misticismo y de las creencias religiosas». Dios y su reino quedaron definitivamente al margen de la ciencia.

La pretensión del universo científico de encontrar una certeza objetiva tiene profundas raíces culturales. Si observamos la estructura de la filosofía y de los sistemas de creencias occidentales, todo empieza con los griegos, que fueron los primeros en codificar la separación lógica entre el sí y el no, lo verdadero y lo falso, etc. Los grandes temas filosóficos planteados ya por el pensamiento griego, y que han definido las líneas maestras de la filosofía así como el objeto de sus distintas disciplinas, son: sujeto-objeto, organismo-medio, verdad-falsedad, realidad-apariencia, bien-mal, etc. El conocimiento dualista según el cual el cosmos se fragmenta en dos ámbitos (observador y observado, sujeto y objeto, organismo y medio, etc.) forma parte intrínseca de la filosofía, la teología y la ciencia occidentales: «La filosofía occidental, en general, es la griega y la filosofía griega es la filosofía de los dualismos. La mayoría de los principales temas filosóficos debatidos todavía hoy fueron creados y modelados por los filósofos de la antigua Grecia»[1].

Parece que la lógica binaria es un aceptable comienzo para interpretar y conectarse con el mundo, pero hay que seguir avanzando. No todas las culturas comparten el modelo interpretativo de Occidente ni la obsesión por la lógica binaria. En sus *Memorias*, Alan Watts afirma: «Apenas se reconoce la vasta diferencia que hay entre la descripción del mundo y el mundo tal como lo sentimos; apenas se reconoce que lo que describimos, en el universo físico, como cosas separadas pertenece al orden de las hipótesis y las opiniones, es decir, que no se trata de hechos sino de interpretaciones»[2].

El budismo insiste en que el camino del «despertar» consiste en superar el falso mundo en blanco y negro de las palabras y ver el mundo como realmente es, a saber, no-dual[3]. Para Aldous Huxley: «Cada individuo se convierte en seguida en el beneficiario y la víctima de la tradición lingüística en la que ha nacido: el beneficiario en cuanto el lenguaje procura acceso a las acumuladas constancias de la experiencia ajena y la víctima en cuanto le confirma en la creencia de que ese reducido conocimiento es el único conocimiento y en cuanto deja hechizado su sentido de la realidad, en forma que cada cual se inclina demasiado a tomar sus conceptos por datos y sus palabras por cosas reales»[4]. En *Nueve meditaciones*, Alan Watts afirma: «La mayoría de las personas civilizadas han perdido el contacto con la realidad. Confunden el mundo tal como es con el mundo tal como ellos lo piensan, tal como hablan de él y lo describen»[5].

En el «principio de incertidumbre», de Werner Heisenberg, hallamos lo siguiente: «En el corazón de la física y podríamos decir en el corazón del universo hay una incertidumbre inherente». Si no puede haber certeza respecto a la naturaleza, ¿puede sorprendernos que no pueda haber una certeza definitiva respecto al ámbito divino? La vida sin certezas debería ser una ventaja y no un problema. Sin embargo, no es así. Cualquier cosa que se salga de la esfera de la realidad consensuada, convencional, virtual, mayoritariamente aceptada, políticamente correcta, produce un gigantesco estruendo en nuestra mente[6]. La mayoría de los seres humanos no se atreve a sacrificar la constelación de certezas con las cuales da forma, sustenta y fortifica la «realidad». Quizá estemos ante un universo demasiado rico, exótico y sofisticado para nuestro limitadísimo intelecto. William Blake escribía: «Si las puertas de la percepción estuvieran purificadas, todas las cosas se le habrían mostrado al hombre como son, infinitas. Pero el hombre se encerró a sí mismo, hasta el punto de ver todas las cosas a través de las estrechas grietas de su caverna»[7].

Aquel que ha intuido las consecuencias del «principio de incertidumbre» ha abandonado la idea de que mediante un proceso analítico, que comporta un observador y una cosa observada, puede llegar a conocer el mundo exterior. Para Jean Bouchart: «Cuanto *más se intenta perfilar lo real, más parece éste fluir. En el límite se halla un gran vacío*»[8].

Quizá tengamos algunas ideas generales acerca de las reglas del juego, pero es poco probable que lleguemos a conocer el diseño exacto del universo; igual que cuando quemamos un tronco; esa llama es un diseño único que nunca se volverá a repetir. Jamás vivimos en el mismo mundo dos veces. Para Heráclito: «todo fluye»[9].

La condición humana es básicamente incierta. Y esa incertidumbre forma parte de la propia textura de la vida. Nuestro cerebro y su forma de actuar están impregnados de incertidumbre igual que el mundo. En esta atmósfera de incertidumbre en la que se mueven los discursos científicos actuales el budismo no desentona en absoluto.

Qué es el budismo

Uno de los grandes obstáculos para comprender la doctrina budista es nuestro arraigado y pertinaz hábito de fragmentar el conocimiento. El pensamiento occidental ha afrontado las distintas áreas de investigación aislándolas entre sí, lo que constituye una perspectiva distinta de la manera en que lo ha hecho un sector del pensamiento oriental; de forma que cuando queremos penetrar en una cuestión del ámbito oriental, nuestra primera reacción es preguntar a qué casillero corresponde. Realizada esta operación, la analizamos según nuestra definición acerca de la «materia», lo que da lugar a un planteamiento occidental.

Como consecuencia de la obsesión de muchos eruditos orientales y occidentales por etiquetar todo lo que cae en su ámbito de estudio, se han vertido en muchos libros gran cantidad de inexactitudes y errores que están contribuyendo a desvirtuar y a deformar las enseñanzas del Buddha. Asimismo las interpretaciones simplistas del legado de Shâkyamuni y la falta de experiencia directa han propiciado tergiversaciones y malentendidos [10]: «Hegel se refiere al Budismo como religión en sus *Vorlesungen über die Philosophie der Religion,* pero lo que él dice sobre el Budismo, son errores muy graves, que también atañen a la filosofía budista» [11].

Aún hoy muchos estudiosos se plantean qué es el budismo. Para unos es una religión [12]; para otros, una filosofía [13]; algunos prefieren hablar de sistema de vida [14]; otros piensan que es un camino de salvación; los hay que afirman que estamos ante una psicoterapia; otro sector opina que es una civilización [15]; no faltan los que creen que es una mezcla de religión, filosofía, psicología, etc.

En todas las religiones es un momento decisivo el hecho de que el fiel pueda esperar protección y beneficios del mundo sobrenatural en los momentos de necesidad y de peligro, si se dirige a él con oraciones y sacrificios. El budista no cree en un dios o en una dimensión sobrehumana que lo conozca o se le entregue por amor, y que pueda rescatarlo de la extinción total. Para el Buddha, el destino del ser humano no está condicionado por ninguna clase de deidad omnisciente o un ámbito divino que existe más allá de las fronteras de un mundo básicamente imperfecto, perverso y limitado. Por el contrario, reposa en el poder de aspiración de cada individuo; poder obtenido por la comprensión y por la práctica traducida en términos de voluntad, decisión y esfuerzo personal.

Tampoco el Buddha es ninguna encarnación divina [16] que anuncie las verdades de la salvación, ni profeta, ni santo inspirado por la divinidad, sino solamente un ser humano que ha hallado el antiquísimo camino de la salvación mediante un ejercicio meditativo y pretende comunicárselo a todos aquellos que estén dispuestos a escucharle para ayudarles a liberarse: «El budismo consiste ante todo en la noción de salvación, y la salvación supone únicamente que se conoce la buena doctrina y se la pone en práctica. Sin duda, ésta no hubiera podido conocerse si no hubiera venido Buda a revelarla; pero, una vez hecha la revelación, quedaba cumplida la tarea de Buda. A partir de este instante, él dejó de ser un factor necesario de la vida religiosa» [17].

El budismo tiene en común con todas las tradiciones sagradas la noción de la sacralidad de ciertos recintos, lugares, individuos, imágenes, ceremonias y rituales [18]. Según esto, el budismo es una religión, la menos dogmática [19] de las religiones, que se resiste a hablar de Dios. Helmuth von Glasenapp tituló a uno de sus libros: *El budismo, una religión sin dios*. Émile Durkheim cita el budismo como ejemplo de «grandes religiones en las que está ausente la idea de dioses y de espíritus, o donde, al menos, sólo desempeña un papel secundario y borroso» [20]. En un sentido parecido se expresa Carmen Dragonetti: «No se puede considerar que el Budismo es ateo en cuanto cree en la existencia de dioses; pero lo es, en cierto sentido, en cuanto no acepta la existencia de un ser supremo eterno, inalterable y en cuanto los dioses, que acepta, han sido reducidos a una condición muy poco por encima de la condición humana e inferior incluso a la de los seres humanos que han obtenido la iluminación y la liberación» [21]. El budismo, dice Eugéne Burnouf, «se presenta en oposición al Brâhmanismo, como una moral sin Dios y como un ateísmo sin Naturaleza» [22]. Y en palabras de Hermann Oldenberg: «Cuando el budismo se alista en esta gran empresa de imaginar un mundo de salvación donde el hombre se salva por sí mismo y en crear una religión sin Dios, la especulación brahmánica ha preparado ya el terreno para esta tentativa» [23]. Finalmente, García Ayuso afirma: «La ley buddhista es atea en el genuino sentido de la palabra, y los que pretenden librar al buddhismo de esta mancha no han podido citar un solo pasaje en el que el maestro haga explícita confesión de la creencia en Dios» [24].

Para Narada Thera, el budismo no es exactamente una religión: «No es "un sistema de fe y adoración sujeto a fidelidad alguna a un ser sobrenatural" [...] Dentro de la potestad de un Buda no está el lavar las impurezas de los demás [...]. Aunque el budista se refugia en el Buda, no se autosomete [...] tampoco sacrifica su libertad de pensamiento al convertirse en seguidor del Buda. Puede ejercitar su libre albedrío y desarrollar su conocimiento hasta un punto tal en que puede llegar a ser él mismo un Buda»[25].

La creencia de que el budismo es un camino de salvación está presente en algunos eruditos. Según Vicente Fatone: «El budismo es ante todo un método de salvación; de ahí su acentuado tono pragmático y su limitación de problemas: todo aquello que no conduzca a la salvación será rechazado por ocioso»[26]. Para Hans Küng: «El budismo no es en absoluto una filosofía: no ofrece una explicación del mundo. Es una religión, es doctrina de salvación y camino de salvación»[27]. En relación con el budismo zen, Alan Watts afirma lo siguiente: «Es un camino y concepción de la vida que no pertenece a ninguna de las categorías formales del pensamiento occidental moderno. No es una religión ni una filosofía; no es una psicología o cierto tipo de ciencia. Es un ejemplo de lo que en la India y en la China se conoce como un "camino de liberación"»[28].

Para interpretar el budismo como una filosofía, hay que recurrir a una noción de filosofía muy amplia. Para ciertos estudiosos, el budismo no es simplemente «amor a la sabiduría ni el estímulo en busca de ella», abarca mucho más; la filosofía occidental se fija en el conocimiento y deja de lado la práctica; mientras que el budismo pone un especial énfasis en la práctica y la comprensión y relega a un segundo plano la información y el conocimiento: «El Buda insiste en el aspecto práctico de su enseñanza [...] toda la enseñanza se resume en la captación de la naturaleza insatisfactoria de la existencia fenoménica y en cultivar el sendero que nos aparta de lo deficiente. Ésta es su filosofía»[29]. Para Masson-Oursel, el budismo, como filosofía, es: «Una crítica de los fenómenos reconocidos no sustanciales, puramente relativos de acuerdo a la causalidad que explica su sucesión y, de modo más profundo, según la actividad que los suscita. Es en este sentido un intelectualismo decidido, pues el deseo y el error no son sino ignorancia»[30].

Sea el budismo una filosofía o no, de lo que no cabe duda es que la filosofía que lleva implícita esta tradición religiosa es fundamentalmente práctica: «Buda recoge un puñado de hojas y explica a sus discípulos que así como esas hojas son bien poca cosa en comparación con el bosque, así la doctrina predicada por él no es más que una ínfima parte de lo que sabe; de este saber sólo revelará lo que es útil para la liberación»[31].

En efecto, la investigación de la realidad, por el mero propósito de saber más acerca de ella, sería una actividad inane. La doctrina del Buddha no promueve la especulación sobre temas que no sean eficaces para la liberación. Teniendo esto presente, no resulta difícil imaginar por qué el Buddha guardó silencio ante ciertas preguntas poco provechosas para mejorar en la vida espiritual. Esto queda ilustrado en el conocido diálogo con un monje llamado Mâlunkyâputta. Éste lamentaba que el Buddha dejara sin respuesta temas relevantes y profundos. El Buddha le contó entonces la historia del hombre herido por una flecha[32]. Los amigos y parientes mandan llamar a un médico, pero el hombre grita: «No me sacaré la flecha hasta que sepa el hombre que me ha herido: si es de casta de nobles guerreros, brahmines, mercaderes o plebeyos... su nombre, su clan [...]. Este hombre, Mâlunkyâputta, moriría sin llegar a enterarse de todo eso»[33]. ¿Por qué se negaba el Buddha a discutir tales cosas? «Porque no es provechoso para el objetivo, no es fundamental para la vida de santidad, no conduce al desengaño, al desapasionamiento, a la cesación al apaciguamiento, al conocimiento superior, a la iluminación, al *Nibbâna*; por eso no lo he explicado»[34].

En el budismo, la meditación es el vehículo por excelencia para obtener la liberación. Se da una gran importancia a la contemplación y a la disciplina mental. Lo que se busca es el dominio de los procesos mentales a través de la meditación. Por consiguiente, el pensamiento budista está impregnado no sólo de elementos religiosos y filosóficos, sino también de elementos psicológicos. Según Fritjof Capra: «Si el sabor del hinduismo es mitológico y ritualista, el del budismo es definitivamente psicológico»[35]. Para Daniel Goleman: «Algunos investigadores actuales definen el budismo no como una religión o una filosofía, sino como una ciencia de la mente»[36]. Por su parte, Carl Gustav Jung afirma lo siguiente: «Mi admiración por los grandes filósofos orientales es tan indubitable, como irreverente mi posición hacia su metafísica. En efecto, sospecho que son psicólogos simbólicos, a los que no se les podría hacer mayor injusticia que tomarlos literalmente. Si en verdad fuera metafísica lo que ellos dan a entender, querer comprenderlos sería inútil. Si, empero, es psicología, podemos comprenderlos, y obtendremos grandísimo provecho pues entonces lo llamado metafísico se torna experimentable» [37].

Cuando nos introducimos en estilos de vida como el budismo, dice Alan Watts, «no hallamos un material de carácter filosófico ni religioso en el sentido occidental. Lo que hallamos se aproxima más a la psicoterapia» [38]. Y, por cierto, precisamente ésa es la forma en que muchas personas en todo el mundo han accedido al budismo. Como un modo de reducir la ansiedad, de desarrollar la conciencia y de controlar los sufrimientos y las frustraciones inherentes a la existencia humana.

Sea lo que sea el budismo, sería un grave error reducirlo a alguno de sus matices. Para Anagarika Govinda, el budismo es una religión, una filosofía y una psicología: «Como experiencia y forma de realización práctica es una *religión*; como la elaboración intelectual de esta experiencia, una *filosofía*, y como el resultado de la autoobservación y el análisis sistemático, una *psicología*» [39]. Y en palabras de David Brazier: «El budismo es muchas cosas. Se trata de una religión, con instituciones religiosas [...]. Es un camino hacia la salvación personal. Se trata de una tradición escrita y oral de una venerable antigüedad. Es una orden de monjes y monjas [...] Cuando preguntaron al propio Buda acerca de lo que eran sus enseñanzas, respondió que constituían todo aquello que conducía a la auténtica terminación del sufrimiento. El budismo, por eso, es también y quizá podamos decir primariamente una terapia» [40]. Para Mircea Eliade: «El yoga y el budismo son soteriologías, técnicas místicas, filosofías» [41].

Budismo y Occidente

Encuentros y aproximaciones

El pensamiento budista era casi un desconocido para la mayoría de los autores occidentales de la Antigüedad y más tardíos [42], a pesar de los esfuerzos por darlo a conocer por parte del tercer monarca de la dinastía maurya llamado Ashoka [43], nieto de Chandragupta e hijo de Bindusâra, que reinó en el subcontinente, según las teorías más recientes, desde

272-236 a.C. Los edictos[44] y las inscripciones[45] grabados en rocas o pilares[46] ubicados en varios lugares de su reino nos familiarizan no solamente con la personalidad de Ashoka, sino también con los acontecimientos de su reinado; quizá el más conocido sea su conversión al budismo. Ésta tuvo lugar después del asedio del reino de Kalinga[47], situado en el Este (actual Orissa), en el noveno año después de su coronación. Guerra victoriosa, pero desastre humano: mil quinientos rehenes, numerosísimos heridos y más de cien mil cadáveres. En un esfuerzo por buscar la expiación se convirtió en un celoso devoto del budismo[48]. En el edicto en piedra número XIII confiesa sus remordimientos, proclama su refugio definitivo en el Dharma, en beneficio del cual, en Pâtaliputra (Patna), reunió un concilio (*ca.* 253 a.C.).

El celo apostólico de Ashoka quisiera abarcar la tierra: embajadores del Dharma parten en todas las direcciones: a los reinos vecinos de los cholas y de los pandyas en el sur de la India, a Birmania, Ceilán, tal vez a China e incluso a los dominios de Antíoco II (261-246), rey de Siria, de Ptolomeo II Filadelfo (285-247), rey de Egipto, de Magas (300-258), rey de Cirene, de Antígono (278-239), rey de Macedonia, y de Alejandro (272-258), rey de Epiro, contemporáneos todos ellos de Ashoka y mencionados por él en su edicto en piedra número XIII.

Tras la muerte de Ashoka (*ca.* 232 a.C.), la dinastía de los maurya se extinguió y el imperio quedó fragmentado por las luchas intestinas y por las invasiones extranjeras. Ciertos reyes griegos reinaron entonces en el noroeste del subcontinente, de los cuales uno de los más sobresalientes fue Menandro (siglo II a.C.). Este monarca fue uno de los principales protagonistas del *Milinda pañha* («Las preguntas de Milinda»), uno de los tratados no canónicos más representativos del budismo Theravâda, compuesto en forma de un diálogo entre el monje budista Nâgasena y el rey Menandro, a quien los indios llamaban Milinda. Veamos un retrato de este último, tal y como aparece en el tratado budista:

> El rey Milinda, sabio, perspicaz, inteligente, capaz, cuidadoso, cumplidor en tiempo oportuno de todos los actos rituales o de devoción concernientes al pasado, al futuro o al presente. Había estudiado todas las ramas del saber: Revelación, Tradición, Sankhya, Yoga, Nîti Visesikâ, aritmética, música, medicina, Vedas, Purânas, Itihâsas, astronomía, magia, lógica, cantos sagrados, guerra, poesía, lenguaje de los dedos, en total diecinueve

ciencias. Era un polemista incomparable, invencible, con reputación de ser el mayor de los doctores. En todo el Jambudîpa el rey Milinda no tenía igual en cuanto a fuerza, agilidad, valentía, prudencia; era dueño de prosperidad, grandes riquezas, grandes ingresos y de ejércitos innumerables[49].

El *Milinda pañha* es una muestra de la influencia del pensamiento budista en el ámbito helénico, aunque no debemos olvidar que Occidente también ejerció una profunda influencia sobre el subcontinente. Es conocido el desenlace de la expedición militar a la India de Alejandro Magno[50], en el siglo IV a.C.

Alejandro no permaneció mucho tiempo en el subcontinente, aunque dejó, al marcharse, varios destacamentos en el noroeste y ciertas dinastías griegas extendieron su autoridad en estas zonas durante dos siglos. Tras la desaparición de estos reinos, los escitas, muy helenizados, siguieron gobernando en distintos lugares de la India durante mucho tiempo. En efecto, el budismo entró en contacto con el mundo griego como resultado de estas invasiones sucesivas. Entre sus consecuencias, destacamos la célebre escuela de estatuaria budista de Gandhara[51] que se desarrolló por el noroeste bajo la tutela de los escitas.

Con el Imperio Romano se hicieron aún más frecuentes los intercambios por tierra y por mar con el mundo oriental, por lo que aumentó la importancia de los centros comerciales, desde Alejandría. Roma envió regularmente embajadas a la India para estudiar filosofía y ciencia, y se tiene noticia de diversas legaciones indias en la corte de Trajano (siglo I) y en la de Claudio.

El primer autor occidental que cita el nombre del Buddha es Clemente de Alejandría (150-218 d.C.), maestro de Orígenes[52] (183-252), teólogo y exegeta griego. Por su parte, Clemente se refiere repetidamente a la presencia de budistas en Alejandría; en sus *Stromata* (I, XV) escribe: «Entre los indios, los hay que siguen las normas de un tal Buta».

Hay que esperar al siglo XIV y a la publicación de los recuerdos del gran viajero veneciano Marco Polo (1271-1295) para tener noticias más precisas de la figura del Buddha[53]: «Una sola vez, gracias a Marco Polo que visita Ceilán y las costas índicas en el 1293, se alude a la célebre leyenda de Buda, llamado *Sagamoni Borcan (Shâkyamuni Burchan)*»[54]. Esta biografía fue la primera que conoció Occidente[55], aunque curiosamente apenas dejó huella en las narraciones populares de la Alta Edad Media y del Renacimiento.

Nos ha llegado una versión cristianizada de la vida del Buddha, que parece datar del siglo XI y que se debe, según algunos estudiosos, al sirio Juan Damasceno: «Nada sabemos del autor que cristianizó e introdujo en el mundo cristiano una vida de Buda redactada en sánscrito. Ya en los primeros tiempos cristianos la leyenda se había difundido en muchas lenguas; una redacción griega (con una forma literaria barroca que le dio un monje del monte Atos) se encuentra entre las obras de Juan Damasceno, y más tarde en los florilegios de vidas de santos, como la *Legenda Aurea y el Flos Sanctorum*»[56]. Esta novela recibe el nombre de *Baarlam y Josafat*; contiene buena parte de la vida del Buddha, poniendo especial énfasis en la conversión del príncipe y en su posterior vida monástica: Josafat es hijo de un rey de la India; los astrólogos predicen que reinará sobre un reino mayor, que es el de la Gloria; el rey lo confina en un palacio, pero Josafat descubre la desdichada condición de la humanidad bajo las apariencias de un leproso, de un ciego y de un moribundo y es convertido a la fe por un ermitaño llamado Baarlam. De esta leyenda hay muchas variantes en la Edad Media que no son más que versiones cristianas de la vida de Siddhârtha Gautama, tomada del *Lalita-vistara,* texto sánscrito correspondiente a la transición entre el Hînayâna y el Mahâyâna, que apareció en Europa en el siglo XII[57].

Las ideas budistas dejaron huella en algunos escritores e intelectuales europeos. En efecto, una referencia al budismo aparece en *Bouvard y Pécuchet*, obra de Gustave Flauvert, famoso novelista francés:

> El escándalo se redobló cuando Pécuchet declaró que le gustaba el budismo.
> El clérigo se echó a reír:
> —¡Ah!, ¡ah!, ¡el budismo!
> La señora de Noaris levantó los brazos.
> —¡El budismo!
> —¡Cómo... el budismo! —repetía el conde.
> —¿Lo conoce usted? —dijo Pécuchet al padre Jesufroy, que se embarulló—. ¡Bueno, pues entérese, mejor que el cristianismo y antes que él, reconoció la nada de las cosas terrestres. Sus pinturas son austeras, sus fieles son más que todos los cristianos, y, en cuanto a la encarnación, Vichnou no tuvo una sino nueve; así que juzgue usted![58].

Hermann Hesse utilizó temas budistas en sus novelas, sobre todo en *Siddhârtha*. Precisamente de ésta recogemos un interesante fragmento: «Siddhârtha tenía un fin, una meta única: deseaba quedarse vacío, sin sed, sin deseos, sin sueños, sin alegría ni penas. Deseaba morirse para alejarse de sí mismo, para no ser yo, para encontrar la tranquilidad en el corazón vacío, para permanecer abierto al milagro a través de los pensamientos despersonalizados: ése era su objetivo»[59].

Arthur Schopenhauer quedó impresionado por lo que él consideraba como paralelos entre su filosofía y el pensamiento hindú y budista. En *El mundo como voluntad y representación*, el célebre filósofo alemán alude en numerosas ocasiones al budismo. Éste creía que el budismo era la tradición religiosa más idónea, y a pesar de que los misioneros cristianos la desaprobaban por su «pesimismo», creía que ese rasgo realzaba su «puesta en escena», debido a que evaluaba de modo realista la existencia del dolor en el mundo. Schopenhauer ejerció una gran influencia sobre músicos como Richard Wagner y filósofos como Friedrich Nietzsche. Un pasaje del *Anticristo* demuestra que, hasta el final, Nietzsche conserva cierta estima por el pensamiento budista cuando se trata de establecer una comparación con el cristianismo[60].

Desde comienzos del siglo XIX hasta la actualidad destacamos a un importante grupo de investigadores del pensamiento oriental versados en las tradiciones filosóficas de Occidente, de la talla de Eugène Burnouf, Max Müller, Sylvain Lévi, Hermann Oldenberg, Giuseppe Tucci, Étienne Lamotte, Edward Conze, André Bareau, Helmuth von Glasenapp, Erich Frauwallner, Louis de la Vallée Poussin, Alfred Foucher y T. Stcherbatsky , entre otros muchos[61].

Eugène Burnouf (1801-1852) es pionero del orientalismo francés con sus investigaciones sobre el pâli y sobre el sánscrito y autor de una excelente traducción y comentario del *Saddharma-pundarîka* («Sûtra del Loto»). Según Max Müller, la *Introduction à l'histoire du bouddhisme indien,* de Burnouf: «Puso las bases del estudio sistemático del budismo»[62]. Desde luego, la obra de Burnouf no fue la única en despertar el interés de la cultura occidental por el budismo, pero es indudable que el fundamento científico y crítico de toda discusión posterior se debe en buena medida a sus investigaciones.

Uno de los grandes precursores de los estudios indológicos es el alemán Friedrich Max Müller (1823-1900), fundador de la escuela filológica en historia de las religiones. Editó con la ayuda de grandes orientalistas la serie *Sacred Books of the East* (1879-1910) en cincuenta y un volúmenes, que contenía diversas traducciones de importantes textos budistas.

Sylvain Lévi (1863-1935) es una de las figuras más sobresalientes del indianismo y sobre todo de los estudios budistas, autor de numerosos artículos sobre el budismo, y el responsable de la edición y de la traducción francesa de obras sobresalientes del Mahâyâna, a saber: la *Vimshatikâ* y la *Trimshikâ* de Vasubandhu y el *Sûtrâlamkâra* de Asanga.

Hermann Oldenberg (1854-1920) es considerado una de las principales autoridades del budismo Theravâda y editor y traductor de importantes textos budistas. Entre sus más significativas contribuciones al estudio del budismo podemos destacar: *Buda, su vida, su obra, su comunidad* y la publicación en cinco volúmenes del *Vinaya-pitaka*.

Sin duda, una de las grandes personalidades del orientalismo italiano es Giuseppe Tucci (1894-1984); dominó áreas de especialización tan diversas como las del avesta, el sánscrito, el tibetano y el chino; es autor de libros tales como *Il budismo*, *Pre-Dinnâga buddhist texts on logic from chinese sources*; *On some aspects of the doctrines of Maitreya and Asanga*, *Teoria e practica del mandala* y una interesante edición del *Libro tibetano de los muertos*.

Uno de los grandes especialistas en toda la historia de los estudios budistas es Étienne Lamotte (1903-1983); fue profesor de la universidad de Lovaina, donde enseñó chino, tibetano, sánscrito y filosofía de la India; de su ingente obra destacamos *Le traité de l'acte de Vasubandhu (Karmasiddhiprakarana)*, *Le traité de la grande vertu de sagesse (Mahâprajñâpâramitâsâstra)* e *Histoire du bouddhisme indien, des origines à l'ère Saka*.

Otro de los grandes estudiosos del pensamiento budista, Edward Julius Dietrich Conze (1904-1979), es conocido sobre todo por sus investigaciones sobre la literatura de la *Prajñâpâramitâ* («Perfección de la Sabiduría»); entre sus obras más notables figuran *Breve historia del budismo*, *El budismo su esencia y su desarrollo*, *Selected sayings from the Perfection of Wisdom*, *Thirty years of buddhist studies*, *Buddhist texts throug the ages* y *Buddhist scriptures*.

André Bareau (1921-1993) dedicó toda su vida a la enseñanza y a la investigación de temas budistas; estudió con los grandes maestros de los estudios orientales franceses de su época: Jean Filliozat, Louis Renou y

Paul Demiéville. Es autor de numerosos artículos y de diversos libros; entre estos últimos destacamos *Les sectes bouddhiques du Petit Véhicule, Les premiers conciles bouddhiques* y *Bouddha*.

Helmuth von Glasenapp (1891-1963) es una de las grandes figuras de los modernos estudios orientales. La mayoría de sus libros se refieren al pensamiento de la India. De su obra destacamos *El budismo, una religión sin Dios, La filosofía de los hindúes, Brahma und Buddha* y *Misterios budistas*.

Erich Frauwallner (1898-1974), notable orientalista vienés, es otra de las figuras importantes en el campo de los estudios budistas; publicó junto con *Die Philosophie des Buddhismus* una antología comentada de los testimonios más interesantes del filosofar budista.

Louis de la Vallée Poussin (1869-1938) es uno de los grandes estudiosos del budismo tántrico y fundador de la Société Belge d'Études Orientales. Es imposible enumerar todos los estudios teóricos de este gran estudioso del budismo de origen francés. Entre sus numerosas obras destacamos *Nirvâna, Le dogme et la philosophie du bouddhisme bouddhique* y *bouddhisme. Opinions sur l'histoire de la dogmatique*. Entre sus traducciones destacamos: *Abhidharmakosha* y *Vijñaptimâtratâsiddhi*.

Indianista de reconocido prestigio, Alfred Foucher (1865-1952) mostró su predilección por el pensamiento budista. Entre sus obras figuran *L'art greco-bouddhique du Gandhâra, La vie du Bouddha* y *Les vies antérieures du Bouddha*.

Gracias a la iniciativa de T. W. Rhys Davids (1843-1922) y su esposa Caroline A. Foley (1858-1942), grandes admiradores del budismo, se creó en Londres en 1881 la Pâli Text Society. A esta sociedad se debe principalmente el que actualmente existan impresas no sólo una gran parte de las obras más importantes del Canon Pâli, sino también extensos comentarios en ediciones críticas. El sucesor de la señora Rhys Davids, I. B. Horner, ha seguido traduciendo textos budistas.

La investigación en torno al budismo ha estado dominada en Rusia durante el siglo XX por la figura de T. Stcherbatsky, autor de importantes obras como *La Lógica Budista, El concepto del nirvana budista, Dharma* y *El concepto central del budismo*. Uno de sus pupilos, Eugen Obermiller, tradujo valiosos textos del tibetano.

El año 1875 señala un evento importante. El coronel Henry Steel Olcott (1832-1907) y Helena Petrovna Blavatsky (1813-1891) fundaron en Nueva York la Sociedad Teosófica. Aún hoy Blavatsky sigue siendo una persona muy controvertida [63]; sin embargo, no pocas personalidades la han tomado en serio: Thomas Edison, Alfred Russell Wallace, sir William Crookes, William Butler Yeats y lord Tennyson, entre otros. Los trabajos de Blavatsky activaron la curiosidad y el interés por el pensamiento oriental. Blavatsky se refirió al budismo en términos de la más alta consideración; Olcott elaboró un «catecismo budista» y Sinnet, otro destacado miembro de la Sociedad Teosófica, publicó una obra titulada *El budismo esotérico*.

La doctrina budista tuvo un profundo impacto en la teoría filosófico-religiosa surgida en América conocida como «trascendentalismo». Éste surge entre 1830 y 1840 en las obras de un grupo de autores de Nueva Inglaterra, sobre todo en Waldo Emerson (1803-1882) y Henry David Thoreau (1817-1862). Interesados por la literatura oriental, hay en los trabajos de ambos autores muchas resonancias de las doctrinas islámicas, hindúes, budistas y chinas. Sus libros estimularon el interés hacia el estudio de las religiones comparadas en Norteamérica.

Particularmente ha suscitado interés el Zen, sobre todo en Estados Unidos, a lo que han contribuido las obras tanto especializadas como populares de Daitsetu Teitaro Suzuki [64] (1870-1966) y de Alan Watts [65] (1915-1974). Durante los años cincuenta, la mayoría de las personas conocieron el budismo bajo la forma japonesa (Zen), y algunos pensaron que se trataba de una moda pasajera, un mero pasatiempo de los escritores beat [66].

Gran influjo ha tenido en el mundo intelectual japonés contemporáneo el filósofo Nishida Kitarô (1870-1945), profesor de Ética y Filosofía de la Religión en la Universidad de Kyoto. Dedicó una parte de su vida a la práctica del Zen, que combinó con una intensa reflexión filosófica. Su obra *Indagación del Bien* constituye una gran síntesis creativa de las concepciones filosóficas de Oriente y Occidente.

El budismo tibetano llegó a Occidente casi diez años después de la rebelión y éxodo de los lamas del Tíbet. Su llegada supone el comienzo de una nueva fase en la asimilación del pensamiento oriental dentro de la cultura norteamericana. Durante siglos el Vajrayâna ha hecho del desarrollo espiritual su prioridad social, y ha sido el heredero de dos mil quinientos años de teoría y práctica budistas.

El médico inglés L. A. Waddell ha plasmado en una obra titulada *The Buddhism of Tibet or Lamaism* sus experiencias y sus conocimientos sobre las doctrinas esotéricas del lamaísmo. Los trabajos de E. L. Hoffman, conocido como Anâgârika Govinda, fundador de una organización llamada Arya Maitreya Mandala, son una importante fuente de información sobre la filosofía y las prácticas budistas tibetanas. Entre sus obras más importantes figuran: *Meditación creadora y consciencia multidimensional*, *Fundamentos de la mística tibetana* y *El camino de las nubes blancas*. El tesón de Walter Yeeling Evans-Wentz, destacado estudioso del budismo tibetano, permitió rescatar obras de un valor inestimable para Occidente, a saber: *El libro tibetano de los muertos*, *El libro tibetano de la gran liberación*, *Yoga tibetano y doctrinas secretas* y *El gran yogui Milarepa del Tíbet*. No podemos pasar por alto a Giuseppe Tucci, uno de los más eminentes orientalistas occidentales y autor entre otros de los siguientes libros: *Storia della filosofia indiana*, *On some aspects of the doctrines of Maitreya and Asanga*, *Teoría y práctica del mandala* y una edición del *Libro tibetano de los muertos*. Por último, la intrépida francesa Alexandra David-Neel viajó por algunos países de Oriente sola, en expediciones casi heroicas. Adoptó un lama tibetano como hijo propio y ella misma llegó a ser lama. Es autora de fascinantes libros como: *Místicos y magos del Tíbet*, *Inmortalidad y reencarnación*, *Las enseñanzas secretas de los buddhistas tibetanos*, *Magia de amor magia negra* y *El budismo del Buda*.

Ahora bien, si los estudios budistas han sido profundos, cuando pasamos a comprobar la influencia de los mismos en la vida y en el pensamiento de Occidente, no parece existir proporción de ésta con el interés teórico. Para Ismael Quiles: «La práctica del budismo y su incorporación como religión vivida en Occidente no ha pasado de casos aislados. No se han podido organizar las "comunidades" *(Samgha)*, lo que es esencial al budismo. El occidente no parece asimilarlos con facilidad; la vida del mundo tecnificado y las concepciones tradicionales de occidente dan una visión del mundo y del hombre, que se interesa por algunos aspectos del budismo, pero no acepta su horizonte total, remoto a las experiencias habituales y profundas del hombre europeo»[67].

A pesar de las dificultades que entraña la aceptación y posterior aclimatación de una doctrina oriental en el marco de nuestra sociedad, se están llevando a cabo innumerables ensayos por adaptar la vida budista en Occidente. En ese sentido, R. J. Jackson fundó en Londres la Buddhist Society. Posteriormente Christmas Humphreys, gran propagador del budismo en Occidente, dio a la Buddhist Society nueva vida y trató de dinamizar las relaciones entre los budistas. Según Edward Conze: «Al irse haciendo aún más patente la bancarrota de nuestra civilización, mucha más gente será atraída a la sabiduría del pasado, y alguna de estas personas a su forma budista. Falta por verse dónde y cuándo harán su primera aparición los europeos vestidos con la túnica color de azafrán»[68]. Por su parte, Arnold J. Toynbee declaró que «uno de los acontecimientos más importantes del siglo XX sería la llegada del budismo a Occidente». El propio Dalai Lama ha reconocido recientemente el gran interés por parte de la comunidad científica occidental hacia el pensamiento budista. En *De cuerpo presente. Las ciencias cognitivas y la experiencia humana*, sus autores, F. J. Varela, E. Thompson y E. Rosch han puesto en evidencia el fecundo panorama que se abre cuando las ciencias cognitivas se combinan con el pensamiento budista[69].

Paralelismos y coincidencias

Algunos investigadores han llegado a concretar analogías y líneas de convergencia entre las concepciones de Pitágoras (572-497 a.C.) y ciertos aspectos del budismo. En efecto, de ningún filósofo griego se ha asegurado con tanta frecuencia y sin ningún género de dudas que sufriera influencias del budismo como del gran filósofo de Samos:

> Al igual que Sakiamuni, Pitágoras entró pronto en la leyenda y no pasó mucho tiempo hasta que se le atribuyeron, como al sabio indio, caracteres divinos. Paradójicamente, nuestros conocimientos sobre su persona se incrementan conforme nos alejamos de la época en que vivió. Otro tanto ocurre con Buda, cuyas enseñanzas se transmitieron sólo oralmente durante varias generaciones. A los quinientos años de su desaparición se empiezan a tejer infinidad de historias prodigiosas en torno a su vida —*jataka*—, lo que recuerda la larga saga de narraciones apócrifas con las que en los primeros siglos de la era cristiana se aureoló la persona y vida de Jesucristo[70].

La auténtica sabiduría sólo se puede lograr, según el filósofo de Samos, tras penetrar las puertas del mundo de ultratumba. Para el budismo, el individuo ha de morir a cualquier tipo de existencia, apagar la llama del deseo. Al parecer, Pitágoras habría permanecido en una habitación subterránea, de la que salió, según Diógenes Laercio, «flaco y macilento, y congregando gentes dijo que volvía del infierno»[71]. Esta apariencia no está lejos de las imágenes con las que se representa a Shâkyamuni tras los años de ascetismo a los que se sometió en busca de respuestas satisfactorias al misterio de la vida y de la muerte. En el *Majjhima Nikâya* (I, 80) leemos: «Hice mi cama en un osario con los huesos de la muerte por almohada. Y los pastores de vacas se acercaron, me escupieron y orinaron sobre mí, arrojaron basura y me introdujeron pajas en las orejas».

Y del mismo modo que el Buddha creó el Sangha (comunidad monacal), Pitágoras instauró una comunidad[72]: «"Entre los amigos todas las cosas son comunes" [...]. Sus discípulos también depositaban sus bienes en común. Callaban por espacio de cinco años, oyendo sólo la doctrina»[73].

Nadie ignora el principio socrático conocido por la frase «Conócete a ti mismo», pero también el Buddha afirmó: «Vuestro deber es estudiaros y reflexionar sobre vosotros mismos». Los pasajes de los textos budistas que invitan a la autorreflexión no son pocos: «¡Oh Ânanda!, sed un refugio para vosotros mismos; no recurráis a los refugios exteriores. Manteneos firmes en el Dharma como en un refugio. No busquéis refugio en nadie fuera de vosotros mismos [...].

Y quienquiera, ¡oh Ânanda!, ya sea ahora o después que me haya extinguido, vivan teniendo al Ser (attâ) como a una lámpara (attâ-dipa viharatha), al Ser como a un refugio y no otro refugio; teniendo al Dhamma como a una lámpara, al Dhamma como a un refugio y no otro refugio»[74].

La predilección del hombre religioso por todo lo sobrenatural y asombroso, en lo cual cree hallar una confirmación irrefutable de su fe, hace que a todo estudioso de la biografía de un santo le parezca necesario rodear a su héroe con el halo del taumaturgo. En este sentido hemos hallado similitudes entre las parábolas y los milagros budistas y cristianos: «El mismo Buddha se dirigió a Uruvela, donde convirtió a 1.000 brahmanes [...] Los textos antiguos hacen preceder a la conversión grandes milagros, no menos de 3.500, realizados por Buddha»[75]. Glasenapp se refiere a «la historia de la inagotable torta de arroz (Jâtaka, 8), y el milagro del mango (introducción al Jâtaka 483) [...] el viaje aéreo hacia Ceilán (Dîpavamsa 1-2)»[76]. Y en Mateo (IV, 23-24), leemos:

> Recorría toda Galilea, enseñando en las sinagogas, predicando el evangelio del reino y curando en el pueblo toda enfermedad y toda dolencia. Extendióse su fama por toda la Siria, y le traían a todos los que padecían algún mal: a los atacados de diferentes enfermedades y dolores y a los endemoniados, lunáticos, paralíticos, y los curaba.

El *Jataka* (190) cuenta la historia del piadoso discípulo que camina sobre el agua mientras tiene una fe ciega en el Buddha; pero empieza a hundirse cuando su éxtasis decae. A su llegada, el Maestro le pregunta por lo ocurrido. «¡Oh Señor! —contesta—, estaba tan absorto en pensamientos acerca del Buddha que he caminado sobre el agua del río como si hubiese sido tierra seca»[77]. Según Max Müller, «el simple caminar sobre el agua no es una historia infrecuente; pero el sostenerse en virtud de la fe y hundirse por la falta de ella sólo puede explicarse por un contacto histórico y una transferencia, y los *Jatakas* tienen varios siglos más de antigüedad que los Evangelios»[78]. Para Max Müller, «algunas leyendas y parábolas del budismo habrían sido copiadas del *Nuevo Testamento*, si no supiéramos que existían ya antes de comenzar la era cristiana»[79].

Leemos en Mateo (V, 28-29): «Todo el que mira a una mujer deseándola, ya adulteró con ella en su corazón. Si, pues, tu ojo derecho te escandaliza, sácatelo y arrójalo de ti». Y en el budismo hallamos la parábola de un joven sacerdote cuyos ojos brillantes y seductores habían ejercido gran dominio sobre una joven casada a quien visitaba, y aquél, arrancándose uno de los ojos se lo muestra a la sorprendida mujer: «Los monjes estaban con frecuencia expuestos a tentaciones. Una vez, se dice, entró un monje joven, extraordinariamente hermoso, en casa de un mercader, y la joven esposa de éste, al verle se enamoró de sus hermosos ojos, y le dijo: "¿Por qué te has impuesto ese voto horrible? ¡Feliz la mujer que sea mirada con ojos como los que tú tienes!". Entonces el monje se arrancó un ojo, lo cogió en su mano y dijo a la mujer: "Madre, ya ves que es un pedazo de carne sangriento y feo. Si le quieres, tómale. Lo mismo el otro. Di, ¿qué hay de hermoso ahí?"»[80].

Basílides (siglo I), uno de los más célebres pensadores gnósticos, llega a afirmar que «la pena y el miedo son inherentes a los asuntos humanos»[81], concepción muy próxima al budismo.

Suele aparecer el nacimiento de un ser extraordinario en circunstancias que se alejan del curso normal de la naturaleza. A menudo encontramos la idea de que los padres eran tan ancianos, que resultaba prácticamente imposible que pudieran engendrar un hijo (Isaac). La madre de Lao zi habría sido fecundada a los ochenta y un años por un rayo de sol. La madre de Shankara habría concebido a su hijo gracias a la intervención sobrenatural del dios Shiva. Y en el budismo se cuenta que la reina Mahâmâyâ quedó embarazada soñando que «un elefante blanco penetraba en su seno sin causarle ningún dolor»[82].

La alabanza hecha por el anciano Ashita al futuro Buddha presenta cierta analogía con la historia de Simeón en el Nuevo Testamento. Según la tradición budista, el sabio Ashita dice al padre del futuro Buddha:

> Ocurre, oh gran rey, que soy ya muy viejo y gastado por el tiempo; y el pequeño príncipe Sarvathasiddha se iluminará con la suprema y perfecta Iluminación, y, una vez Iluminado, hará girar la rueda sin igual de la Ley, esta rueda que nadie en este mundo, monje, ni brahmán, ni divinidad ha hecho todavía girar. Para el bien, para la dicha del mundo, incluidos los dioses, enseñará la Ley[83].

Y en el Evangelio de Lucas (II, 25-33), leemos:

> Había en Jerusalén un hombre llamado Simeón, justo y piadoso, que esperaba la consolación de Israel, y el Espíritu Santo estaba con él. Le había sido revelado por el Espíritu Santo que no vería la muerte antes de ver al Cristo del Señor. Movido del Espíritu Santo, vino al templo, y al entrar los padres con el niño Jesús para cumplir lo que prescribe la Ley sobre Él, Simeón le tomó en sus brazos y, bendiciendo a Dios, dijo:
> Ahora, Señor, puedes ya dejar ir a tu siervo en paz, según tu palabra; porque han visto mis ojos tu salud, la que has preparado ante la faz de todos los pueblos; luz para iluminación de las gentes y gloria de tu pueblo, Israel.
> Su padre y su madre estaban maravillados de las cosas que se decían de Él.

Todos los fundadores de religiones renunciaron a una vida plácida y confortable para buscar el sendero de la liberación. El Buddha Shâkyamuni tenía veintinueve años cuando abandonó su hogar y se convirtió en un asceta itinerante. Vardhamâna Mahâvîra, jefe religioso de los *nirgranthas*, mejor conocidos con el nombre de jainas, renunció a la edad de treinta años a la vida mundana. Jesús tenía treinta años cuando fue bautizado por Juan y se retiró a ayunar al desierto antes de comenzar su ministerio público. Zoroastro, el famoso Zaratustra glosado por Nietzsche, abandonó la casa paterna a la edad de veinte años y viajó por todo el mundo.

En varias ocasiones, antes del «Despertar», Shâkyamuni es presionado por Mâra, el dios de la vida y de la muerte, para que abandone su misión. En un conocido texto budista hallamos el relato de las tentaciones que sufrió el Buddha por parte de Mâra:

> Entonces Mâra, el Malo, vino al lugar adonde yo me encontraba y, permaneciendo a mi lado, me dijo lo siguiente: «¡Que el Señor alcance ahora el Nirvana, que el Sugata logre ahora la extinción final! ¡Ha llegado el momento en que el Señor alcance el Nirvana!».
>
> Y luego que así hubo hablado, ¡oh Ânanda!, me dirigí a Mâra, y díjele: «¡No he de alcanzar el Nirvana, oh Mâra, hasta que los monjes y monjas de la Orden, y los discípulos laicos de ambos sexos, lleguen a ser verdaderos oyentes, sabios y bien disciplinados, diligentes e instruidos, experimentados en el Dhamma y se conduzcan de conformidad con el Dhamma; vivan correctamente y observen fielmente los Preceptos; hasta que, habiendo de este modo y por sí mismos aprendido la Doctrina, sean capaces de exponerla a otros, predicarla, darla a conocer, establecerla, hacerla accesible, explicarla minuciosa y claramente; hasta que, cuando alguien promueva la vana doctrina, fácil de rebatir por la verdad, sea competente para refutarla, para proclamar esta fábrica de maravillas que es el Dhamma! ¡No he de alcanzar el Nirvana hasta que este viaje en compañía de Brahma llegue a ser fructuoso, próspero, difundido y divulgado en su más amplia extensión; hasta que, por último, llegue a ser debidamente proclamado entre los hombres!».
>
> «Y hoy otra vez, oh Ânanda, en el Santuario Câpâla, Mâra vino hacia mí, y permaneciendo a mi lado, me dirigió [las mismas palabras].»
>
> Y luego que así hubo hablado, Ânanda, le contesté diciendo: «Puedes sentirte feliz, oh Mâra, el Nirvana del Tathâgata tendrá lugar dentro de poco. Al cabo de tres meses a partir de este momento el Tathâgata alcanzará la extinción final!» [84].

También Jesús fue tentado por el demonio para que abandonara su objetivo. En Mateo (IV, 1-11), leemos:

> Entonces fue llevado Jesús por el Espíritu al desierto para ser tentado por el diablo. Y habiendo ayunado cuarenta días y cuarenta noches, al fin tuvo hambre. Y acercándose el tentador, le dijo: Si eres hijo de Dios, di que estas piedras se conviertan en pan. Pero él respondió, diciendo: Escrito está: «No sólo de pan vive el hombre, sino de toda palabra que sale de la boca de Dios». Llevóle entonces el diablo a la ciudad santa, y poniéndose sobre el pináculo del templo, le dijo: Si eres hijo de Dios, échate de aquí abajo, pues escrito está: «A sus ángeles encargará que te tomen en sus manos para que no tropiece tu pie contra una piedra». Díjole Jesús: También está escrito: «No tentarás al Señor tu Dios». De nuevo le llevó el diablo a un monte muy alto, y mostrándole todos los reinos del mundo y la gloria de ellos, le dijo: Todo esto te daré si de hinojos me adorares. Díjole entonces Jesús: Apártate, Satanás, porque escrito está: «Al Señor tu Dios adorarás y a Él sólo darás culto». Entonces el diablo le dejó.

En el *Evangelio de Buda,* de Pablo Carus, hallamos el siguiente relato: «Krisha Gotami tuvo un hijo, el cual murió [...] La joven fue cerca del Buda, y rogó llorando: "Señor, nuestro Maestro, tú puedes darme el remedio que sanará a mi hijo".

»El Buda contestó: "Lo único que es necesario es un grano de mostaza". Krisha Gotami, en su alegría, dijo que lo conseguiría, pero el Buda añadió: "El grano de mostaza debe venir de una casa donde no haya muerto ni un niño, ni un esposo, ni un pariente y tampoco un amigo"»[85].

Podemos comparar lo anterior con la idea registrada por Luciano de Samosata, en su ensayo biográfico sobre Demonax: «Fue a ver a un hombre que estaba llorando la muerte de un hijo y que se había encerrado a oscuras, y le dijo que era un brujo y que podía hacer surgir la sombra del muchacho con sólo darle el nombre de tres hombres que nunca hubieran llorado la muerte de alguien»[86].

El lenguaje es para el budismo, la vía menos adecuada para captar y expresar la verdad. A lo largo del *Lankâvatâra-sûtra*, notable texto del Mahâyâna, nos encontramos con las siguientes afirmaciones:

> El lenguaje, Mahâmati, no es la última verdad; lo que es alcanzable mediante el lenguaje no es la última verdad. ¿Por qué? Porque la verdad últi-

ma es aquello de lo que el sabio disfruta; por medio del lenguaje uno puede penetrar en la verdad, pero las propias palabras no son la verdad. Ésa es la autorrealización interna vivenciada por el sabio a través de su suprema sabiduría y no pertenece al dominio de las palabras, discriminación o inteligencia[87].

Pensadores y teólogos como san Agustín conocen muy bien los límites de las palabras[88]: «Y luego tomamos, ¡ay dolor!, el camino del descenso al son de nuestra boca, donde nace la palabra y muere la palabra. ¿Y qué cosa existe semejante a vuestro Verbo, Señor nuestro, que permanece siempre en Sí, sin envejecer, y que renueva todas las cosas?»[89]. Y en Mateo (13,13), se afirma: «Por esto les hablo en parábolas, porque viendo no ven y oyendo no oyen ni entienden».

Aquí no terminan los puntos de contacto entre cristianismo y budismo. En efecto, Jesús enseñaba: «Mi reino no es de este mundo» (Juan, 18,36), y en el *Dhammapada* (XXVI, 423) leemos: «Yo llamo brahmán *(brahmana)* a aquel que sabe de sus anteriores reencarnaciones y conoce el mundo de felicidad y el mundo de desdicha, al *muni* perfecto en su conocimiento, que realizó lo que tenía que realizar y logró la destrucción del renacer».

Convertido en cierta manera en el «traductor» del pensamiento del Buddha, el célebre filósofo alemán Arthur Schopenhauer ha transmitido a la posteridad la conocida expresión «pesimismo búdico». Se han dedicado libros y artículos al tema de las conexiones y las coincidencias entre Schopenhauer y las doctrinas budistas. Edward Conze, por ejemplo, afirma que el gran filósofo alemán: «Muestra numerosas y casi milagrosas coincidencias con los principios básicos de la filosofía budista»[90]. Ricardo Pischel escribe: «Desde que Schopenhauer manifestó, con noble admiración, la gran conformidad de su doctrina con el budismo y que se inclinaba a dar a éste la preeminencia sobre todas las religiones de la tierra, fue convirtiéndose el budismo en tema de actualidad cada vez mayor»[91]. Según Glasenapp, Schopenhauer «concuerda en puntos decisivos con el Vedânta idealista y con el Budismo, así en la consideración a-histórica del proceso cósmico, en el convencimiento de la carencia de sentido y del carácter doloroso de la existencia, en la aceptación de la reencarnación en formas siempre renovadas, en la alta apreciación del ascetismo y en la esperanza de que existe una liberación

[...] con el Budismo el ateísmo y la negación de almas inmateriales, inalterables en su sustancia»[92].

La muerte es comparable al sueño tanto en el budismo como en otros sistemas de creencias. En el *Dhammapada* (II, 29), leemos: «Alerta y vigilante entre los desidiosos, totalmente despierto entre los dormidos, avanza el sabio dejándolos atrás, como el caballo rápido a un caballo sin fuerzas». Para Mircea Eliade: «Desde el momento que Hypnos es el hermano de Thanatos, se comprende por qué, tanto en Grecia como en la India y en el gnosticismo, la acción de "despertarse" tenía una significación "soteriológica"»[93]. Por su parte, el cristianismo ha asumido y elaborado la equiparación muerte-sueño. Resulta interesante la idea de que Dios, por amor a la humanidad, envió un emisario para «despertarla» de su estado de somnolencia. Este motivo se encuentra en varios pasajes del Nuevo Testamento[94].

La *Obra* es el nombre dado al sofisticado sistema de pensamiento, conducta y progreso psicológico, desarrollado por G. I. Gurdjieff, P. D. Ouspensky y sus seguidores. Gurdjieff pretende haber rescatado esta «antigua sabiduría» de innominados y lejanos monasterios de Asia central. Esta original «filosofía» pone el acento en la necesidad de que los seres humanos deben hacer esfuerzos continuos para librarse de un «sueño despierto»: «Todo lo que dicen los hombres, todo lo que hacen, lo dicen y lo hacen en el sueño. Nada de esto puede tener el menor valor. Sólo al despertar y lo que lleva a despertar tiene una valor real»[95].

CAPÍTULO 2

BIOGRAFÍA DEL BUDDHA SHÂKYAMUNI

> «El fraude radica en la sensación de que el yo y el otro son algo sólido. Esa fijación dualista nace de la nada.»
>
> CHÖGYAM TRUNGPA

El hinduismo en tiempos del Buddha

Para explicar el budismo hay que recurrir a las antiguas creencias de la India. En efecto, no es sencillo llegar a entender las enseñanzas del Buddha sin conocer la atmósfera intelectual y espiritual de la India de los siglos VI y V a.C. Nos encontramos ante un mundo en plena ebullición de ideas nuevas, profundas y brillantes. Junto con la tradición ritualista del brahmanismo [1], las admirables y sorprendentes ideas expuestas en las *Upanishads* [2] (la transmigración [3], o el âtman, el alma individual, idéntica al Brahman, lo trascendente, el principio universal) comenzaban a penetrar en círculos intelectuales cada vez más amplios, y eran objeto de debate tanto por la casta sacerdotal como por los filósofos itinerantes. Estos últimos, alejados de cualquier vínculo familiar, deambulaban por los polvorientos caminos de la India, vivían de la caridad y dedicaban su tiempo a meditar, especular, investigar y debatir: «La gente se retiraba del mundo normalmente conocido [...] los hombres dirigían toda su atención hacia lo íntimo, esforzándose por alcanzar un estado de permanente autoconciencia mediante el mero pensar, el autoanálisis sistemático, el control de la respiración y las severas disciplinas psicológicas del yoga»[4].

El brahmanismo tradicional, en lugar de oponerse frontalmente a estos dialécticos errantes, trató de asimilar su movimiento, proponiendo la doctrina de las cuatro fases de la existencia *(âshrama)*[5]; según ésta, la persona perteneciente a cada una de las tres castas superiores *brâhmana* (sacerdote), *kshatriya* (guerrero), *vaishya* (campesino y artesano), pasaba idealmente por cuatro etapas en su vida. Primero ingresa como alumno *(brahmacârin)* en casa de un brahmán que le inicia en el conocimiento de la literatura védica. A continuación seguía la fase de la persona casada *(grihastha),* que cumple con sus obligaciones familiares, sociales y ofrece sacrificios a las deidades. En su vejez abandona su hogar y vive como ermitaño *(vânaprastha);* por último, convertido en vagabundo sin hogar, en asceta *(sannyâsin),* se dedicaba plenamente a meditar sobre el Brahman: «Esta enseñanza mística de los Upanishads eliminó virtualmente la enseñanza de sacrificio de los documentos brahmánicos. Los jefes religiosos, sin embargo, englobaron astutamente estas enseñanzas reaccionarias en su sistema, ordenando que los ancianos estudiaran los Upanishads después de haber leído los Rig-Veda siendo estudiantes jóvenes y los Brahmanas cuando fueran padres de familia. Una vez terminadas todas sus obligaciones en cuanto tal, podían abandonar la casa para ir al bosque a meditar»[6].

Fue en este clima de debate de ideas y de búsqueda espiritual cuando emergieron el jainismo[7] y el budismo, dos movimientos espirituales que abandonaron el ámbito de la ortodoxia[8]. Junto a los anteriores hallamos otras corrientes cuyas doctrinas son mal conocidas, y aun únicamente a través de las refutaciones de sus adversarios. En algunos textos budistas, por ejemplo, *Samyutta-nikâya, Majjhima-nikâya, Anguttara-nikâya* y *Dîgha-nikâya,* encontramos algunos testimonios sobre las creencias de estos grupos, contemporáneos de Shâkyamuni. Sus máximos exponentes son Purana Kassapa, Ajita Kesakambala, Pakudha Kachchâyana, Sañjaya Belatthaputta y Makkhali Gosâla[9]: «Purana Kassapa parece haber predicado la inutilidad de la acción; Makkhali Gosala, el jefe de los Ajivika, preconizaba un determinismo muy riguroso [...] Ajita Kesakambala profesaba un materialismo vecino al de los Carvaka, Pakudha Kaccayana, la perpetuidad de los siete "cuerpos", Sañjaya Velatthaputta, un oscuro agnosticismo»[10].

El Buddha adoptó, de su herencia hindú, las doctrinas de la transmigración o *samsâra* y del *karma* como axiomáticas. El término empleado para designar el ciclo de renacimientos es samsâra («seguir vagando», «fluir con»), que sirve para indicar que el proceso se considera muy largo: «Monjes, la duración de este *samsâra*, de este ciclo de innumerables existencias, es incalculable [...] Innúmeras son las veces que habéis sufrido la muerte del padre y de la madre, del hijo y de la hija, que habéis compartido las calamidades de los parientes, que habéis perdido bienes y caudales, que habéis sufrido dolores y enfermedades; y con todo esto habéis sin duda alguna llorado más lágrimas que agua hay en los cuatro grandes océanos»[11]. Según el budismo, no existe principio conocido para el mundo y el ciclo de renacimientos. Este último no sólo implica renacimientos humanos. Los textos pâli hacen a menudo referencia a la doctrina de los tres mundos o esferas de renacimiento *(triloka)*[12]:

1) *Kâmaloka* («reino del deseo sensual»): seis cielos en los que moran seis tipos de divinidades *(deva)*, los semidioses *(asura)*, los seres humanos, los animales, los «espíritus famélicos» *(preta)* y los seres infernales.
2) *Rûpaloka* («reino de forma pura»): son las cinco Moradas de Pureza, debajo de las cuales hay otros once cielos análogos a los *jhânas*.
3) *Arûpaloka* («reino sin forma»): corresponde a los cuatro tipos de renacimientos puramente mentales.

El budismo considera a todos los dioses como seres limitados por el karma, inquilinos del tétrico antro del sufrimiento denominado samsâra. Tienen un papel secundario, pues no son los creadores del mundo, no pueden alterar el orden cósmico, ni recompensar al hombre con una vida «a la carta» y, menos aún, la liberación del ciclo de renacimientos. Sin duda las deidades pueden asegurarse una existencia incomparablemente más duradera y más venturosa que las de los seres humanos, pero ellas mismas tienen fecha de caducidad y el sufrimiento penetrará en sus vidas en algún momento. Así pues, los seres humanos no necesitan servir a los dioses, ni ofrecerles sacrificios, ni mendigarles nada, ni siquiera parecerse a ellos. En el *Dhammapada* (VII, 94) leemos: «Hasta los dioses envidian a aquel que ha eliminado de sí el orgullo, que está libre de las impurezas de la mente y cuyos sentidos —como caballos bien controlados por su cochero— han alcanzado la calma»[13].

Tampoco el Buddha pretendía ser él mismo ningún pariente cercano de la divinidad, ni la propia deidad, ni un «semidiós», ni profeta, ni sabio inspirado por los dioses, sino solamente un hombre que había alcanzado la verdad mediante un ejercicio meditativo y que trataba de comunicársela a todos aquellos que estuvieran en disposición de escucharle para ayudarles a liberarse.

Con la implantación de la doctrina de la transmigración o del samsâra (el flujo universal del perpetuo devenir, el torbellino de los renacimientos, el círculo sin principio ni fin que en su incesante movimiento arrastra a todos los seres) en el seno del hinduismo, muy pronto penetra un factor de incertidumbre, de desilusión, de pesimismo... Cuando los pueblos indoarios[14] llegan a la India, tienen una idea alegre, agradable y desenfadada de la vida. Esta alegría de vivir, esta concepción optimista y positiva de la vida, palpita en los *Vedas*[15]: «Ha aparecido, llena de esplendores, la que nos trae las alegrías. Resplandeciente, ha abierto para nosotros de par en par las puertas. Incitando al universo, ha puesto al descubierto las riquezas. La Aurora ha despertado a todos los seres»[16].

El rasgo primordial de las deidades del panteón védico es su influjo benéfico sobre los seres humanos. La majestuosa figura ética de Varuna, guía fiel de los desdichados por los senderos de la virtud, guardián y regulador del orden cósmico dentro del cual toda ley física o moral tiene su necesaria actuación; la magnánima y heroica labor de Indra, conductor de los arios a la anhelada victoria y que concede a sus campos el beneficio de las aguas portadoras de vida; los abundantes y múltiples beneficios que Agni concede a los mortales: con mil ojos vela por la persona que le presenta alimentos y ofrendas y la protege contra los enemigos; la personalidad piadosa de los Ashvino o Nâsatya, gemelos inseparables, hermanos de la Aurora, siempre dispuestos a ayudar a cualquier persona en peligro y a curar toda clase de enfermedades. Estas cualidades nos dicen con qué disposición de ánimo el rapsoda védico observaba la vida, al pedir en el sacrificio una vida plácida, larga y sin enfermedades, fortuna, ganado y muchos hijos, sin mostrarse nunca parco en alabanzas a las divinidades, las cuales, por otro lado, como se desprende de las invocaciones del bardo, estaban bastante lejos de desdeñar las apoteósicas loas y las espléndidas ofertas de los hombres.

¡Cuán diferente el pensamiento que reflejan las *Upanishads!* El estudio y la investigación filosófica, religiosa y psicológica han llevado a algunos sabios de la India a situar en un primer plano el mundo del cambio, de lo impermanente, de la interinidad, de lo precario, de lo fugaz, a percatarse de todo el desasosiego, el desencanto y la preocupación que todo esto ocasiona y a concluir que en este universo, «que se consume constantemente», predominan el dolor, la tristeza, la angustia, el miedo y la decepción. Y si esto no fuera poco, a causa del ciclo de los renacimientos, el sufrimiento es ilimitado. Tanto en las *Upanishads* como en diversos textos budistas hallamos expresiones que establecen equivalencias entre lo transitorio y lo doloroso. Leemos en la *Brihadâranyaka-upanishad*: «Es tu *Âtman* que está en el interior de todos los seres. Todo lo que es distinto de él, está sumido en el dolor»[17]; y el *Anguttara-nikâya* afirma: «Todo lo constituido es impermanente, todo lo constituido entraña sufrimiento, todo es sin entidad»[18].

Desde la época de las *Upanishads* la doctrina del samsâra o ciclo de renacimientos como instrumento de la retribución de las acciones (karma) se convierte en la India en un principio cultural de primer orden, tanto por la difusión que alcanza como por la importancia del papel que desempeña en la especulación religiosa y filosófica. Desde este punto de vista podría ser equiparable a la creencia en un Dios y en un alma imperecedera en el ámbito judeo-cristiano.

Un creyente en Occidente no dudará en afirmar que las alegrías y los infortunios que surgen en su vida son consecuencia de la actividad retributiva (recompensa, gracia del Altísimo) y sancionadora (castigo o prueba divina) de un Dios todopoderoso. El hindú, por su parte, creerá que esas dichas y tribulaciones que experimenta el ser humano son las secuelas de acciones que realizó en vidas precedentes y que se materializan en la existencia actual, y que a través de ellas se lleva a cabo el premio y el correctivo que requiere el sentimiento moral de la humanidad[19].

La continuidad de la conciencia individual es el objetivo fundamental que anhelan los creyentes occidentales y es uno de los elementos que determinan su pensamiento filosófico y religioso. El hindú manifiesta su ansia de inmortalidad de otra forma. Lo que este último quiere no es perpetuarse, sino poner punto y final a la cadena inagotable de renacimientos infelices a la que está subordinada, abandonar el océano de las existencias. Este deseo de liberación está muy presente en el hinduismo; éste propone los sistemas morales, especulativos y técnicos conducentes a conseguir esa meta.

El renacimiento, volver a sufrir una y otra vez la experiencia del nacimiento, la enfermedad, el sufrimiento, la privación, la separación, la ausencia, la frustración y la muerte, es algo que los indios sienten como algo extremadamente aterrador. Es cierto que el renacimiento brinda la ocasión de trabajar en aras de una forma mejor de vida, pero incluso los dioses pasan por el sufrimiento y la muerte, y por consiguiente no es una liberación real.

Las *Upanishads* dan forma definitiva a la tesis «sustancialista» en el pensamiento de la India al afirmar la existencia de dos entidades Brahman (lo Absoluto) y el âtman (el alma individual), eternas, inalterables, cuya esencia es Ser *(Sat)*, Conciencia *(Cit)* y Beatitud *(Ânanda)*. Esta concepción sustancialista es recogida posteriormente por los seis sistemas filosóficos hindúes (Nyâya, Vaisheshika, Sâmkhya, Yoga, Mîmâmsa y Vedânta), que se presentan como filosofías del ser *(âstika)*. Por su parte, el budismo opondrá a esa posición sustancialista un enfoque profundamente relativista y contingente: sólo existen *dharmas*, agregados, factores o elementos insustanciales, condicionados, impermanentes y dolorosos [20], negando la existencia de un Principio Supremo.

Todas las escuelas budistas, a excepción de la Vâtsîputrîya o Pudgalavâda [21], niegan la existencia de cualquier entidad, ya sea un alma, un âtman, un espíritu o una conciencia que transmigre. Vâtsîputra, fundador de la escuela, postulaba la tesis de la existencia de la persona como algo ni idéntico a los agregados ni distinto de ellos que pasa de una existencia a otra, el elemento que garantiza la retribución de las acciones y pervive incluso en el *parinirvâna*. Esta teoría pretendía dar una respuesta al problema de la retribución de las acciones (karma). Dicha concepción encontró una fuerte oposición en todos los demás grupos budistas, que en la «persona» de los Vâtsîputrîya percibían una nueva versión de la idea de un «alma» *(âtman)*, cuya existencia real había sido negada por el Buddha: «La "persona" *(pudgala)* es el único elemento de lo real *(dharma)* que transmigra, y es portadora de las huellas de los actos buenos o malos que le permitirán gozar de sus frutos. Pero los Vâtsîputrîya sólo han podido hacer escuela dentro del budismo; al traicionar el dogma del *nairâtmya* —de la ausencia del sujeto personal— no podían sino ser rechazados por sus correligionarios»[22].

En la época del Buddha, la técnica del yoga[23] era practicada por muchos ascetas que se dedicaban a las prácticas yóguicas en solitario retiro. Poco se sabe acerca de sus doctrinas y del fin hacia el cual dirigían sus esfuerzos. Probablemente, en aquella época el yoga no era nada más que una técnica y debieron transcurrir muchos siglos antes de que se convirtiera en un sistema filosófico. Este carácter no teórico del yoga hizo posible su adaptación a muchos propósitos diferentes.

La literatura budista trata extensamente la técnica del yoga y manifiesta claramente la tendencia hacia una creciente sistematización y refinamiento de los ejercicios de yoga. Según la tradición, el Buddha utilizó la técnica del yoga «para obtener el estado de lo incondicionado, en otras palabras, para morir radicalmente a esta vida profana, dolorosa, ilusoria, y renacer (¡en otro "cuerpo"!) a la vida mística que hará posible el acceso al Nirvana»[24].

El Buddha no aceptó el papel especial de los brahmanes como intérpretes de la verdad religiosa. De hecho, la casta sacerdotal no gozaba de la simpatía del Buddha a juzgar por algunos pasajes del *Udâna*: «"Señor, este pozo ha sido tapado hasta la boca con paja y hierbas por los brahmanes, jefes de familia de El Pilar, pensando: 'Que estos samanes de cabezas rapadas no tomen agua'" [...] Cuando el venerable Ânanda estuvo cerca del pozo, éste, arrojando de su boca toda la paja y las hierbas, se llenó de agua clara, pura, transparente, que llegaba hasta sus bordes e incluso desbordada»[25].

En el *Dîgha-nikâya*, el Buddha niega a los brahmanes la posibilidad de enseñar el camino que conduce hacia Brahman, ya que ninguno de ellos ni ninguno de sus antecesores más insignes ha llegado a verlo, haciéndose patente en esta crítica un punto de vista empirista, tan acorde con la actitud pragmática y bastante alejada de la especulación que define al budismo. En este mismo texto el Buddha afirma que los ruegos y oraciones elevadas a las divinidades por los brahmanes carecen de efectividad. Según el budismo, el hombre está solo frente a su propia salvación y ésta depende de su esfuerzo personal: «La orden de Buddha acentuó la igualdad de todos los hombres. A nadie se le negó la entrada en su orden a causa de su casta o de su pobreza. No le agradaba el sistema de castas que había establecido el brahmanismo. Decía que el hombre puede llegar a ser sabio no por nacimiento sino por su propia realización»[26]. Y en el *Dhammapada* (XII, 160) leemos: «Uno mismo se protege a uno mismo *(attan)*. ¿Quién otro podría hacerlo?».

Las enseñanzas del Buddha incitan a la amabilidad y a preservar la vida [27]. En efecto, el Buddha se opuso al sacrificio de animales [28]. Ninguna persona tiene facultad ni derecho para destruir la vida de otro, pues la vida es preciosa para todos: «Recorriendo todas las regiones con la mente no encontró en ningún lugar nada más querido para uno que uno mismo. Los otros se quieren a sí mismos de igual manera. Por tal razón no haga uno daño a otro por amor a sí mismo» [29]. Es a partir del budismo cuando la doctrina de *ahimsâ* («no violencia») pasa a formar parte del alma del pueblo indio como uno de sus principios más importantes. En palabras de Gandhi: «El ahimsâ es un atributo del alma y, por tanto, debe ser practicado por todos en todos los asuntos de la vida. Si no se lo puede practicar en cada uno de los estratos vitales, carece de valor práctico»[30]. También en el pensamiento cristiano hallamos claramente expresada la misma idea. En Mateo (5,39) leemos: «Y si alguno te abofetea en la mejilla derecha, dale también la otra; y al que quiera litigar contigo para quitarte la túnica, déjale también el manto».

Asimismo, el Buddha permitió a las mujeres ingresar en la comunidad monacal (Sangha) [31] fundada por él mismo. La primera monja budista fue Mahâ-prajâpati, su tía materna, aquella que tan amorosamente había cuidado del pequeño Buddha desde que su madre falleció siendo Siddhârtha de muy corta edad. Mahâ-prajâpati rogó e insistió para que el Buddha le admitiera en la vida monacal, a lo cual éste se negó. Finalmente, la perseverante mujer, por mediación de Ânanda, uno de los discípulos predilectos del Buddha, consiguió ser admitida con otras mujeres en la vida monacal, aunque sometidas a reglas muy estrictas y estableciendo que los monasterios de mujeres quedaban supeditados a la jurisdicción de los monasterios de varones. Y aun llegó a esta concesión con recelo, como lo prueba el hecho de que al dejarse convencer lanzó esta profecía: «El budismo que hubiera durado mil años, desde el momento que han entrado en él las mujeres, sólo durará quinientos»[32].

En la doctrina budista no faltan textos de un notable antifeminismo: «Ânanda: "¿Cómo debemos comportarnos frente a las mujeres?" El Señor: "¡No verlas!" Ânanda: "¿Y si tenemos que verlas?" El Señor: "¡No hablarles!" Ânanda: "¿Y si tenemos que hablarles?" El Señor: "¡Domina rígidamente tus pensamientos!"» [33]. Y en el *Saddharmapundarîka-sûtra* («Sûtra del Loto») aparece la hija del rey Sâgara dialogando con Shâriputra; éste le insiste que, a pesar de ser virtuosa, no puede obtener la buddheidad, porque no es un varón; ella, desconsolada, hizo un valioso regalo al Buddha: «Y en ese instante toda la congregación vio a la hija del dragón transformarse de repente en un varón, y así se convirtió en un Bodhisattva» [34]. A la pregunta que le formula su discípulo Ânanda buscando la explicación de que no se otorguen a las mujeres en la vida pública la misma categoría y los mismos derechos que a los varones, el Buddha contesta así: «Las mujeres, Ananda, tienen temperamento irascible; las mujeres, Ananda, son celosas; las mujeres, Ananda, son envidiosas; las mujeres, Ananda, son estúpidas» [35].

El nacimiento

En el siglo VI a.C. la llanura del Ganges estaba dividida en diferentes monarquías más o menos grandes, en tanto que en las colinas y estribaciones montañosas situadas al sur del Himalaya se mantenían las repúblicas tribales como la de los shâkyas [36], que ocupaban una zona fronteriza entre los actuales territorios de la India y del Nepal. Uno de los jefes más influyentes de la oligarquía gobernante de los shâkya era Suddhodana («aquel que cultiva arroz puro») Gautama [37], padre de Siddhârtha y miembro de la casta guerrera [38].

No fueron los sucesos políticos los que otorgaron al siglo VI a.C. un aspecto tan característico, sino la vida y la doctrina del Buddha Shâkyamuni [39]. En su obra *Origen y meta de la historia*, Karl Jaspers da el nombre de «eje de la historia» universal al período comprendido entre los años 800 y 200 a.C., en el que vivieron los grandes fundadores de religiones y los grandes filósofos de Oriente y Occidente [40]:

> En este tiempo se concentran y coinciden multitud de hechos extraordinarios. En China viven Confucio y Lao-tse, aparecen todas las direcciones de la filosofía china, meditan Mo Ti, Chuang-Tse, Lie-Tse y otros muchos.

En la India surgen los Upanischadas, vive Buda, se desarrollan, como en China, todas las posibles tendencias filosóficas, desde el escepticismo al materialismo, la sofística y el nihilismo. En el Irán enseña Zarathustra la excitante doctrina que presenta al mundo como el combate entre el bien y el mal. En Palestina aparecen los profetas, desde Elías, siguiendo por Isaías y Jeremías, hasta el Deuteroisaías. En Grecia encontramos a Homero, los filósofos —Parménides, Heráclito, Platón—, los trágicos. Tucídides, Arquímedes. Todo lo que estos nombres no hacen más que indicar se origina en estos cuantos siglos casi al mismo tiempo en China, en la India, en el Occidente, sin que supieran unos de otros [...] En esta época se constituyen las categorías fundamentales con las cuales todavía pensamos, y se inician las religiones mundiales de las cuales todavía viven los hombres [41].

El origen de la biografía del Buddha que poseemos se halla, en primer término, en el mismo canon budista, en el cual junto con la doctrina abundan naturalmente elementos informativos de la vida de Shâkyamuni. Expresamente biográficos son el *Lalita-vistara*, que relata la «maravillosa vida» del Buddha; los *Jâtakas* cuentan los «renacimientos del Buddha», sus existencias anteriores y su vida. Fuera del canon, el poeta filósofo del siglo I a.C., Ashvaghosha, nos ha dejado la biografía en verso, el *Buddha-charita*. *La Luz de Asia (El Poema del Buddha)* de Edwin Arnold, junto con *El Evangelio del Buddha* de Pablo Carus, son dos de las mejores biografías del Buddha escritas por occidentales.

Los esfuerzos llevados a cabo por reconstruir la vida y la doctrina de Siddhârtha Gautama, el último Buddha humano, tal como ha llegado hasta nosotros, y las instituciones de la comunidad budista primitiva chocan con diferentes problemas críticos difíciles de resolver:

> Es imposible reconstruir el carácter, la vida y las enseñanzas reales del hombre que se convirtió en Buda. Se supone que vivió *ca.* 563-483 a.C. No obstante, su primera biografía, la del canon pali, sólo se llevó al papel hacia el 80 a.C. en Sri Lanka, a cinco siglos y unos 2.500 kilómetros de distancia de la escena histórica real. Para entonces, su vida se había convertido en mitología según el modelo de los Salvadores del Mundo, que entre el 500 a.C. y el 500 d.C. aproximadamente es característico tanto de la India, en las leyendas de los jainistas, como del Oriente Próximo, en el Evangelio de Cristo [42].

Se ha llegado incluso a dudar de su existencia, una exageración crítica que no ha tenido consecuencias. Senart y Kern, conocidos investigadores, llegaron a afirmar que las biografías en sánscrito de Siddhârtha Gautama eran otro ejemplo del mito del sol que aparece en todo el mundo, suscitando dudas acerca de la historicidad del Buddha Shâkyamuni [43].

La narración de la vida del Buddha, si bien plagada de elementos legendarios y míticos [44] en sus diversas versiones, es convincente en sus rasgos fundamentales:

> Shâkyamuni Buddha fue hijo del jefe de una comunidad que vivía en la ladera sur del monte Himalaya. Se casó y tuvo un hijo. Abandonó el hogar (probablemente a los 29 años de edad) para ir en búsqueda de la verdad religiosa y, alrededor de los 35 años, encontró la iluminación y se convirtió en el Buddha. Viajó mucho, predicando a todo lo largo de la planicie del Ganges, adquiriendo a muchos discípulos y adeptos en el trayecto. Murió a los 80 años en algún momento del siglo V (o del IV) a.C. e ingresó en el Nirvana. Todo lo aquí mencionado se considera, entre los estudiosos, como hecho histórico [45].

Al parecer, vivió entre los años 560-480 a.C. (otra fuente sitúa su vida entre los años 460-380 a.C.) y era hijo de Suddhodana y de Mahâmâyâ. Este noble kshatriya, del grupo étnico conocido como los shâkyas, recibió el nombre propio de Siddhârtha («el que ha alcanzado su meta», «el que ha logrado su deseo») y el apellido familiar de Gautama («vaca superior»). Sería también conocido como Shâkyamuni («asceta silencioso de los shâkyas», «el sabio de los shâkyas»), Buddha («despierto», «iluminado»), Tathâgata («así venido» o «así ido» [46]), Bhagavat («Señor», «Bienaventurado»), Jina («Victorioso») y Arhat («el que ha destruido al enemigo»), entre otros epítetos.

En el curso de su penúltimo nacimiento, el futuro Buddha de nuestra edad (ya que cada kalpa o eón [47] tiene la suya y Shâkyamuni no es más que un número en la serie [48]) residía en el cielo Tushita con el nombre de Svetaketu: «Previamente a su último nacimiento en la tierra, el Boddhisattva reside en el cielo Tusita. Allí, instalado por los Dioses a liberar al universo de sus dolores, considera y decide sobre el tiempo y lugar de su nacimiento y sobre la familia y la madre en la que nacerá» [49].

Según la literatura budista, la reina Mahâmâyâ quedó embarazada soñando que «un elefante blanco penetraba en su seno sin causarle ningún dolor»[50]. Este sueño, representado en los bajorrelieves, ha sido simbolizado más tarde como la escena por antonomasia de la encarnación del Buddha.

Como el tiempo del parto se acercaba, Mahâmâyâ se trasladó a la localidad de Lumbinî[51], cerca de Kapilavastu (capital de la pequeña república aristocrática de los shâkya, feudataria del reino de Kosala, al noroeste de Magadha, junto a Nepal) y allí en el bosque de Lumbinî nació Siddhârtha.

Tras el nacimiento, el dios védico Indra es el encargado de recibir al niño, mientras Brahma asiste a la escena. Según el *Lalita-vistara*, Nanda y su hijo Upananda, dos divinidades acuáticas, habrían bañado al recién nacido y a la madre derramando agua fría seguida de agua caliente. Después de este prodigio se realiza otro mucho mayor. Según la leyenda, el futuro Buddha da siete pasos con el rostro vuelto hacia el norte; dirige la mirada hacia los cuatro puntos cardinales y lanza el «rugido del león», al tiempo que pronuncia las siguientes palabras: «Para instruiros he nacido, para el bien de todos los vivos. Éste es mi último nacimiento; no volveré a nacer en este mundo»[52].

Siddhârtha es trasladado a Kapilavastu. Un ermitaño y adivino llamado Ashita acude con su sobrino Naradatta al palacio para ver al niño y reconoce en él las treinta y dos marcas principales[53] y las ochenta secundarias que adornan a un Buddha. Ante esta visión, el anciano eremita explica que si Siddhârtha renuncia a la vida familiar, llegará a ser un Buddha; pero si permanece en su hogar, posiblemente llegará a ser un *chakravartin*[54].

Todavía continuaban los regocijos que siguieron al nacimiento del futuro Buddha, cuando su madre falleció. En consecuencia, el niño fue educado por su tía materna Mahâprajâpatî Gautamî, segunda esposa de Suddhodana.

En busca de la sabiduría

La mayor parte de las biografías describen escenas en las que el futuro Buddha aparece sumido en profundas reflexiones[55]. Suddhodana intentó sin éxito apartar a su hijo de cualquier preocupación y aislarle de las manifestaciones de la caducidad humana, el sufrimiento y la muerte; se construyó un palacio especial en el cual tenían acogida todos los placeres posibles para entretener la mente del joven príncipe. «Le encerró en un parque y le rodeó con todos los placeres para que su mirada no se encontrase con los rasgos dolorosos del rostro de la vida. Un palacio fresco durante los ardores del verano, otro caliente para el invierno y un tercero para la época de las lluvias [...] Bien custodiadas puertas que protegían sus idilios con mujeres y flores, el tañido del laúd y las alegrías, frente a la terrible realidad de la vida»[56].

Según algunas fuentes, a la edad de veinte años, el príncipe se casó con Yashodharâ y tuvo un hijo, Râhula. La inminencia de esta paternidad coincide al parecer con una crisis moral que llevó a Siddhârtha a abandonar carrera, riqueza y familia y lanzarse como asceta errante a recorrer los polvorientos caminos de la India. Esta crisis fue atribuida a cuatro encuentros: un anciano, un enfermo, un muerto y un asceta; una mañana Siddhârtha sale en su coche y vio con estupor «a un anciano tan encorvado como un tejado de dos aguas, decrépito, apoyándose en un bastón, y tambaleándose, afligido y en plena decadencia»[57]. Interroga qué hombre es ése; el cochero explica que es un anciano y que todos los individuos de la tierra serán como él algún día. Siddhârtha, inquieto, da orden de regresar inmediatamente al palacio. En otra salida vio a un hombre enfermo, «que padecía grandes sufrimientos, caído y revolcándose en sus propios excrementos»[58]; el cochero explica que es un enfermo y que nadie puede librarse de la enfermedad. En otra salida vio a un hombre que llevan en un féretro, ese hombre inmóvil es un muerto, le explican, y morir es la ley de todo el que adviene a la vida. En la última salida vio a «un individuo con la cabeza rapada, un ermitaño, que llevaba un hábito amarillo»[59]. Creyó que la serena paz del eremita era un camino apto para él y, a la edad de veintinueve años, abandonó Kapilavastu y todo lo que amaba (padre, esposa, hijo, parientes, amigos y súbditos): «La madre de Râhula dormía en la cama cubierta de jazmines y otras flores y con su mano rodeaba la cabeza de su hijo. El Bodhisattva, de pie en el umbral se quedó mirando: "Si muevo la mano de la reina y cojo a mi hijo, la reina se despertará. Esto será un obstáculo para mi partida. Cuando llegue a ser un Buddha, volveré y le veré". Y bajó del palacio»[60]. Siddhârtha dirigió una última mirada a su alrededor y dijo: «No volveré a la ciudad de Kapila antes de haber obtenido la cesación del nacimiento y de la muerte; no volveré hasta haber obtenido la vida suprema exenta de vejez y muerte, así como la inteligencia pura. Cuando vuelva, la ciudad de Kapila estará en pie, y no doblegada por el sueño»[61].

Según la tradición, huyó a caballo de la ciudad de Kapilavastu. La leyenda exalta esta huida con deidades que apaciguan el ruido y abren las puertas de la ciudad[62].

Una vez cortada su cabellera, vestido como un asceta, sin bienes personales, sin dinero y dependiendo de la caridad ajena, el príncipe Siddhârtha comenzó a recorrer los tórridos y polvorientos caminos de la India en busca de la liberación.

Cuenta la tradición que Shâkyamuni entró en contacto con maestros eminentes como Ârâda Kâlâma y Rudraka Râmaputra[63]. Ârâda Kâlâma enseñaba una especie de Sâmkhya[64] preclásico. Pronto asimiló la doctrina del maestro, pero le pareció insuficiente, por lo que dejó al doctor brahmánico. Rudraka Râmaputra fue su segundo maestro. Llegó a dominar con la misma facilidad las técnicas yóguicas que éste enseñaba, pero, también insatisfecho, lo abandonó. Su aprendizaje filosófico y yóguico había durado un año.

Después de haberse separado de sus dos maestros, recorrió sin descanso el país de Magadha, hasta llegar a la localidad de Uruvela. Allí Siddhârtha se unió a cinco ascetas y se consagró durante seis años a las formas más extremas del ascetismo. Durante algún tiempo, el futuro Buddha se alimentó de semillas y hierbas. Progresivamente redujo su ración a un grano de arroz por día. Vestía tela de crin, se mantenía de pie durante largas horas y permitió que la inmundicia formara parte de su deteriorado cuerpo[65].

Finalmente Siddhârtha se dio cuenta de que las mortificaciones, las torturas, las austeridades exageradas y el ascetismo riguroso no sólo no conducían a la liberación, sino que estaban dañando peligrosamente su organismo. Renunció, pues, a ellas y volvió a alimentarse para fortalecer su cuerpo completamente desfallecido. Entonces fue abandonado por los cinco compañeros de austeridades: «Los Cinco Discípulos reflexionaron que si Gautama no había podido alcanzar la iluminación aun con seis de las más severas austeridades, "¿cómo lo conseguiría ahora, cuando va y mendiga en las aldeas, y se alimenta de comida ordinaria?", y lo abandonaron y fueron al suburbio de Benarés llamado Isipatana»[66].

El descubrimiento

El futuro Buddha se dirigió hacia la ribera oeste del río Nairañjanâ y allí mismo encontró una variedad de la higuera *pipalla,* y al pie de ésta se sentó a meditar [67]. El *Lalita vistara,* donde se narra la historia de la vida del Buddha, refiere su resolución así: «Aquí, en este lugar, dejaré secarse mi cuerpo; dejaré que la piel, los huesos y la carne se disuelvan. Sin haber logrado la iluminación tal difícil de obtener aun después de eones de esfuerzo, este cuerpo mío no se moverá de este sitio» [68].

Pâpîyân o Mâra, dios del amor y de la muerte, envió un ejército de demonios para perturbar la meditación de Shâkyamuni. En el *Lalita vistara* encontramos una macabra, grotesca y pormenorizada descripción del ejército de entidades malignas reclutado por Mâra [69] para perturbar la actividad meditativa del Buddha.

La meditación que fue crucial para Siddhârtha en el camino hacia el «despertar» consistió en la cuádruple absorción *(jhâna).* Esta práctica no desemboca inevitablemente en el despertar, sino que, como toda meditación, simplemente es una práctica preparatoria, capacitando a la mente para el despertar; pero el despertar mismo es un suceso poco común que depende de elementos kármicos propicios y de un trabajo profundo y continuo en la búsqueda de la sabiduría. Los cuatro estados de absorción son los siguientes:

> Sin deseos sensuales ni ideas perversas, alcancé y permanecí en el primer trance, el cual va acompañado de razonamiento e investigación, surgida del alejamiento y lleno de alegría y gozo. Con el cese del razonamiento y de la investigación, alcancé y permanecí en el segundo trance caracterizado por la serenidad interna, con la mente concentrada en un punto, sin razonamiento ni investigación, surgida de la concentración, y llena de gozo y felicidad. Con ecuanimidad hacia el placer y la aversión, permanecí consciente y atento; experimenté en el cuerpo la felicidad, que los nobles describen como: permanecer ecuánime, atento y feliz, y alcancé y permanecí en el tercer trance. Al abandonar el placer y el sufrimiento, y previa desaparición de la alegría y la depresión, alcancé y permanecí en el cuarto trance, en el cual no hay sufrimiento ni placer, y con la pureza y la atención de la ecuanimidad.
>
> Entonces con la mente concentrada, purificada, limpia, inmaculada, libre de corrupciones, flexible, firme e impasible, dirigí mi mente hacia el

conocimiento y el recuerdo de mis vidas anteriores. Recordé muchas existencias anteriores, tales como: un nacimiento, dos, tres, cuatro, cinco, diez, veinte, treinta, cuarenta, cincuenta, cien, mil, cien mil nacimientos; muchos ciclos cósmicos de disolución del universo; muchos ciclos de su evolución; muchos de su disolución y de su evolución; allá arriba tuve tal nombre, tal clan, tal color, tal sustento, tal placer y dolor, y teniendo tal fin de la vida. Habiendo muerto allí, renací aquí. Así recordé mis existencias con sus modos especiales y detalles. Éste fue el primer conocimiento que conseguí en la primera parte de la noche.

Entonces con la mente concentrada, purificada, limpia, inmaculada, libre de corrupciones, flexible, firme e impasible, dirigí mi mente hacia el conocimiento del morir y renacer de los seres. Con el ojo divino, purificado, la visión superhumana, vi a los seres muriendo y renaciendo, a los inferiores y a los superiores, buenos y malos, seres de felices y de miserables existencias, de acuerdo a su karma. Estos seres que tienen mala conducta del cuerpo, mala conducta de la palabra, mala conducta mental, que hablan con maldad de los nobles, que tienen falsos puntos de vista, y que adquieren karma de acuerdo con estas falsas opiniones y tras la disolución del cuerpo después de la muerte renacerán en un estado de miseria y sufrimiento en el infierno. Pero aquellos seres que han seguido una buena conducta del cuerpo, de la palabra y del pensamiento, no hablando malévolamente contra los nobles, de puntos de vista rectos, cuyo karma está en consonancia con puntos de vista rectos, tras la disolución del cuerpo después de la muerte renacerán en un estado feliz en el mundo celestial. Éste fue el segundo conocimiento que gané hacia la mitad de la noche.

Entonces con mi pensamiento concentrado, purificado, limpio, inmaculado, libre de corrupciones, flexible, dispuesto para la acción, firme e impasible, dirigí mi mente hacia el conocimiento de la destrucción de las corrupciones *(àsavas)*. Y realicé a su debido tiempo: esto es sufrimiento. Y obtuve a su debido tiempo: ésta es la causa del sufrimiento. Y obtuve a su debido tiempo: ésta es la cesación del sufrimiento. Y obtuve a su debido tiempo: éste es el camino que conduce al cese del sufrimiento [70].

En esa noche del año 528 a.C., el príncipe Siddhârtha obtuvo el «despertar». Se había convertido en un ser «despierto», en un ser «iluminado», en un ser liberado del ciclo de los renacimientos, en un Buddha.

En un primer momento, pensó mantener silencio acerca de su profundo descubrimiento, pensando quizá en que no fuese bien acogido por las gentes, o que no se comprendiera el concepto de que no había en el ser humano un yo o un alma que le pudiera garantizar la continuidad a través del proceso de la muerte[71]. No obstante, decidió comunicárselo al mundo, marchó a Benarés, donde predicó su primer sermón o, lo que es lo mismo, «hizo girar por primera vez la rueda del Dharma»[72].

Más de cuarenta años de predicación y de vida errante, una comunidad de monjes y numerosos seguidores constituyen el balance de la dilatada «carrera del Buddha Shâkyamuni». Ésta finalizó en Kushinagara a los ochenta años[73]: «Cerca de Kuçinagara, el Maestro, a los ochenta años de edad, fue invitado por el herrero Cunda: una indigestión causada por la carne de cerdo precipitó la extinción del viejo, que llegó al nirvana repitiendo a sus fieles: "Sí, yo os digo: todo pasa: Velad por vuestra salvación"»[74].

Según la tradición literaria, su cadáver fue incinerado y sus cenizas repartidas entre numerosos seguidores de distintas regiones, que las conservaron en túmulos o stûpas[75] construidos a tal efecto. Estos lugares se convertirían más tarde en centros de peregrinación para muchos devotos budistas.

CAPÍTULO 3

LAS CUATRO NOBLES VERDADES

«Nuestra vida y nuestra muerte son la misma cosa. Cuando nos demos cuenta cabal de ello, le perderemos el miedo a la muerte y a las verdaderas dificultades de la vida.»

SHUNRYU SUZUKI

La puesta en movimiento de la rueda del Dharma

El budismo es el único mensaje religioso y filosófico de la India que ha traspasado sus fronteras [1] con un éxito arrollador. Se extendió hacia el norte hasta el moderno Nepal, Tíbet, Bhután y Sikkim. Desde allí tomó la ruta de la seda [2] hasta China, Mongolia, Corea y Japón; también llegó a Vietnam, Laos, Camboya e Indonesia, y por el sur y hacia el este, hacia Sri Lanka, Birmania, Thailandia y, más recientemente, al continente americano, Europa, etc.

La enseñanza budista se presentaba como un método terapéutico, como un sistema y proceso de curación. La presentación en una estructura cuádruple es semejante a la que era común en la práctica médica de la época del Buddha: diagnosticar la enfermedad, reconocer su fuente, establecer si es viable la curación y determinar la actuación adecuada. Este hecho pone de manifiesto de forma clara que el budismo sólo pretendía ser una terapéutica del espíritu. Según Zimmer: «Ofrecía su consejo de una manera práctica, como médico del espíritu, como si a través de él el arte de la medicina india ingresara en la esfera de los problemas espirituales, ese antiguo y magnífico campo donde, durante siglos, magos de toda índole habían sacado poderes mediante los cuales ellos y sus discípulos se elevaban a las alturas de la divinidad»[3]. En los *Yoga-sûtra de Patañjali* se emplea la misma fórmula de la medicina para mostrar cómo se alcanza la liberación: «De la misma manera que un sistema de medicina está dividido en cuatro partes, o sea, la enfermedad, la causa de la enfermedad, la salud y la curación, así este sistema nuestro es cuádruple, o sea, que comprende: transmigración, causa de la transmigración, liberación, medios de liberación»[4].

Partiendo del hecho fundamental de que toda existencia es sufrimiento (Primera Noble Verdad), el Buddha busca en primer lugar la causa del sufrimiento, y la halla en el deseo de vivir (Segunda Noble Verdad)[5]; afirma que la curación será posible si nos deshacemos de la causa de la enfermedad (Tercera Noble Verdad); finalmente, describe el camino hacia la salud, el Noble Sendero Óctuple (Cuarta Noble Verdad).

La biografía y las doctrinas básicas del Buddha nos han llegado a través de tradiciones tardías y se interpretan de modo muy distinto según los países por los que el budismo se ha ido extendiendo a lo largo del tiempo. El tema del budismo auténtico, que ha traído tanta polémica entre los estudiosos, quizá no tiene solución:

> ¿Se trata del budismo más antiguo, el de Ceilán y los países del sudeste asiático, conocido con el nombre de Theravada? ¿O bien se trata del más tardío, de los países del norte de Asia? Estos últimos, convencidos de haber redescubierto las enseñanzas más profundas de Buda —relativas sobre todo a la universalidad de la salvación, a los medios para alcanzar la liberación y a la importancia reconocida a la compasión—, se han atribuido el calificativo de «Gran Vehículo» (Mahayana) y han asignado al budismo del sur la etiqueta peyorativa de «Pequeño Vehículo» (Hinayana). Y en el seno mismo de los numerosos países budistas del Gran Vehículo, ¿hay que preferir la interpretación chan china, la del zen japonés o acaso la de los tibetanos, que son los herederos del tantrismo indio, y que puede calificarse de tercer Vehículo: el Vehículo del Diamante (Vajrayana)?[6]

En el núcleo de las diferentes escuelas budistas que se han ido formando en el transcurso del tiempo se mantiene la enseñanza esencial que se puede considerar como el eje central del mensaje búdico[7]. Éste fue expuesto por vez primera en el sermón que tuvo lugar en el Parque de los Ciervos de Sârnâth, ciudad próxima a Benarés [8]. Con este sermón conocido como «la puesta en movimiento de la rueda del Dharma» [9], que inaugura su labor misionera, el Buddha se dirigió a sus primeros discípulos, los cinco ascetas (Kondañña, Bhaddiya, Vappa, Mahânâma y Assaji), con los que había compartido años atrás todo tipo de privaciones y penalidades. El sermón presenta el Dharma como la «vía media» y establece el sistema de las Cuatro Nobles Verdades, el marco lógico en el seno del cual tienen cabida todas las doctrinas precisas:

> «Hay dos extremos, oh bhikkhus, que tienen que evitar los que se han alejado del mundo. ¿Cuáles son estos dos extremos? Una vida dedicada a los placeres, a las pasiones: esto es degradante, sensual, vulgar, innoble, y carente de provecho; y una vida consagrada a las mortificaciones: esto es penoso, innoble y no provechoso. Para evitar estos dos extremos, oh bhikkhus, el Tathâgata ha obtenido el conocimiento de la Senda Media, que conduce al discernimiento, a la sabiduría, a la calma, al conocimiento, al Sambodhi, al Nirvana.»
>
> Ésta, oh bhikkhus, es la Noble Verdad sobre el Sufrimiento: el nacimiento es sufrimiento; la decadencia es sufrimiento; la enfermedad es sufrimiento; la muerte es sufrimiento. La presencia de las cosas que odiamos produce sufrimiento; la separación de las cosas que deseamos causa sufrimiento; no obtener lo que deseamos es fuente de sufrimiento. Los cinco agregados de apego a la existencia producen sufrimiento.
>
> Ésta, oh bhikkhus, es la Noble Verdad sobre la causa del sufrimiento: es la sed que lleva a renacer, acompañada de placer y codicia, encontrando su placer acá y allá. (Esta sed es triple), a saber: la sed del placer, la sed de la existencia, la sed de la prosperidad.
>
> Ésta, oh bhikkhus, es la Noble Verdad del Cese del sufrimiento: (cesa con) la completa extinción de esta sed, un cese que consiste en la ausencia de toda pasión, en el abandono de esta sed, en la renuncia, en la liberación de la sed y en la destrucción del deseo.
>
> Ésta, oh bhikkhus, es la Noble Verdad sobre la Senda que conduce a la extinción del sufrimiento. Es el Noble Óctuple Sendero [10].

El sufrimiento

La primera Noble Verdad expresa el concepto budista del ser humano, del mundo y de la realidad. Según esta concepción, toda realidad está marcada por tres características o «sellos»: *anitya* (pâli, *anicca*), *duhkha* (pâli, *dukkha*) y *anâtman* (pâli, *anatta*): «Cuando, llegando al conocimiento *(pañña)*, ve que todas las cosas condicionadas *(sankhara)* son impermanentes *(anicca)*, entonces se harta del sufrimiento *(dukkha):* es el camino de la purificación. Cuando, llegando al conocimiento *(pañña)*, ve que todas las cosas condicionadas *(sankhara)* producen sufrimiento *(dukkha)*, entonces se harta del sufrimiento *(dukkha):* es el camino de la purificación.

Cuando, llegando al conocimiento *(pañña)*, ve que todas las cosas *(dhamma)* carecen de existencia propia *(an-attan)*, entonces se harta del sufrimiento *(dukkha):* es el camino de la purificación[11].

La primera característica de la existencia es *anitya*: toda manifestación de la vida es impermanente, efímera, transitoria, precaria, interina y fugaz. Todo se nos escapa, todo nos abandona: «El budismo enfatiza, en gran medida, la idea de transitoriedad. Concienciarla significa comprender que la muerte y el nacimiento se suceden constantemente de modo que, en realidad, no hay nada fijo. Si uno comienza a comprender esto y no va en contra del fluir de los acontecimientos, ya no es necesario recrear samsara a cada instante. Samsara, o la mentalidad samsárica, se basa en la solidificación de la existencia, en hacerse permanente, perpetuo»[12]. En un fragmento del *Diario íntimo* de Amiel aparece claramente expresada la idea de la transitoriedad: «Todo se desvanece a nuestro alrededor: caras, parientes, conciudadanos, las generaciones discurren en silencio; todo cae y se va, el mundo se nos escapa, las ilusiones se disipan, asistimos al fin y a la pérdida de todas las cosas, y, por si no fuera esto bastante, nos perdemos a nosotros mismos»[13].

Para subrayar lo perecedero, lo inconstante de la vida, el budismo denomina a los componentes del ser humano *skandha*: «—"conjuntos de hebras sueltas"— y al cuerpo humano "montón", es decir una pila cuyos componentes no están más unidos que los granos de un cúmulo de arena»[14].

El yo escurridizo, objeto de todas nuestras complacencias, germen de todas nuestras ligaduras, se desliza entre nuestras manos sin que podamos hacer nada por impedirlo: todas las cosas tienen un comienzo y un final. Todo es perecedero. No hay nada en el universo que escape a esta ley natural; cualquier existencia es transitoria y está sometida a la involución y a la muerte: «Todo cuanto existe es transitorio *(anitya)*, y lo es porque todo está "vacío" *(sûnya)* de "sí" *(âtman);* no hay ningún elemento permanente, inmutable, eterno en los seres ni en las cosas [...] Todo no es más que un conjunto de fenómenos físicos, biológicos o psíquicos en perpetua transformación [...] Ni siquiera el universo escapa a esta ley»[15].

Según el budismo, cualquier tentativa por referir el mundo o los seres individuales a una o muchas entidades eternas e inalterables, o hacerlo emerger de ellas, es una batalla perdida. De ahí que no haya ninguna entidad permanente de ningún tipo, sino que todo lo que es pertenece al mundo de lo transitorio, impermanente y condicionado[16]. Del Sermón de Benarés a sus últimas palabras, el Buddha hace hincapié en que todo es transitorio, incluso el yo[17]. En el *Mahâ-Parinibbâna-Sutta* (III, 66) hallamos las últimas palabras pronunciadas por el Buddha antes de morir: «Todas las cosas compuestas tienden hacia el envejecimiento. Trabajad diligentemente por vuestra salvación».

La segunda «marca de la existencia» es la que da nombre a la Primera Noble Verdad: *dukkha* («sufrimiento», «mal», «dolor», «imperfección», «impermanencia», «insustancialidad», «vacuidad»)[18]. Según Kelsang Gyatso, es necesario entender que el bienestar y la infelicidad dependen de nuestra mente: «Si contemplamos nuestro interior, podremos observar que tenemos muchos odios, deseos, etc. Nuestro pensamiento está continuamente recordando una variada colección de hechos y cosas ante las que desarrollamos insatisfacciones. La fuerte concepción del *yo* que poseemos, esta arraigada creencia de que somos entidades aisladas, dotadas de existencia propia e independiente, es la causa principal de todos nuestros sufrimientos»[19]. Los partidarios del Buddha conocen bien su consejo: «Así habéis de concebir a todo este efímero mundo: una estrella al amanecer, una burbuja en un torrente, un relámpago en una nube estival, una vacilante llama, un fantasma, un sueño»[20].

Dukkha es consecuencia de *anâtman* y *anitya*: si todo es impermanente y tampoco hay una entidad inmutable e independiente, cualquier cosa que parezca satisfacernos no lo hará plenamente, porque tarde o temprano cambiará o dejará de existir debido a la condición de impermanencia a la que está sujeto todo ser humano no liberado. Nuestra naturaleza humana, según la creencia budista, está constituida de tal manera que sólo estamos satisfechos con la permanencia completa, la felicidad completa, la seguridad completa. Y no podemos encontrar ninguna de ellas en este mundo cambiante. Por esta razón se dice que todo es en cierta manera insatisfactorio o, más comúnmente, todo es sufrimiento; tal es el tema que en unas ocasiones bajo la forma de discusión filosófica, en otras bajo el poético revestimiento de las sentencias, los textos budistas repiten una y otra vez. En el *Dhammapada* (146-8) leemos:

¿Qué risa puede haber, qué alegría en un mundo que sin cesar se consume? ¿Rodeados de tinieblas no buscaréis una luz?

Observa esta ataviada sombra, cubierta de heridas, compuesta por múltiples elementos, sometida a la enfermedad, llena de fantasías y que en ningún momento tiene estabilidad.

Este cuerpo agotado y endeble, verdadero nido de enfermedades, se deshace —es una masa pútrida; la muerte es el fin de la vida.

En uno de sus poemas, Giacomo Leopardi ha plasmado una imagen del sufrimiento inherente a la vida que recuerda mucho a la del budismo:

Nace el hombre a la pena,
y es un riesgo de muerte el nacimiento.
prueba dolor y tormento
enseguida; y en el principio mismo
la madre y el padre
tienen que consolarle por haber nacido [...]
Pero ¿por qué dar a luz,
por qué mantener la vida
a quién es necesario consolar por ella?
Si la vida es una desgracia
¿por qué para nosotros dura tanto? [21].

En contraste con la concepción optimista que hallamos en la literatura védica, las *Upanishads* introducen un elemento de pesimismo [22]: «Los autores de los *Upanishads* ya no invocan la longevidad, el bienestar y la riqueza. El vate upanishadi está ansioso de otras cosas: sabe que la vida, en cualquiera de sus formas y estados, es dolor, y que la paz sólo se halla en la luz de la verdad y en Brahma»²³. Se pone en un primer plano lo doloroso, lo impermanente, lo vano de la vida, tal vez ayudando a ello el descubrimiento de un principio supremo absoluto y trascendente (âtman-Brahman), ante el cual todo necesariamente pierde su brillo y su valor. Y el sufrimiento que la vida y el mundo comportan se ve amplificado en gran medida con la transmigración, a la que el individuo se ve arrastrado, creencia esta que se presenta claramente formulada en las más antiguas *Upanishads*: «El hombre, que tiene apegos, va con su acción hacia aquello a lo cual su mente está apegada. Cuando llega al fin de los actos que él hizo en este mundo, entonces vuelve de aquel mundo a este mundo, a la acción»²⁴.

Esta idea pesimista aparece en el budismo. Las Cuatro Nobles Verdades, pieza clave de la enseñanza budista, dibuja un paisaje hollado por el desencanto, el dolor, la pena, el miedo y la frustración; y lo mismo que para las *Upanishads*, para el budismo esta masa de sufrimiento se incrementa en proporciones increíbles debido a los continuos renacimientos.

Por âtman, alma, yo o ego, se entiende una entidad inalterable, absoluta y eterna que habita en el interior del ser humano²⁵. Algunas tradiciones religiosas afirman que el hombre posee un alma individual y eterna creada por Dios; cuando al cuerpo le sobreviene la muerte, este principio eterno puede pasar a un mundo paradisíaco o demoníaco, según la decisión de su Dios Creador. Otras como el hinduismo mantienen la creencia de que esta entidad va pasando por innumerables vidas y experiencias hasta obtener la total liberación, a saber: la identificación del âtman, el alma con el Brahman, el principio supremo. Esta alma en el hombre es la responsable de los pensamientos, de las sensaciones y la receptora de las recompensas y los castigos de todas las conductas positivas o negativas. Tal creencia es conocida como la idea del Yo. Por su parte, el budismo cree innecesario reivindicar un yo permanente, grande o pequeño, un âtman, un alma, un espíritu, una persona que pueda existir al margen del mundo o del ser humano, y explica el funcionamiento de la personalidad, en esta vida y en el paso de una a otra, en términos de una corriente de procesos cambiantes y condicionados; sólo hay una serie-de-conciencias que se siguen unas a otras entre sí por la ley de la causalidad²⁶. En el *Majjhima-nijkâya* (I, 138) encontramos la siguiente declaración: «El self y el mundo son lo mismo; después de la muerte yo seré permanente, subsistente, eterno, no sujeto a cambio. Seré para toda la eternidad. ¿No debería ser una enseñanza totalmente de locos?». Según Walpola Rahula: «La idea del Yo es una creencia falsa e imaginaria que carece de una realidad correspondiente, y la causante de los dañosos pensamientos del "yo" y "mío", así como de los deseos egoístas, de la avidez, del apego, del odio, de la mala voluntad, del engreimiento, del orgullo, del egoísmo y de otras máculas, impurezas y problemas [...] Es la fuente de todas las perturbaciones existentes en el mundo, desde los conflictos individuales hasta las guerras entre naciones»[27].

Y así hemos llegado a la tercera «marca de la existencia», a saber: *anâtman* (una palabra compuesta del prefijo *an*, que significa «sin» y de *âtman*, que significa «yo»): si en el ser humano o en el mundo no hay nada que no transite, se desarrolle y evolucione, nada que permanezca siendo lo mismo, entonces ni en el individuo ni fuera de él hay una entidad o sustancia que permanezca invariable a través del cambio y que exista por sí misma e independientemente de otras realidades.

La doctrina de la inexistencia de un yo permanente es una enseñanza práctica cuyo propósito es la ruptura con los intereses, las ataduras, los apegos, las necesidades, etc. Es una especie de llamada de atención para que el ser humano repare y explore todos aquellos fenómenos que considera como un «yo», para que se percate de que no pueden calificarse como tales[28]. Al hacer esto, el individuo llegará a experimentar que el universo en su conjunto, todos los elementos de la existencia *(dharma)*[29], carecen de yo, y, por consiguiente, eliminará cualquier tipo de apego, y obtendrá la liberación.

> El «yo», lo mismo que sus constituyentes (la forma, las sensaciones, las percepciones, las voliciones y la conciencia), es existente a nivel relativo, pero nunca autoexistente, pues careciendo de entidad propia depende siempre de un conjunto de circunstancias o componentes, como los cinco enumerados, que lo configuran como un compuesto dependiente de sus partes que, a su vez, dependen cada una de ellas del conjunto al que denominamos «yo». Esta rigurosa interdependencia se resuelve siempre, en última instancia, en la Vacuidad, en el «estado naturalmente abierto y sereno del espíritu» no-dual[30].

En el *Samyutta-nikâya* (III, 130) leemos: «No hay cuerpo que sea permanente, estable [...] no hay sentimiento, ni percepción, ni actividades, ni conciencia de ninguna índole [...] Entonces el Buddha puso en su mano un trozo de excremento de vaca y dijo a su hermano: aunque se consiguiese un fragmento pequeño de yo como éste, hermano, no sería permanente, estable ni eterno».

La inexistencia de un alma permanente y eterna, parece un principio metafísico muy raro. Sin embargo, los budistas hacen hincapié en que es una sencilla verdad observable a partir de la experiencia humana; afirman que prestando atención de un modo sistemático a nuestra propia vida —la concentración y la conciencia— nos conducirán a desvelarla.

La Primera Noble Verdad está formulada de la siguiente manera: «Monjes, ¿cuál es la noble verdad acerca del sufrimiento? El nacimiento es sufrimiento, la vejez es sufrimiento, la muerte es sufrimiento, el pesar, el lamento, el malestar, la infelicidad y la desesperación son sufrimiento; desear algo y no obtenerlo es sufrimiento; brevemente, los cinco factores de apego son sufrimiento»[31].

Esta Primera Noble Verdad está acorde con las sombrías condiciones de vida que se experimentaban en la India de la época del Buddha, pero también con la corriente pesimista que fue desarrollándose en Grecia desde el siglo VIII hasta el siglo V a.C. Este pesimismo se manifiesta en los poetas trágicos, para los que el implacable destino domina, con la aprobación de unos dioses a veces hostiles, sobre las familias reales, como se observa en la obra de Esquilo. Eurípides afirma reiteradamente la idea de que la vida no es sino dolor, de suerte que será menester llorar cuando uno nace y alegrarse cuando uno muere, pues la muerte entraña la liberación de cualquier tipo de sufrimiento.

Este desánimo, que irá tomando cuerpo en las corrientes místicas del pensamiento griego (orfismo, pitagorismo, etc.), con su rechazo de la vida terrenal y corporal y sus valores, cuya belleza había ensalzado la poesía homérica, muestra una notable similitud temática con el marco de referencia psicológico y social junto al cual hay que examinar las enseñanzas del Buddha.

Para el budismo, la verdad del sufrimiento está garantizada y confirmada por la observación empírica y el análisis lógico. A pesar de la aparente visión negativa y pesimista del ser humano que se desprende de la Primera Noble Verdad, la tradición budista sostiene al mismo tiempo que la condición humana es valiosísima, muy difícil de conseguir[32] y la mejor de todas las existencias posibles para practicar un camino espiritual, incluso superior en este sentido a la de los dioses. Por ello, la existencia humana es motivo de alegría y regocijo, ya que difícilmente podremos disponer de una oportunidad tan magnífica para avanzar en el camino hacia la liberación.

También en el pensamiento cristiano hallamos una interpretación de la existencia humana parecida al budismo. En el Eclesiastés (I, 1-3) leemos: «Vanidad de vanidades, dijo el Cohelet [...] todo es vanidad. ¿Qué provecho saca el hombre de todo por cuanto se afana debajo del sol?». Mateo (6,19) pone en boca de Jesús lo siguiente: «No alleguéis tesoros en la tierra, donde la polilla y el orín los corroen y donde los ladrones horadan y roban». Y en la Carta a los Romanos (VIII, 13) san Pablo dice: «Si vivís según la carne, moriréis».

Según el budismo, el sufrimiento debe contemplarse bajo tres aspectos. En primer lugar, el sufrimiento en su forma corriente, común; a saber, todas las manifestaciones del sufrimiento inherentes a la vida tales como el nacimiento, la vejez, la enfermedad, la muerte, la unión con lo no amado, la separación de lo amado, la privación de lo deseado, etc. En segundo lugar, el sufrimiento como consecuencia del cambio, de la transformación, de la impermanencia. Todas las sensaciones placenteras y felices que el hombre puede experimentar se desvanecen y desaparecen. Y en tercer lugar, el sufrimiento o la insatisfactoriedad de los estados condicionados[33].

Los análisis del ser humano incluidos en los sermones del Buddha tratan de poner en evidencia desde diferentes ángulos que en el individuo no hay ningún âtman absoluto y eterno sino más bien una pluralidad de componentes psicofísicos impermanentes y surgidos dependientemente con los que no merece la pena identificarse. En el *Samyuta-nikâya* (22,94) leemos: «El cuerpo es impermanente y sujeto a la decadencia. Esto, hermanos, es lo que se mantiene en el mundo de los sabios, y yo también lo afirmo, "esto es así". Del mismo modo hay que contemplar a los sentimientos, las percepciones, las actividades y la conciencia».

El examen más frecuente del ser humano que se hace en los textos budistas es el análisis en cinco categorías, «grupos», «elementos», «conjuntos», o «agregados» mutuamente condicionados e interdependientes, denominados los cinco «factores de apego» *(upâdâna-skandha)*, a saber:

el cuerpo *(rûpa)*, la sensación *(vedanâ)*, la percepción *(samjñâ)*, las actividades mentales *(samskâra)* [34] y la conciencia *(vijñâna)*.

El primer agregado se refiere al aspecto material de la existencia *(rûpa)*, ya sea el propio cuerpo de un ser vivo o el mundo externo, y está compuesto por cuatro grandes elementos: lo sólido o la solidez *(pathavi)*; la temperatura o el calor *(tejo)*; el movimiento *(vâyo)* y lo fluido o la fluidez *(âpo)* [35]. Nuestro cuerpo se estructura a partir de la interacción de estos cuatro elementos, y de ellos emanan otros veinticuatro fenómenos y cualidades materiales, a saber: «Las facultades cuyas bases son el ojo, el oído, la nariz, la lengua, el cuerpo y los objetos del mundo externo correspondientes a éstos: formas visibles, sonidos, olores, sabores, cosas tangibles y asimismo ideas, pensamientos y concepciones pertenecientes a la esfera de los objetos de la mente [...] Todo el reino de la materia, tanto interna cuanto externamente, se halla incluido en el agregado de la materia» [36].

El segundo agregado es el de la sensación *(vedanâ)* y en ella se incluyen todas las sensaciones (agradables, desagradables o indiferentes), experimentadas por medio del contacto de los órganos de los sentidos con el mundo externo. Las seis clases de sensaciones son: la visual, la auditiva, la olfativa, la gustativa, la táctil y la mental [37]. Todas las sensaciones psicofísicas forman parte de este agregado:

> Las experimentadas mediante el contacto del ojo con las formas visibles; las experimentadas mediante el contacto del oído con los sonidos; las experimentadas mediante el contacto de la nariz con los olores; las experimentadas mediante el contacto de la lengua con los sabores; las experimentadas mediante el contacto del cuerpo con las cosas tangibles; las experimentadas mediante el contacto de la mente (considerada en la filosofía buddhista como la sexta facultad) con los objetos de ésta, o sea los pensamientos y las ideas [38].

El tercer agregado es el de la percepción *(samjñâ)*. El papel de la percepción es el reconocimiento de objetos psicofísicos. Igual que en el caso de la sensación, también existen seis tipos de percepción en conexión con las seis facultades internas y los seis objetos correspondientes. Y, como sucede con el segundo agregado, es generada por el contacto de las seis facultades con el mundo externo.

El cuarto agregado corresponde a las formaciones o actividades mentales *(samskâra)*. Según la filosofía del *Abhidharma,* se distinguen en total cincuenta y una categorías de actividades mentales [39] (en este grupo se incluyen todos los factores mentales excepto la sensación y la percepción porque no son actividades volitivas, no engendran efectos kármicos). La voluntad juega un papel muy importante en el campo mental. En el budismo ninguna acción genera efectos kármicos si está falta de volición. Y, como ocurre con la sensación y la percepción, las actividades mentales son de seis clases, conectadas con las seis facultades internas y sus objetos inherentes: volición dirigida a formas visibles, sonidos, olores, sabores, objetos tangibles y objetos mentales.

El quinto es el agregado de la conciencia *(vijñâna)* y el receptáculo de los cincuenta y un factores mentales. Este agregado responsable de la unidad del individuo comparte con la volición la responsabilidad moral de la acción. La conciencia depende de la materia, la sensación, la percepción y las actividades mentales. Como en los casos anteriores, la conciencia es de seis tipos: visual, auditiva, olfativa, gustativa, táctil y mental.

Éstos son, pues, brevemente los cinco «elementos o conjuntos» *(skandha)*. El llamado ser, individuo o yo es sólo un nombre para la combinación de dichos agregados. Todos ellos son impermanentes, efímeros y constituyen una masa inagotable de sufrimiento, de miedo y de frustración. Este principio se expresa a menudo con la fórmula «no hay "yo" ni "mío" en los agregados de la personalidad». Cuando estos cinco agregados psicofísicos e interdependientes operan en forma combinada, brota la idea de yo. En un famoso pasaje de la obra de Nâgasena, *Milindapañha* («Las preguntas del rey Milinda»), aparece el símbolo de la carreta para demostrar al rey la inexistencia de su propia individualidad. El texto reitera el hecho de que los componentes de la carreta y el tiro, representando al cuerpo y al alma carecen de realidad esencial: la carreta y el yo son expresiones consensuadas para significar a unos componentes, que carecen de existencia independiente o diferente de los elementos que los constituyen. En palabras del monje budista Nâgasena:

> Debido al pelo de la cabeza, al pelo del cuerpo..., al cerebro, a la forma material, a las sensaciones, a la percepción, a las formaciones mentales y a la

conciencia es por lo que existe esta denominación de «Nagasena», esta designación, este término totalmente conceptual, una apelación de uso corriente y un mero nombre. Pero de acuerdo con la última realidad, la persona no puede ser captada aquí. Esto, señor, fue expresado por la monja Vajirâ ante el Señor:

«Del mismo modo que el conjunto de las partes origina la palabra "carreta". De la misma manera, cuando están los khandâ se suele decir comúnmente "ser"»[40].

El origen del sufrimiento

La Segunda Noble Verdad se refiere a la génesis de esta masa de sufrimiento. El origen del sufrimiento está expresado en el *Mahâvagga* (I, 6,20) así: «Esta, oh bhikkhus, es la Noble Verdad sobre la causa del sufrimiento: es la sed que lleva a renacer, acompañada de placer y codicia, encontrando su placer acá y allá. (Esta sed es triple), a saber: la sed del placer, la sed de la existencia, la sed de la prosperidad».

Pero ese deseo de vivir, esa «sed» no debe ser considerada ni la primera ni la única causa de la aparición del sufrimiento, pues, en el budismo, todo es relativo e interdependiente. Este afán, sed o deseo, considerado como el origen del sufrimiento, depende de la manifestación de otra cosa, o sea, de la sensación, y ésta, a su vez, depende del contacto; así, sucesiva y dependientemente, entra en escena el ciclo conocido con el nombre de *pratîtya-samutpâda* («surgimiento condicionado», «origen interdependiente», «generación condicionada», «nexo causal del nacimiento dependiente», etc.).

La doctrina del «surgimiento condicionado» se haya expuesta en esta sucinta fórmula: «Cuando esto es, eso existe. Con el surgir de esto, eso surge. Cuando esto no es, eso no existe; con cesar de esto, eso cesa». Formulado abstractamente, esta concepción quiere decir esencialmente que el universo psicofísico surge y cesa según ciertas causas y condiciones. La principal aplicación concreta del principio abstracto consiste en una serie de eslabones condicionados y condicionantes que culminan en la aparición del sufrimiento.

El principio de *pratîtya-samutpâda* fue, en los primeros escritos, una explicación de la génesis de los seres y el ciclo de las existencias[41]: «La serie de doce miembros *(nidânas)* enseñaba que la ignorancia es la última raíz del nacimiento y de la muerte, y en definitiva del dolor; y permitía, por la aplicación del principio también expresado en los primeros textos, según el cual "dado esto aquello surge"; "no dado esto, aquello no surge", la supresión del dolor por la supresión de la ignorancia. Pero esa doctrina acerca del origen de los seres fue convertida luego en doctrina general de los *dharmas* impermanentes: todo lo que nace, nace en virtud de causas y condiciones» [42].

La doctrina de *pratîtya-samutpâda* se fundamenta en dos posturas intelectuales propias del budismo. De un lado, la perspectiva causalista de la realidad, a saber: el pensar que cualquier fenómeno tiene un origen que lo explica y determina, y que, por tanto, para concluir algún proceso, es imprescindible hallar su raíz y aniquilarlo. Según T. Stcherbatski:

> Así, la idea fundamental del budismo —*el concepto de una pluralidad de elementos separados*— incluye la idea de *más estricta causalidad* que controla las operaciones de estos elementos en el mundo donde tienen lugar los procesos. La «teoría de los elementos» —el *dharma-saneta*, dice Vasubandhu— quiere decir que «si algo se manifiesta esto o lo otro resulta como sigue», *asmin sati idam bhavati*[43].

Por otra parte, la idea de la universal concatenación e interdependencia de todas las cosas: todo fenómeno tiene un origen y es a su vez origen de otro fenómeno [44].

En su forma completa, prescindiendo de las variantes que a veces los diversos textos presentan, la doctrina del «surgimiento condicionado» señala, en el ciclo de las existencias del ser humano, varios momentos, cada uno de los cuales está determinado por el anterior y es determinante del siguiente, a saber: condicionadas por la ignorancia *(avidyâ)* surgen las actividades intencionales *(samskâra);* condicionadas por las actividades intencionales emerge la conciencia *(vijñâna);* condicionada por la conciencia aparecen el nombre y la forma (cuerpo y mente) *(nâma-rûpa);* condicionadas por el nombre y la forma surgen los seis órganos de los sentidos *(shadâyatana);* condicionados por los seis órganos de los sentidos aparece el contacto *(sparsha);* condicionado por el contacto surge la sensación *(vedanâ);* condicionada por la sensación nace el deseo *(trisnâ);* condicionada por el deseo aparece el apego *(upâdâna);* condicionado por el apego surge el devenir *(bhâva);* condicionado por el devenir aparece el nacimiento *(jâti);* condicionada por el nacimiento surgen la vejez, la muerte *(jarâ-mârana),* la pena, el lamento, la miseria, el dolor y la frustración.

En orden inverso, la doctrina del «surgimiento condicionado» se presenta así: al suprimir la ignorancia *(avidyâ),* se extinguen las actividades intencionales *(samskâra);* al suprimir las actividades intencionales, desaparece la conciencia *(vijñâna);* al suprimir la conciencia, desaparecen el nombre y la forma (cuerpo y mente) *(nâma-rûpa);* al desaparecer el nombre y la forma, cesan los seis órganos de los sentidos *(shadâyatana);* al desaparecer los seis órganos de los sentidos, cesa el contacto *(sparsha);* al desaparecer el contacto, cesa la sensación *(vedanâ);* al desaparecer la sensación, cesa el deseo *(trisnâ);* al extinguirse el deseo, desaparece el apego *(upâdâna);* al desaparecer el apego, finaliza el devenir *(bhâva);* al cesar el devenir, desaparece el nacimiento *(jâti);* y al no haber nacimiento, no existe ni la vejez, ni la muerte, ni las penas, ni los lamentos, ni la miseria, ni el dolor, ni la frustración *(jarâ-mârana).* De esta forma se interrumpe el sufrimiento[45].

Perseverante en seguir un «camino intermedio» entre el realismo y el dogmatismo nihilista, el Buddha rehúsa afirmar o rechazar cualquier clase de absoluto. Para él, la existencia del ser humano conlleva conglomeraciones inconsistentes de fenómenos (materia, sensaciones, percepciones, actividades mentales y conciencia) que emergen continuamente y que sin cesar se disipan.

Ningún individuo sensato negará la existencia del sufrimiento, el miedo y la frustración en este «universo de conciencia»[46], si bien es probable que no le resulte fácil entender cómo ese afán, ansia, deseo apego o aferramiento es el responsable de nuevas existencias. Para entender esto hay que recurrir a dos de las más importantes enseñanzas budistas: karma y renacimiento.

La palabra karma significa literalmente «obra» o «acción»: «Todo acto que realizamos con el cuerpo, de palabra, de pensamiento: esto es lo que podemos apropiarnos y llevarlo con nosotros. Esto nos acompaña siguiéndonos como una sombra»[47]. La doctrina del karma es un proceso de acción y reacción, de causa y efecto; es una ley natural, sin necesidad de una entidad divina externa que remunere o sancione los comportamientos humanos. No resulta difícil, pues, entender todo esto. Ahora bien, lo que sí parece más complicado de captar es cómo los resultados de un acto volitivo pueden manifestarse en una vida posterior a ésta:

> El ser es solamente una combinación de fuerzas o energías físicas y mentales. Eso que llamamos muerte es la detención total del cuerpo. Ahora bien, ¿todas esas fuerzas o energías se detienen juntamente con el no-funcionamiento del cuerpo? El buddhismo dice: «No». La voluntad, la volición, el deseo, la sed de existir, de continuar, de devenir cada vez mayor, es una fuerza tremenda que mueve a todas las vidas, a todas las existencias, al mundo entero. Es la fuerza más grande, la energía más poderosa que existe. Según el buddhismo, ésta no se para con la detención del funcionamiento del cuerpo, o sea, con la muerte, sino que continúa manifestándose bajo otra forma, produciendo una nueva existencia denominada renacimiento[48].

Ahora bien, si, según la doctrina budista, no hay ningún yo, alma, sustancia permanente, ¿qué es lo que transmigra de cuerpo a cuerpo, de vida en vida? ¿Es un alma «relativa» y no absoluta, o un depósito de karma, inestable por definición, puesto que, a la vez, desaparece en el agotamiento y se reforma actuando? ¿O también el efecto del último pensamiento, que desencadenaría más allá de la muerte tal existencia futura? La respuesta es que no hay ninguna sustancia permanente, yo o alma que renazca. Lo que denominamos vida es el fruto de cinco agregados, como ya vimos anteriormente, una combinación de energías o fuerzas psicofísicas impermanentes y en constante movimiento. Nunca se halla lo mismo en dos momentos consecutivos, y en la unión cuerpo-mente no existe nada inmutable:

> Cuando el cuerpo físico ya no puede funcionar más, tales energías no mueren con él, sino que continúan manifestándose bajo otra forma o figura distinta llamada otra vida [...] Ya que no existe una sustancia permanente e inmutable, nada pasa de un momento al otro. En consecuencia, es por demás obvio que nada permanente o inmutable puede pasar de una vida a la otra. Consiste en una serie sin solución de continuidad, que cambia a cada momento. A decir verdad, esta serie es sólo movimiento, y se asemeja a una llama que arde durante toda la noche: no es la misma llama, ni tampoco es otra [...] Es una continuidad de la misma serie. La diferencia entre la vida y la muerte estriba en que únicamente un momento

de pensamiento, el último momento de pensamiento en esta vida, condiciona el primer momento de pensamiento de la llamada vida siguiente que, en realidad, es la continuación de la misma serie. Así, durante, esta misma vida, un momento de pensamiento condiciona el momento de pensamiento inmediatamente sucesivo [49].

El nirvâna

El budismo podría ser tachado de negador de la vida, desmoralizador y deprimente si se hubiera limitado a desvelarnos la Primera Noble Verdad. Al revelarnos la Tercera Noble Verdad, el Buddha está ofreciendo un mensaje de esperanza, a saber, que se puede poner fin a ese sufrimiento, y que ese punto final supone el logro de la más alta felicidad, a saber, el nirvâna [50].

Pero ¿qué es en realidad el nirvâna? [51] ¿Es una inmortalidad más o menos encubierta? ¿Es la nada? ¿Es un simple cambio de existencia? ¿Es una aniquilación absoluta?

El Buddha dejó envuelta la idea del nirvâna en una oscuridad casi completa. De ahí que la naturaleza del nirvâna sea uno de los aspectos más debatidos y quizá peor comprendidos de la doctrina budista.

El *Dhammapada* (153-4) nos informa acerca de las palabras del Buddha tras haber eliminado el deseo y la ignorancia espiritual, y haber penetrado en el nirvâna, más allá de la enfermedad, la vejez y la muerte: «A través de muchas, fatigosas y agotadoras series de renacimientos, he buscado al constructor de esta casa. Ahora te he encontrado, oh Constructor, y nunca jamás volverás a construir esta casa (el cuerpo) de nuevo. Tus vigas (pasiones) están rotas, el techo (la ignorancia) está destrozado. Mi mente ha alcanzado el Nirvana y el final del deseo».

El nirvâna es una noción fascinante y misteriosa que, desde hace dos mil quinientos años, no ha cesado de suscitar las exégesis más diversas. Según David Loy:

> Se trata de un estado en el que se llega a realizar la inexistencia del yo, aunque esta definición, por sí misma, no sirva de gran cosa porque no queda suficientemente claro cuál es la instancia que actualiza tal estado. Y éste es un problema que el Buda no contribuyó en nada a resolver cuando afirmó

que el *nirvâna* no supone la aniquilación ni la vida eterna, una apostilla necesaria puesto que jamás ha existido un yo que pueda ser destruido o pueda vivir eternamente, pero que resulta confusa en la medida en que nuestro pensamiento tiende naturalmente a dicotomizar la realidad en uno u otro de ambos extremos [52].

Según el budismo, el nirvâna no puede ser entendido mediante el razonamiento, sino que debe ser experimentado. Estrictamente hablando, esta experiencia del nirvâna no puede ser comunicada a otros, porque ningún lenguaje puede describir la absorción del individuo en la vacuidad. Sin embargo, como todos los místicos, los budistas no han renunciado a hablar sobre la vacuidad [53]. Según H. Zimmer: «Desde la perspectiva del Despierto, del Iluminado, verbalizaciones opuestas como nirvana y samsâra, ilustración e ignorancia, libertad y esclavitud, carecen de referencia y de contenido. Por esta razón el Buddha no quiere discurrir sobre el nirvâna» [54].

Algunos estudiosos occidentales se han equivocado al tratar de reducir la enseñanza budista a un sistema filosófico coherente. En consecuencia, han tropezado con numerosos problemas al tratar de comprender el nirvâna [55]. Algunos de estos investigadores ven en el nirvâna un suceso negativo que marca el final del continuo renacer y del sufrimiento y han traducido el término por «aniquilación». Cualquier indicio de que pueda estar conectado con un estado satisfactorio permanente es rechazado.

M. E. Burnouf abrió la senda hacia una interpretación nihilista del nirvâna. Barthélémy-Saint Hilaire sintetiza la tesis de Burnouf así:

> Según él, el Nirvana es el aniquilamiento completo, no solamente de los elementos materiales de la existencia, sino, además y sobre todo, del principio pensante. He expresado veinte veces esta opinión, ya en su primera obra *Introducción a la historia del budismo indio*, ya en el *Loto de la buena ley*, publicada ocho años después con ayuda de numerosos y decisivos documentos. Tantos sus primeros estudios como los últimos no le han dejado nunca dudas sobre este punto capital; y sabido es que examinaba todas las cuestiones con escrupulosa exactitud y las resolvía con fallo infalible [56].

Por su parte, Henry Thomas Colebrooke exhortaba a no asimilar el nirvâna budista a una simple aniquilación, sino más bien como «perfecta indiferencia. Es una situación de felicidad tranquila y pura o éxtasis *(ánanda)*»[57]. Ésta es la acepción más extendida actualmente en el mundo occidental, tanto en la comunidad científica como en la imaginería del gran público. En otro extremo se sitúan los que entienden que el nirvâna marca el instante de una liberación ética (el cese del deseo, el odio y el error), sin que esto conduzca a resultados de orden trascendental ni ontológico[58].

Para otros intérpretes, el nirvâna es un estado, una entidad. Abonan en favor de esta interpretación ciertos epítetos que se aplican al nirvâna, como, por ejemplo: supremo bien, sede inmortal, insuperado estado de perfecta paz, sede carente de vejez, de muerte, de dolor, etc.

A menudo se describe el nirvâna en términos positivos. Pero éstos no pretenden indicar que el nirvâna es una realidad ontológica o incluso una especie de paraíso, como se ha afirmado algunas veces. A fin de entender términos tales como «la más alta felicidad», «la otra orilla», «el refugio», «la meta», que con muchos otros han sido utilizados para referirse al nirvâna, tenemos que ser conscientes del problema que el místico tiene que afrontar cuando desea hablar del nirvâna. En consecuencia, el místico recurre a una vía de expresión indirecta. No puede decir qué es el nirvâna, pero puede decir qué no es. Su característica más esencial es su diferencia fundamental de todas las cosas mundanas.

El nirvâna es algo absolutamente distinto de todo lo mundano, sin yo sustancial, descanso perfecto, una «nada» en comparación con todos los fenómenos visibles. Un conocido pasaje del *Udana* (8,1-4), caracteriza al nirvâna como algo que es absolutamente distinto del mundo material y del mundo ideal de las profundas meditaciones y donde no se da ningún llegar, ningún partir, ni afán, ni morir, ni nacer. Es sin fundamento, sin principio, sin sostén. Luego dice: «El nirvâna es difícil de comprender, pues la verdad no es fácil de ver. El deseo es atravesado por el que conoce, para el que ve nada existe»[59]. Y más adelante, el nirvâna es llamado «no nacido», «no devenido», «no hecho», «no compuesto», y finalmente se dice del nirvâna que significa la calma y el fin del sufrimiento.

Otra interpretación del nirvâna afirma que es algo incomprensible, indescriptible, inefable, que escapa a toda determinación. Ni los sentidos, ni la razón, ni el lenguaje humanos pueden percibirlo, captarlo, definirlo. Es algo pues, que sólo se determina negativamente, porque no posee ninguna nota específica que se pueda exponer en lenguaje mundano. Tanto en el Hînayâna como en el Mahâyâna se usa como la mejor imagen para explicar el nirvâna el espacio vacío.

El término nirvâna designa también, a veces, un estado de ánimo caracterizado por la serenidad, el equilibrio y la paz, provenientes de la extinción de todas las pasiones, inquietudes, deseos, que perturban la mente. En algunos textos budistas el nirvâna es descrito como la aniquilación total de los tres males capitales: el deseo, el error y el odio. En el *Udana* leemos: «Con la destrucción del deseo, del odio y del error, alcanza el nirvâna»[60].

El nirvâna también se referiría a una de aquellas cuestiones no explicadas por el Buddha, ya que su planteamiento y discusión en nada contribuyen al progreso en el camino señalado por el Buddha. A la interpelación de un monje llamado Malunkyaputta, quien se quejaba de que el Buddha dejara sin respuesta los temas más importantes y profundos de la vida, el Tathâgata contesta así: "¿Te he dicho: Ven, Malunkyaputta, y sé mi discípulo: Quiero enseñarte si el mundo es o no eterno, si es limitado o infinito, si la fuerza vital es idéntica al cuerpo o es distinta de él, si el Perfecto sobrevive o no sobrevive después de la muerte [...]?"

"... Tú no me has dicho eso, Señor [...] Porque el conocimiento de estas cosas no hace hacer ningún progreso en el camino de la santidad, porque no sirve a la paz y a la iluminación"»[61].

En casi todas las tradiciones sagradas sólo después de la muerte es posible alcanzar el «cielo». Sin embargo, el nirvâna puede llegar a experimentarse en la vida actual; no es preciso morirse para disfrutar de él. Los textos budistas están repletos de casos concretos del nirvâna alcanzado en este mundo, unas veces súbitamente, como en el caso de Shâriputra, otras después de largos años de prácticas meditativas y de esfuerzo personal, como en el caso de Ânanda o el propio Siddhârtha:

> Cuando una persona erradica totalmente el trío avidez, odio e ilusión, que conduce al devenir, está libre de las cadenas del samsâra, de la existencia repetida. Está libre en el pleno sentido de la palabra. Ya no hay en él ninguna cualidad que le fuerce a renacer como un ser viviente, pues ha alcanzado *Nibbâna*, la cesación absoluta de la continuidad y el devenir *(bhavanirodha)*; ha trascendido las actividades comunes o mundanas y se ha elevado a un estado por encima del mundo, aunque sigue viviendo en él: sus actos no producen consecuencias, son kármicamente inefectivos, ya que no están

motivados por el trío, por las contaminaciones mentales *(klesa)* [...] Por tanto, *Nibbâna* es un «estado» realizable en esta vida[62].

Según el budismo, el objetivo final de todo ser es la experiencia del nirvâna. Para todo candidato al nirvâna que no posea las dotes espirituales del Buddha el cuadro de exigencias es tan severo, y tan difícil el camino, que la escuela Mahâyâna ha incorporado una pléyade de *bodhisattvas*, salvadores próximos y poderosos, Buddhas potenciales que han alcanzado el umbral del nirvâna pero que deciden permanecer en este mundo para ayudar a todos los seres a liberarse de las garras del universo del renacimiento.

El budismo comparte la concepción de la existencia humana y del destino del hombre después de la muerte, propia de la cultura de la India y que difiere de la concepción occidental. El aniquilamiento después de la muerte constituye el peligro a que se ve expuesto el hombre occidental. Su salvación radica en la concepción de un principio espiritual, el alma, existente en el individuo, inmortal e imperecedero. Si no se acepta la existencia de ese principio espiritual, el hombre después de la muerte es sólo cenizas. El ansia de inmortalidad caracteriza así a la cultura de Occidente.

El problema para el hombre indio es totalmente diferente. El individuo no se ve enfrentado al peligro del aniquilamiento después de la muerte, antes bien se ve condenado a una existencia eterna y dolorosa, a un devenir interminable, hecho de nacimientos y muertes sin fin, encadenado como está al ciclo de los renacimientos, el cual se desarrolla en el plano de esta realización contingente, dominio del sufrimiento y de la muerte.

Para el hombre indio el ideal radica en liberarse de esa cadena de existencias, en escapar de los límites de la prisión que para él constituye esta realidad. El ansia de liberación caracteriza así a la cultura de la India. Para poder liberarse y escapar de esta realidad el hombre indio concibe lo Absoluto, totalmente diferente de todo lo que esta realidad comporta, totalmente diferente de todo lo que los sentidos y la mente humana pueden percibir o imaginar.

Lo Absoluto budista, el nirvâna, tiene múltiples rasgos similares con lo Absoluto upanishádico, Brahman. Ambos poseen de un modo general las mismas características y son descritos casi de idéntica manera. Pero existe una profunda diferencia entre ambos. Podríamos decir que

Brahman es un Absoluto de signo positivo: se le define como «el ser, la conciencia y la felicidad». El nirvâna es más bien un Absoluto de signo negativo: su propio nombre lo está indicando, nirvâna significa «extinción»; con respecto a él se utiliza la imagen de la llama que se extingue y para señalarlo se recurrirá a los términos *shûnya*: «vacío» y *shûnyatâ*: «vacuidad», términos que jugarán un papel de primerísima importancia en la especulación budista posterior al Buddha.

La noción de nirvâna es el nódulo hermético de la enseñanza; el Buddha no da en ningún momento una definición de nirvâna, pues sólo le interesaba señalar la senda para «arribar» a él. Las polémicas acerca del «contenido» del nirvâna —forma candorosa para corregir aquella deficiencia— fueron también rehusadas por el Buddha. El estudio del nirvâna no representó en ningún momento para los primitivos budistas un asunto de religión sino de teología. Los debates sobre la esencia y el sentido del nirvâna son, justamente, los que van a condicionar, inmediatamente después del parinirvâna del Buddha, la aparición de los grupos, corrientes y escuelas. El Buddha se negó a concretar en qué consistía el nirvâna, y sugirió la misma actitud a sus seguidores, persuadido acaso de que la dispersión de sus discípulos comenzaría en cuanto se insinuase la aspiración por ir más allá de lo posible.

El Buddha difundió al mundo su doctrina en el siglo VI a.C. Tal vez la solución que él percibió no colme las expectativas de la humanidad del siglo XXI, quizá porque le ha sido inculcada la creencia en un alma inmortal y en el culto del individualismo, quizá sea porque no ha desarrollado suficientemente la espiritualidad. Parece que el alma colectiva se ha «petrificado» de tal manera que ya no se siente capaz ni siquiera durante un breve espacio de tiempo de malograr con la ayuda de la introspección, la meditación o la concentración cualquier intransigencia del yo. Pero no resulta fácil negar la profundidad de la doctrina del Buddha, el cual, contra esta realidad dolorosa, efímera e insustancial, propone como única solución el «Absoluto impersonal» de signo negativo, al que cualquier individuo puede acceder no con rituales, cultos, sortilegios y magia, ni con el auxilio de la gracia de un dios todopoderoso, sino por su propio trabajo personal, dejándose la «piel en el empeño».

El Noble Sendero Óctuple

En resumen, sea cual fuere la «naturaleza» del nirvâna, lo cierto es que sólo se puede alcanzar siguiendo el camino[63] enseñado por el Buddha. Éste conduce al estado propio de los perfectos y de los iluminados, a la salvación. El Buddha deja fuera de este camino las ayudas de orden trascendente, como una revelación divina o gracias sobrenaturales.

Esta Cuarta Noble Verdad o, lo que es lo mismo, el camino que conduce al cese del sufrimiento es denominado «Noble Sendero Óctuple» porque consta de ocho factores; también es conocido como «Sendero Medio», porque evita los extremos del libertinaje y del ascetismo riguroso. Los ocho factores del Noble Sendero Óctuple no son pasos que haya que dar sucesivamente, uno tras otro; son interdependientes y están interrelacionados, y al nivel más alto actúan simultáneamente. En el *Mahâvagga* (I, 6,17) leemos:

> Hay dos extremos, oh bhikkhus, que tienen que evitar los que se han alejado del mundo. ¿Cuáles son estos dos extremos? Una vida dedicada a los placeres, a las pasiones, envilecedora: esto es degradante, sensual, vulgar, innoble, y carente de provecho; y una vida consagrada a las mortificaciones: esto es penoso, innoble y no provechoso. Para evitar estos dos extremos, oh bhikkhus, el Tathâgata ha obtenido el conocimiento de la Senda Media, que conduce al discernimiento, a la sabiduría, a la calma, al conocimiento, al Sambodhi, al Nirvâna.

Las ocho divisiones del Noble Sendero Óctuple se pueden escindir en tres grupos.

En primer lugar, el grupo de la Sabiduría, al que pertenecen el recto entendimiento y el recto pensamiento. El recto entendimiento incluye el entendimiento intelectual, y parcialmente experimental, de las Cuatro Nobles Verdades. El pensamiento recto abarca ideas de renuncia, de desapego, de buena voluntad, de no dañar y de compasión.

En segundo lugar, el grupo de la conducta ética que consta de tres factores: recta palabra, recta acción y rectos medios de vida. Recta palabra o, lo que es lo mismo, abstenerse de falsedad de difamar, de calumniar, de utilizar palabras que puedan promover el odio, la enemistad y la discordia; no hablar ni ruda, ni descortés, ni ofensivamente; abstenerse de entablar conversaciones sin sentido y no chismorrear. La recta acción que consiste en abstenerse de matar, de robar y de conducta sexual inapropiada. El recto sustentamiento supone prescindir de los modos de vida irregulares que dañan y hacen sufrir a otros.

Por último, el grupo de la disciplina mental o concentración está constituido por el recto esfuerzo, la recta atención y la recta concentración. Recto esfuerzo es el empeño perseverante para impedir la producción de pensamientos malos y dañinos y promover pensamientos saludables. La recta atención consiste en prestar diligente atención al cuerpo, a las sensaciones, a las emociones y a las actividades de la mente. El tercer y último factor de la disciplina mental y la última fase del Noble Sendero Óctuple es la recta concentración, que describe la esencia de la meditación budista. La práctica de la meditación es el corazón de las enseñanzas budistas. Alexandra David-Néel, que cultivó la meditación budista, llegó a afirmar que ésta es en el mundo oriental la base de la vía espiritual: «La meditación es la base profunda de la vida budista, la base de la doctrina budista, surgida asimismo de la meditación de su fundador, Siddhârtha Gotalam, el Buda. Al igual que no podemos lógicamente denominar cristiano a una persona que no rece, el que no medita no tiene ningún derecho a denominarse budista»[64].

Existen numerosos métodos, técnicas y tradiciones dedicadas a la meditación[65]. No obstante, todas coinciden en dos aspectos básicos; primero, el origen de la frustración, del sufrimiento, de la constante insatisfacción es la ignorancia de la verdadera naturaleza de las cosas; esto conduce a perseguir bienes materiales que son la fuente de una profunda insatisfacción y conflicto; segundo, para salir airoso de la situación, hay que actuar, es decir, hay que meditar[66]:

> Las tradiciones meditativas coinciden también en que, para salir de esta situación, no basta *comprenderla* con el intelecto, no basta *creer* con la fe, sino que además hay que *hacer*. Hay que actuar, y no sólo externamente (con obras de caridad o con actos de devoción, por saludables que puedan ser sus efectos para la mentalidad del que los realiza), sino internamente, para corregir esa distorsión fundamental en nuestro modo de percibir la realidad. Este hacer, este quehacer interno, es la meditación[67].

CAPÍTULO 4

LA EVOLUCIÓN DEL BUDISMO

«No hay nada verdaderamente bueno aquí abajo, todo lo que parece ser bueno en este mundo es finito, limitado, se agota y, una vez agotado, deja la necesidad expuesta en toda su desnudez.»

SIMONE WEIL

La literatura budista

Es prácticamente imposible hallar entre las diversas enseñanzas, ideas, creencias, pensamientos, normas y tradiciones lo que procede del Buddha y lo que proviene de sus discípulos y seguidores. Los sermones, contenidos en la «canasta de los sermones» *(Sûtra-pitaka),* por una parte, y las reglas que rigen la vida monástica, incluidas en la «canasta de la disciplina» *(Vinaya-pitaka),* por otra, constituyen dos series muy complejas, fruto del trabajo individual y colectivo de varias generaciones de sabios y eruditos. A estas dos colecciones se añadiría después una tercera, *Abhidharma-pitaka.*

Al parecer, el Canon Pâli [1] habría quedado constituido en tres asambleas sucesivas: la de Râjagriha, hacia el año 480 a.C.; la de Vaishâlî, un siglo después de la anterior, y la de Pâtaliputra, alrededor de 244 a.C. [2] Por fin, en el siglo I a.C. (*ca.* 50 a.C.), se fijó por escrito en Sri Lanka, durante el reinado de Vatta Gâmani. El Canon Pâli refleja la doctrina de la escuela Theravâda y es el que actualmente existe en Camboya,

Laos, Sri Lanka, Birmania y Thailandia. Conocido también con el nombre de *Tripitaka* («Tres Canastas»), se indican así los tres apartados en que el Canon está dividido: *Sûtra-pitaka* («Canasta de los Sermones»), *Vinaya-pitaka* («Canasta de la disciplina») y *Abhidharma-pitaka* (compendio de la filosofía y la psicología búdicas). Existe una edición moderna del Canon realizada por la Pâli Text Society a partir del 1882, además de traducciones críticas de los principales textos [3].

En el *Sûtra-pitaka* están reunidos los sermones del Buddha; engloba una gran cantidad de prédicas y de historias edificantes introducidas por una fórmula estereotipada: «Así he oído». Está constituido por las siguientes obras: *Dîgha-nikâya* («Colección de Sermones Largos»), *Majjhima-nikâya* («Colección de Sermones Medianos»), *Samyutta-nikâya* («Colección Mezclada»), *Anguttara-nikâya* («Colección Numérica») y *Khuddaka-nikâya* («Colección Menor») [4].

El *Vinaya-pitaka*, segunda parte del *Tripitaka*, contiene el código de ética, las reglas de moral, la disciplina monástica para uso de los monjes y monjas [5], y comprende diversas secciones. En primer lugar, el *Sutta-vibhanga* (compendio de la disciplina monástica), un verdadero comentario de los artículos de *Pâtimokkha* (una especie de catálogo de faltas con sus sanciones correspondientes) y se divide en dos partes: *Pârâjika* (ofensas cuyo castigo es la expulsión de la Orden) y *Pâcittiya* (ofensas por las que se especifica alguna expulsión). En segundo lugar, *Khandaka*, o cuestiones generales, que incluye *Cullavagga* (grupo menor), normas especiales y la historia de los concilios, y *Mahâvagga* (grupo mayor), que abre con una biografía parcial del Buddha. Finalmente, *Parivâra*, un compendio de otras partes del *Vinaya-pitaka*[6]; de esta segunda «canasta» se conocen varias versiones: la del Theravâda, la de los Mahâsânghika, la de los mahîsâsaka, la de los dharmaguptaka y la del sarvâstivâda.

Por último, el *Abhidharma-pitaka*, que viene a ser el primer compendio de la filosofía y la psicología búdicas, en el cual se hallan sistemáticamente ordenadas las enseñanzas y análisis de los fenómenos psico-espirituales contenidos en los sermones del Buddha y de algunos de sus discípulos. El *Abhidharma-pitaka* representa la posición peculiar adoptada por cada escuela, en lo que respecta a la interpretación de las concepciones doctrinales contenidas en el *Sûtra-pitaka*.

Esta tercera «canasta» está constituida por siete tratados: *Vibhanga* (dieciocho capítulos que analizan las materias tratadas en el *Dhamma-*

sangani), *Dhâtukathâ* (donde aparece una discusión complementaria del *Dhammasangani* sobre características intelectuales de las personas unidas a la fe religiosa), *Puggalapaññatti* (tratado que clasifica a distintos tipos de personas según las cualidades que poseen y las perfecciones que han conseguido), *Kathâvatthu* (libro de debates, discusiones y refutaciones), *Dhammasangani* (libro de texto sobre ética psicológica), *Patthâna* (análisis de diversos temas, en veinticuatro grupos) y *Yamaka* (una serie de preguntas que facilitan la base para un análisis sobre cuestiones psicológicas).

Existen, además, otras obras, las cuales, aunque no son canónicas, gozan, no obstante, de gran autoridad, a saber: *Visuddhi-magga* («Vía de la pureza»), una exposición completa y sistemática de la doctrina búdica, compuesta por Buddhaghosha en el siglo V; *Milinda-paña* («Las preguntas de Milinda»), obra escrita en pâli en el siglo II y compuesta en forma de un diálogo entre el monje budista Nâgasena y el rey indogriego Menandro; el *Dipavamsa* («Historia de la Isla») es una crónica en pâli del siglo IV sobre Ceilán que concluye con una narración sobre el reino del monarca Mahâsena; el *Mahâvamsa* («Gran Historia»), atribuida a un poeta llamado Mâhanâma (siglo VI d.C.). Más tarde y por distintos autores se hicieron una serie de adiciones al *Mahâvamsa*, conocida colectivamente por el nombre de *Cûllavamsa* («Pequeña Historia» o «Crónica menor»). Ambos escritos constituyen fuentes valiosas para la investigación del budismo temprano en Sri Lanka y en el subcontinente.

En las postrimerías del siglo I d.C., bajo la dinastía de los kushânas, en el monasterio de Jâlandhara, un grupo de monjes preparó una redacción en sánscrito de los textos budistas. La literatura sánscrita fue el medio donde la corriente Mahâyâna formuló sus doctrinas; como ésta no es una escuela cerrada, no se puede hablar de un «Canon» propiamente dicho.

Las obras que constituyen el «Canon Mahâyâna»[7] son, por una parte, un conjunto de *Sûtras*[8] de muy diverso contenido, tiempo y procedencia que se atribuyen, no obstante, al propio Buddha, y por otro lado, los *Shâstra* o tratados compuestos por grandes pensadores del Mahâyâna. Éstos escribieron, «por un lado, Tratados en que exponían, sistematizaban y desarrollaban las doctrinas contenidas en los *Sûtras* y, por otro lado, Comentarios de esos Tratados y de los mismos *Sûtras*»[9].

Existe una larga lista de tratados del Mahâyâna divididos en tres grupos. En primer lugar, los Sûtras independientes que están constituidos por: *Lankâvatârasûtra, Lalitavistara, Gandavyûhasûtra, Kârandavyûhasûtra, Karunâpundarîkasûtra, Samâdhirâjasûtra, Samdhinirmochanasûtra, Shâlistambasûtrasûtra, Suvarnaprabhâsottamasûtra* y *Bhavasankrântisûtra*, entre otros. En segundo lugar, los Sûtras extensos o *Vaipulyasûtras*, a saber: *Buddhâvatamsakasûtra* o *Avatamsaka-sûtra, Mahâsamnipâtasûtra, Prajñâpâramitâsûtra, Ratnakûtasûtra, Mahâparinirvâna-sûtra* y *Saddharmapundarîkasûtra*. Finalmente, los *dhâranis*, también denominados *Vidyârâjñî* o *Vidyâhâranî*, Sûtras generalmente cortos que contienen fórmulas mágicas.

El canon chino, conocido como el *Da cang jing* («Gran Depósito de las Escrituras»), mantiene la división tradicional del Tripitaka; pero, bajo cada una de ellas, despliega dos conjuntos: Hînayâna y Mahâyâna. El *Sûtra-pitaka* del Hînayâna está compuesto esencialmente de cuatro colecciones *(âgama)*: Larga, Mediana, Mezclada y Uno-y-más. Con estos nombres se reconoce la réplica de los cuatro *nikâya* del Canon Pâli. La colección de los Sûtras del Mahâyâna reproduce en cierta medida las clases del *Kangyur* tibetano. El *Vinaya-pitaka* guarda en la sección del Mahâyâna un grupo de obras sobre la disciplina de los bodhisattvas. Pero la sección del Hînayâna comprende cinco Vinayas relacionados con el Vinaya Pâli. Por su parte, el *Abhidharma-pitaka* contrasta por su riqueza con la sobriedad del *Abhidharma* Pâli. Aparte del Tripitaka, los chinos admitieron otra categoría más, análoga al *Tengyur*.

Asimismo el Tíbet posee una valiosa colección de libros sagrados repartida en dos grupos: *Kangyur* (colección de los sermones del Buddha) y *Tengyur* (conjunto de los comentarios indios traducidos en su mayor parte del sánscrito, y en mucha menor proporción, del chino). El *Kangyur*, de acuerdo a la edición Narthang, consta de noventa y ocho volúmenes, divididos en siete secciones: *'Dul-ba (Vinaya), Dkon-brtsegs (Ratnakûta), Rgyud (Tantra), Phal-chen (Avatamsaka), Mdo (Sûtra), Mya-'das (Nirvâna)* y *Sher-phyin* (contiene todas las recensiones de la literatura de la *Prajñâpâramitâ*).

Los concilios

Según la tradición, a lo largo del desarrollo del budismo han tenido lugar diversas asambleas o concilios [10]; por ejemplo, Thailandia admite diez, y Sri Lanka y Birmania seis. El objetivo de las reuniones era en general extirpar discrepancias doctrinales en el seno de la comunidad, recitar, organizar y fijar los textos canónicos, etc.

Aún no se habían apagado los rescoldos de la pira funeraria del Buddha cuando sus discípulos comenzaron a preguntarse: ¿qué va a pasar a partir de ahora? Según cuenta la tradición, hacia el 480 a.C., Mahâkâshyapa convocó una primera reunión [11] en la «Gruta de las Siete Hojas», en la ladera de una colina situada cerca de Râjagriha (antigua capital de Magadha), con el fin de estructurar y fijar el mensaje búdico, en donde concurrieron alrededor de quinientos monjes. Ânanda recitó las palabras del *Dharma* («Enseñanza»), que más adelante constituirían el *Sûtra-pitaka,* y Upâli recitó las normas de la vida monástica, que posteriormente serían codificadas en el *Vinaya-pitaka*. El Canon así fijado no fue puesto por escrito, sino confiado a la memoria. Este concilio es conocido como «la primera compilación de los textos» o «la primera recitación grupal».

Hacia el 380 a.C., bajo el patrocinio del rey Kalasoka, tuvo lugar una segunda asamblea con el fin de condenar «Diez Puntos» o diez prácticas prohibidas adoptadas por un grupo de monjes de Vaishâlî [12]. El Theravâda explica la división entre los Sthavira (pâli, Thera), «antiguos», «ancianos», «conservadores» y los miembros «liberales», o sea, el grupo Mahâsânghika («miembros de la gran comunidad», «los de la gran asamblea») como resultado de esta reunión. Una vez consumada la división fundamental, los Sthavira y los Mahâsânghika empezaron a subdividirse en escuelas, cuyo número, al parecer, se elevaba a dieciocho en el siglo III a.C., preconizando unas doctrinas cada vez más divergentes.

Alrededor del 244 a.C., a instancias del monarca budista Ashoka, se celebró en Pâtaliputra (Patna), un tercer concilio, que contó con la presencia de mil monjes. Al parecer, en esta asamblea Moggaliputta Tissa recitó el *Kathâvatthu*, obra que él mismo había elaborado para refutar diversas opiniones heréticas y que fue incorporada al *Abdhidharma*; también se recitó la totalidad del Canon, y tuvo lugar la división entre el grupo Sarvâstivâda y el Vibhajyavâda.

Hacia el siglo I d.C. se reunió en Cachemira un cuarto concilio bajo el reinado de Kanishka (*ca.* 78-123 o 120-162 d.C.) y su resultado habría sido una reinterpretación del *Abhidharma*: «Kanishka se convirtió al budismo y fue un generoso protector de los monjes y las artes de la comunidad lega. Ashvaghosha era una figura en su corte, probablemente quien le convirtió. Una tradición —cuestionable, pero en general aceptada— dice que bajo su protección un gran consejo budista formuló la doctrina mahayana. Parece que el empleo del sánscrito como lengua literaria de la élite y del estilo kavya («poético») clásico comenzó en las cortes Kushana. En las esferas del arte religioso se produjeron una serie de innovaciones que se cuentan entre las más notables de la historia de Oriente»[13].

Hînayâna

El «Pequeño Vehículo» o Hînayâna es, en su origen, un término despectivo empleado para designar a las escuelas del budismo primitivo[14] por parte de los seguidores de un movimiento nuevo que emergió a comienzos de nuestra era y que se presentaba como un medio de salvación superior, un «Gran Vehículo» (Mahâyâna). En efecto, en un primer momento, los Mahâsânghika denominaron a su doctrina «vehículo del bodhisattva» y, posteriormente, Mahâyâna. Por contraste, los defensores de la antigua escuela de sabiduría eran denominados Hînayâna. Siendo la doctrina un «vehículo» o «barca» (yâna)[15] que debe conducir a la salvación, se juzgó que el primitivo sistema no había sido una aproximación preliminar de la verdad; por ello, se le denominó Hînayâna (y se le opuso este Mahâyâna).

Una rivalidad muy imprecisa coloca frente a frente al antiguo y al nuevo budismo[16]. Pequeño y Gran Vehículo esconden una diversidad de escuelas y corrientes, cuyo inventario nos llevaría muy lejos, y no se aclararía más que llegando a esbozar la historia de estos grupos. Y aún queda mucho camino por recorrer para eso. La enumeración varía según las épocas y según las escuelas[17].

El Hînayâna es también conocido como «budismo del sur», porque se halla difundido sobre todo en los países asiáticos meridionales (Sri Lanka, Camboya, Laos, Birmania y Thailandia). Se fragmentó en diversas escuelas, desarrolladas a partir de la comunidad originaria. Según sus seguidores, representa la doctrina tal como el Buddha la había enseñado.

El ideal del Hînayâna, como ya hemos visto, es el arhat, aquel que tras un supremo esfuerzo alcanza la liberación para sí. La doctrina esencial está recogida en las Cuatro Nobles Verdades, el surgimiento condicionado *(Pratîtya-samutpâda)*, la doctrina del no-yo (anâtman), el ciclo de las existencias (samsâra) y la ley del karma.

> La doctrina del llamado budismo primitivo, que es realmente una forma de la enseñanza Hinayana posterior, también ha sido explicada por los autores occidentales, como lo han sido los puntos principales de este budismo, muchos de los cuales se encuentran en todas las formas del budismo. Estos puntos principales son: Las Tres Señales de la Impermanencia *(anicca)*, Sufrimiento *(dukkha)* y No-Yo *(anatta);* las Cuatro Nobles Verdades [...] la Cadena de Doce Eslabones de la Causalidad; la Ley de Causa y Efecto o Karma y la enseñanza del fluir perpetuo o devenir. Este budismo sostiene el ideal del Arhatado, la necesidad de todos los seres de luchar por su liberación de la rueda del nacimiento y de la muerte [18].

Mahâyâna

A comienzos de nuestra era adquiere ya líneas definidas el Mahâyâna [19]. Algunas de las tesis más importantes de esta nueva corriente tienen su origen en los temas planteados en el concilio de Vaishâlî, que acabó en el cisma de los mahâsânghika [20].

Los temas que se debatieron en el concilio de Vaishâlî giraron en torno a la concepción conservadora tradicional de la perfección monástica, encarnada idealmente en el arhat. La liberación personal ya no era un ideal suficiente; en su constante lucha contra el egoísmo, el budismo da aquí un importante giro: «La salvación individual no tiene valor absoluto si no contribuye a la salvación universal. El nirvana del arhat debe ser denunciado como una escandalosa exaltación del yo, si consiste en un sálvese quien pueda en el cual se sustrae de la miseria una individualidad. Por el contrario, representa el fin de los fines si confiere a su beneficiario una amplitud infinita para repartir gracia y bendiciones sobre la Naturaleza entera» [21]. En sustitución del arhat, el

Mahâyâna introdujo el ideal del «Buddha virtual» o *bodhisattva* (de *bodhi*, «iluminación», y *sattva*, «ser» o «esencial», en el cual se ha originado el *bodhicittâ* o mente de la iluminación, la mente del Buddha)»: aquel que se ocupa de la liberación de todos los seres, aunque ello implique la continuación de su estancia en el ciclo de los renacimientos y la postergación de su liberación [22]. Este hecho posibilitó la irradiación popular y constituyó el embrión de nuevos desarrollos teísticos y filosóficos, contemplados en los principales textos y escuelas del Mahâyâna.

Un individuo se convierte en bodhisattva cuando decide ganar la liberación en beneficio de todas las entidades. Esta concepción es especialmente importante, hasta tal punto que el Mahâyâna se refiere a sí mismo como el «vehículo de las perfecciones» o *pâramitâs,* a saber: caridad, generosidad; buena conducta, moralidad; paciencia; esfuerzo, energía; contemplación, meditación y sabiduría [23]. A las anteriores se suele añadir otras cuatro: medios hábiles, voto, potencia y entendimiento.

Otra importante contribución del Mahâyâna es la distinción de las diez etapas que debe recorrer un bodhisattva hasta llegar al estado del «despierto». Éstas son: «tierra de la alegría»; «tierra inmaculada»; «tierra radiante»; «la tierra en llamas»; «la tierra muy difícil de conquistar»; «la tierra situada enfrente (de la Iluminación)»; «tierra que va lejos»; «tierra inmutable»; «tierra del pensamiento santo» y «tierra de la nube de la doctrina» [24]. Esta concepción está desarrollada en dos textos, *Dashabhûmika-sûtra*, una sección del *Avatamsaka-sûtra*, y el *Bodhisattvabhûmi-sûtra*, la sección más larga del *Yogâchârabhûmi*, un tratado atribuido a Asanga.

Los devotos no tardaron en encomendarse de forma paulatina a toda clase de bodhisattvas míticos, como Mañjushrî [25], Samantabhadra [26], Maitreya [27], Avaloliteshvara [28], etc. El desarrollo de los bodhisattvas míticos se vio acompañado e incluso precedido por el de los Buddhas míticos [29] o Dhyâni-buddhas, a saber: Vairochana [30], Akshobhya [31], Ratnasambhava [32], Amoghasiddhi [33] y Amitâbha. Este último es uno de los Buddhas más populares de las escuelas de la «Tierra Pura» del budismo sino-japonés. Su culto se basa en tres libros principales: «Gran sûtra de los Ornamentos de la Tierra de la Felicidad», «Pequeño Sûtra de los Ornamentos de la Tierra de la Felicidad» y «Libro de la Contemplación de la Vida Infinita» [34].

En el corazón del Mahâyâna no sólo encontramos el ideal del bodhisattva, sino también la concepción de *prajñâ* («sabiduría»), la de *karunâ* («compasión»), la doctrina del *trikaya* («tres cuerpos del Buddha») y la del *tathatâ* («talidad»).

Prajñâ («sabiduría») [35] y *karunâ* («compasión») son dos de las grandes joyas del budismo y constituyen un todo indisoluble. En el *Dhammasangani* se exalta la sabiduría con los epítetos de fuerza, espada, luz, resplandor y joya:

> Todo lo que es la sabiduría esto es comprensión, investigación, investigación concluida, investigación de los estados mentales, discernimiento, discriminación, diferenciación, inteligencia, destreza, sutileza, claridad, entendimiento, pensamiento, examen, amplitud [...] sagacidad, conductor, perspicacia, conciencia clara, la cual es como un aguijón, la sabiduría que es sabiduría como una facultad, como poder, como espada, como en terrazas elevadas, como luz, resplandor, esplendor, como una joya; ausencia de confusión, investigación de los estados mentales, recta visión [36].

A la sabiduría no se accede mediante una actividad meramente especulativa, discursiva, lógica, etc. La sabiduría es el producto de todo un largo proceso a que se somete la persona, haciendo realidad las normas de la disciplina moral e imbuyéndose de las enseñanzas del Buddha mediante una intensa y prolongada meditación de las mismas. No puede emerger la sabiduría mientras no se produzca en el individuo una transformación y una depuración de su conciencia, que tienen lugar como resultado de la realización de la disciplina moral y de la correcta meditación. No hay sabiduría sin una larga y penosa preparación, que incide en el ser humano considerado en su totalidad.

El énfasis sobre el amor y la compasión como partes esenciales de la sabiduría halló su expresión más viva en el ideal del bodhisattva. La compasión es la emoción más espiritual de todas y es esta emoción la que caracteriza particularmente a todos los Buddhas y bodhisattvas.

El grupo Mahasanghika concibió al Buddha como supramundano y trascendental, y esa noción penetró en el Mahâyâna, que consideró al Buddha bajo tres aspectos [37]: *Nirmânakâya* es el cuerpo físico que tuvo el Buddha Shâkyamuni durante su existencia en el mundo; *Sambhogakâya* es un cuerpo espiritual, sobrenatural y glorioso, al que suelen atribuirse las treinta y dos marcas mayores y las ochenta menores que adornan a un Buddha y el *Dharmakâya* es el Buddha en cuanto realidad suprema.

Por último, la doctrina del *tathatâ* o «talidad», la cual se refiere al principio último que hay en todos los seres, constitutivo de su verdadera realidad y que trasciende todas las determinaciones transitorias de los mismos. En palabras de B. L. Suzuki, la talidad consiste en: «Ver las cosas tal como son en sí mismas, comprenderlas en su estado de propia naturaleza [...] volver al estado mental anterior a la división en "el que conoce" y "lo conocido" [...] El conocimiento de la talidad es, por lo tanto, el conocimiento de la no-discriminación» [38].

Escuela Mâdhyamaka

Dos escuelas principales del Mahâyâna sobresalieron: Mâdhyamaka («relativo a la vía media») o Shûnyavâda («doctrina del vacío»), fundada por Nâgârjuna en el siglo II, y Yogâchâra («práctica del yoga») o Vijñânavâda («doctrina de la conciencia»), fundada en el siglo IV por Asanga.

El período de desarrollo de la escuela Mâdhyamaka [39] se extiende, según diversos autores, entre los años 150 a 800 d.C. y en su seno se pueden diferenciar cuatro momentos. El primero está representado por Nâgârjuna (150-250) y su pupilo Âryadeva (170-270). La filosofía de la escuela está expuesta principalmente en el *Mûlamadhyamakakârikâ* o *Madhyamakakârikâ* de Nâgârjuna y en el *Catuhshatâka* de Âryadeva.

En la segunda etapa, hacia principios del siglo VI, tiene lugar la división del Mâdhyamaka en dos escuelas: Svâtantrika, fundada por Bhâvya (490-570) y Prâsangika, fundada por Buddhapâlita (470-550): «Buddhapâlita adoptó la técnica de la reducción al absurdo como la única metodología posible para la exposición de la dialéctica de Nâgârjuna, mientras que Bhâvaviveka defendió la validez del uso de un silogismo independiente *(svatantrânumâna)* como medio adecuado para la explicación del significado de la vacuidad» [40]. Pronto ambas escuelas entraron en conflicto entre sí ofreciendo interpretaciones divergentes de la enseñanza fundamental de los Mâdhyamika: en tanto que los Prâsangika ponían el acento en el aspecto nihilista de ésta, el grupo Svâtantrika se inclinaba hacia un retorno al positivismo. En los trabajos de Bhâvya, también conocido como Bhâvaviveka, destacamos *Prajñâ-*

pradîpamûla-madhyamaka-vrtti y *Madhyamaka-hrdaya-kârikâh* y un extenso comentario al mismo, *Tarkajvâlâ*.

La tercera etapa es una reafirmación de la escuela Prâsangika de Buddhapâlita; sus máximos exponentes fueron Chandrakîrti (600-650) y Shântideva (*c*. 650-750). Los escasos datos disponibles sobre la biografía de Chandrakîrti se encuentran en fuentes tibetanas. Entre los trabajos de Chandrakîrti figuran diversos comentarios a las obras de Nâgârjuna y Âryadeva y diversos trabajos de inspiración propia. Shântideva es el autor de *Shiksâsamuccaya* y de un delicado poema, *Bodhicaryâvatâra*. Al parecer, fue maestro en el célebre colegio monástico de Nâlandâ[41].

La última fase está representada por Shântarakshita (680-740) y Kamalashîla (700-750), quienes adoptan una postura que une las tesis del grupo Mâdhyamaka con doctrinas de la escuela Yogâchâra. Shântarakshita es el autor de *Tattvasangraha* y del *Madhyamikâlankâra Kârikâ*. Según la tradición, Shântarakshita es uno de los iniciadores de la difusión del budismo en el Tíbet junto con Padmasambhava. Kamalashîla, el discípulo más importante de Shântarakshita, es autor de un comentario al célebre trabajo de su maestro, *Tattvasamgraha-prañjikâ*.

La escuela Mâdhyamaka, también denominada Shûnyavâda («doctrina del vacío»), deriva su nombre del vocablo *shûnya*, «vacío», «sin Símismo», sin sustancia permanente, lo que carece de límites, o *shûnyatâ*, «vacuidad»[42], que Nâgârjuna empleaba para describir las concepciones de la realidad que la mente del hombre puede forjarse. La realidad empírica, «realidad de envolvimiento», «realidad de ocultamiento», convencional, consensuada, relativa *(samvriti-satya)*, esconde y disfraza a la auténtica realidad *(paramârtha-satya)*. La realidad definitiva está fuera de los parámetros de la razón y del lenguaje del hombre; no puede expresarse ni pensarse. Es totalmente distinta de la realidad fenoménica; no podemos adjudicarle ninguna cualidad, atributo o rasgos propios de esta última. La existencia de las citadas realidades supone la existencia de las verdades absoluta o trascendente y relativa o condicional.

Veamos a continuación la forma cómo Nâgârjuna describe la inefable naturaleza de la experiencia suprema: «El ojo no ve y la mente no piensa; ésta es la verdad suprema, donde los hombres no entran. A la tierra donde puede obtenerse inmediatamente la visión plena de todos los objetos, el Buddha ha dado el nombre de meta suprema *(paramârtha),* lo absoluto, la verdad que no puede predicarse con palabras»[43].

La escuela Mâdhyamaka no sólo derrumba las creencias que uno adopta de modo consciente, también revela las recónditas e inconscientes premisas del pensamiento y de la acción, y las somete al mismo tratamiento hasta que las más profundas simas de la psique quedan reducidas a un completo silencio. Hasta la propia idea de vacuidad debe ser vaciada:

> La teoría de la «vaciedad» (shûnyatâ) no debe ser considerada como un nuevo dogma metafísico que debe tomar el lugar de otros ya existentes. Esa teoría sólo debe servir para eliminar todas las opiniones erróneas. Se parece a un remedio que aleja la materia morbosa del cuerpo, pero que no debe ser considerada como algo benéfico en sí, ya que, si permanece en el enfermo provocaría un nuevo dolor. El que no se puede liberar frente a la «vaciedad», de la idea de que ella es una realidad, un fundamento, un punto de apoyo, se parece a un hombre a quien un comerciante le ha dicho que no tiene nada que vender y que entonces le pide al comerciante que le entregue esa «nada» a cambio de monedas contantes[44].

El Mâdhyamaka no acepta la existencia verdadera del universo fenoménico en su conjunto, interpretándose que para dicha escuela el mundo de los fenómenos comprende los seres compuestos que aparecen como individuos resultantes de la unión de los elementos simples, los propios elementos y la actividad misma de los seres. La realidad empírica, el mundo de los fenómenos, es sólo una apariencia, un sueño, una ficción:

> Todo en ella es condicionado, relativo, dependiente, compuesto. La condicionalidad, la relatividad, la dependencia, el ser algo compuesto constituye la naturaleza, la manera de ser de la realidad empírica. El término *pratîtyasamutpâda,* que literalmente significa «surgimiento condicionado» y que Stcherbatsky traduce atinadamente por «Universal Relativity», designa esa naturaleza, esa manera de ser. Y es esta característica lo que permite, como dijimos, la negación de la realidad empírica por la dialéctica de la escuela de Nâgârjuna. Si la realidad empírica estuviese constituida por sustancias o si una sustancia última fuese su esencia y fundamento, el análisis abolitivo, que la escuela *Madhyamaka* lleva a cabo, se detendría, frustrado ante esa base inconmovible[45].

La suprema realidad es, para Nâgârjuna, la «vacuidad». En una *kârikâ* famosa de Nâgârjuna (*Madhyamakakârikâs* XXV, 19 y 20) y su comentario igualmente famoso de Chandrakîrti se halla la llave maestra del enfoque característico del Mâdhyamaka: «No se le puede llamar vacío ni no vacío, ni ambos ni ninguno de ellos; pero a fin de indicarlo se lo llama el Vacío».

Si el estado real de las cosas es la vacuidad y ésta se halla fuera de cualquier tipo de designación conceptual, porque es la ausencia de toda determinación valorativa, es lógico que la actitud y el método de expresión adoptado por Nâgârjuna sea denominado «vía media». *Mâdhyama* quiere decir «el medio» [46] y ha dado el nombre a la escuela Mâdhyamaka de Nâgârjuna.

En resumen, el Mâdhyamaka se expresa por medio de conceptos tales como la inestabilidad, la impermanencia, la no-dualidad, y en especial por el concepto sumamente misterioso, pero central del Mahâyâna, *shûnyatâ* («vacuidad») o shûnya («vacío») [47], idea nuclear de la literatura de la *Prajñâpâramitâ*, sistematizada y elaborada sobre todo por Nâgârjuna. «La forma es vacuidad y vacuidad es realmente la forma» [48], dice el *Prajñâpâramitâhridaya-sûtra* («Sûtra del Corazón») [49]. Según Anagarika Govinda:

> El *súnyatá* es el elemento inconmensurable de la realidad metafísica que, en contraste con sus elementos fenoménicos o formales, sólo puede circunscribirse como «el *vacío* de toda designación conceptual» [...] *Súnyatá* es, por así decirlo, el espacio espiritual cuyo *vacío* (éste es el equivalente literal de *súnyatá*) posibilita la riqueza de formas y actividades y la libertad que existe antes de toda ley («en el primer peldaño somos libres, en el segundo somos esclavos»), la pureza y la libertad de acción del Origen [50].

Nâgârjuna

La escuela Mâdhyamaka («relativo a la vía media» [51]) o Shûnyavâda («doctrina del vacío») fue fundada por Nâgârjuna [52], uno de los pensadores más brillantes de la corriente Mahâyâna. La crítica occidental ha llegado a negar la existencia de Nâgârjuna. El Nâgârjuna que nos interesa sería el primero y habría vivido en el siglo II; otro Nâgârjuna, el alquimista, habría vivido en el siglo VII; el tercero, el del tantrismo, en el siglo X.

En torno al fundador de la escuela Mâdhyamaka han surgido diversas leyendas; una de éstas atribuye a Nâgârjuna una vida de 300 o 600 años, consagrada a la enseñanza de la doctrina y a componer tratados sobre los más variados temas: alquimia, astronomía, medicina, ejercicios tántricos, orfebrería y diversos tratados. En la actualidad existen biografías muy dispares entre sí y confusas: dos tibetanas elaboradas por Buston y Târanâtha y una china por Kumârajîva. Según W. Wassilejew:

> Nâgârjuna nació en el sur de la India y era originario de la casta de los brahmanes, estaba dotado por la naturaleza de facultades maravillosas y estudió ya en su niñez los cuatro Vedas... viajó a diversos reinos y aprendió todas las ciencias profanas, como Astronomía, Geografía, Artes místicas y mágicas; después trabó amistad con tres hombres igualmente notables y, después que él aprendió un medio para hacerse invisible, se introdujo con ellos en el palacio real, donde empezó a deshonrar a las mujeres; su presencia fue descubierta por las huellas de sus pies y los tres compañeros de Nâgârjuna fueron cortados en pedazos, sólo él se salvó después de haber hecho el voto de entrar en la orden religiosa (budista); y de inmediato se fue a un monte donde había una pirámide (stûpa) de Buda, hizo sus votos, estudió en 90 días todos los tres Pitakas y captó su sentido profundo, después empezó a buscar los otros sûtras, pero no los encontró en ningún lugar, sólo en el interior de la Montaña de nieve un anciano bhikshu (monje) le dio el sûtra del Mahâyâna, captó en verdad su sentido profundo, pero no pudo encontrar ningún comentario extenso; todas las opiniones de los tîrthikas (no-budistas) y shramanas (monjes budistas) le parecían de escaso valor; en su orgullo se figuró que era el fundador de una nueva religión, imaginó nuevos votos y una nueva vestimenta para sus discípulos. Entonces el Nâgârâja (rey de las serpientes) se apiadó de él, lo llevó consigo al mar, a su palacio, y allí le enseñó un precioso cofre con los libros vaipulya (escritos del Mahâyâna) y los otros sûtras de un sentido profundo y oculto. Nâgârjuna se los leyó dentro de 90 días y regresó a tierra con una canasta llena de esos libros. En la tierra difundió sus enseñanzas durante 300 años, compuso numerosas obras y realizó actos milagrosos. «Cuando finalmente un maestro hinayánico expresó su deseo de que Nâgârjuna muriese, se encerró en un cuarto solitario y desapareció. Cien años después se elevaron templos en su honor en todos los reinos del sur de la India y se empezó a considerar como un árbol arjuna, recibió el nombre de Arjuna como consecuencia de que un

naga (dragón) participó en su conversión, se agregó a ese nombre la palabra nâga»[53].

Si prescindimos de los aspectos míticos, resulta que Nâgârjuna fue un personaje real. Nació en el sur de la India y era hijo de un brahmán. Su actividad se desarrolló en el siglo II d.C., en especial en la India noroccidental. Se convirtió al budismo y empezó a enseñarlo en una nueva forma, para lo cual apelaba a una literatura muy antigua *(Prajñâpâramitâ-sûtra)*, que hasta ese momento había permanecido oculta. Esto concuerda asimismo con los hechos históricos, ya que Nâgârjuna pone de manifiesto en sus obras un conocimiento profundo del brahmanismo y es considerado como el iniciador de una nueva etapa de la evolución doctrinaria budista.

La doctrina de Nâgârjuna está expresada en forma sintetizada en cuatrocientos versos *(kârikâ)*, que constituyen la famosa *Mûlamadhyamakakârikâ* o *Madhyamakashâstra*, comentada por él mismo en la *Akutobhayâ*, y después interpretada por diversos discípulos. Además del anterior, Buston le atribuye los siguientes tratados: *Vigrahavyâvartanî, Yuktishashtikâ, Shûnyatâsaptati, Vyavahârasiddhi, Vaidalyasûtra* y *Prakarana*.

Algunos estudiosos occidentales han expuesto el pensamiento de Nâgârjuna con gran respeto, entusiasmo y admiración. Entre éstos se halla T. R. V. Murti, profesor de la Universidad de Benarés, que analiza pormenorizadamente y de forma entusiasta la doctrina de Nâgârjuna en su obra *The central philosophy of buddhism*. También Karl Jaspers se ha ocupado del pensamiento del gran dialéctico budista indio. En uno de sus libros, el gran filósofo alemán analiza la actitud metafísica del máximo exponente de la escuela mâdhyamaka: «En el pensamiento de Nagarjuna podemos hallar una analogía formal, de un lado, con la dialéctica de la segunda parte del *Parménides* platónico y, de otro, con la lógica analítica moderna (Wittgenstein)»[54].

Los textos de la «perfección de la sabiduría»

La literatura de la «Perfección de la Sabiduría» *(Prajñâpâramitâ-sûtra)*[55] es una de las formulaciones más interesantes y atractivas de la soteriología del Mahâyâna. Los treinta y ocho textos que constituyen la *Prajñâpâramitâ* se consideran las obras literarias más antiguas de la corriente budista mahâyâna —escritas originalmente en sánscrito— que han llegado hasta nosotros. La composición de estos tratados se extiende a lo largo de mil años. Se distinguen unos tratados de otros por su longitud, por el número de estrofas, que van de una sola a cien mil: los más cortos son resúmenes y los más largos desarrollos de los sermones de volumen medio.

Los tratados de la *Prajñâpâramitâ* suman un total de treinta y ocho y algunos de ellos son muy extensos. Sólo un reducido número se conserva en sánscrito. Entre los textos más importantes de esta literatura figuran los siguientes: *Shatasâhasrikâprajñâpâramitâ, Pañchavimshatisâhasrikâprajñâpâramitâ, Ashtâdashasâhasrikâprajñâpâramitâ, Dashasâkasrikâprajñâpâramitâ, Ashtasâhasrikâprajñâpâramitâ, Sârdhadvisâhasrikâprajñâpâramitâ, Saptashatikâprajñâpâramitâ, Vajrachchedikâprajñâpâramitâ* y *Prajñâpâramitâhridayasûtra*.

La literatura de la «Perfección de la Sabiduría» engloba un grupo de enseñanzas de carácter filosófico como: la vacuidad de todo, el conocimiento de la verdadera naturaleza del universo fenoménico y el modo de obtener ese conocimiento, las dos realidades y las dos verdades. Estos tratados, a pesar de ser tardíos, se atribuyeron al Buddha Shâkyamuni y son la base canónica del grupo Mâdhyamaka. Según la tradición, fue el propio Shâkyamuni quien compuso y depositó las enseñanzas de la «Perfección de la Sabiduría» bajo la custodia de los semidioses serpientes (nâgas) hasta que llegase el momento en que los seres humanos estuvieran en disposición de recibirlas.

La inquietante y sugestiva doctrina de la «Vacuidad» *(Shûnyatâ)* que surge en los textos de la *Prajñâpâramitâ*[56] fue elaborada, desarrollada y fundamentada por Nâgârjuna (siglos II-III d.C.), que construyó una lógica de negaciones dirigida a fracturar la arraigada propensión del psiquismo humano a asignar categorías temporales y espaciales al universo no dual. En una forma pormenorizada se expresa en los textos de la *Prajñâpâramitâ* lo siguiente: «Todos los dharmas, por carecer de un ser propio, son idénticos a una ilusión, que ellos sólo se manifiestan como el eco en dependencia de otros dharmas y que lo que queda, después de eliminarse con el pensamiento todo lo condicionado, lo "vacío", es, como el espacio cósmico, ilimitado y carente de oposición. Mientras que en estas obras la doctrina de shûnya es ilustrada mediante comparaciones, pero no es demostrada, ella recibe con Nâgârjuna (siglo II d.C.) una rigurosa fundamentación filosófica»⁵⁷.

Los tratados de la *Prajñâpâramitâ* elogian la perfección *(pâramitâ)* y la sabiduría *(prâjñâ)* en la que advierten la virtud primordial, esencial incluso, de los bodhisattvas y exponen la naturaleza sobre la que descansa esta sabiduría, la de la vacuidad *(shûnyatâ):* todo lo que constituye la realidad fenoménica es «vacío» *(shûnya)*. En el *Yuktihastikakarika* (25) leemos: «Aquellos que conocen la realidad perciben que las cosas son impermanentes, que su característica es el engaño, que son vanas y vacías, insustanciales, carentes de ser propio»⁵⁸.

Las doctrinas descritas en los textos de la *Prajñâpâramitâ*, las intrépidas revelaciones con que avisa al practicante de que no se asuste, son las vistas que se despliegan hasta el sentido despierto del bodhisattva; son sus intuiciones, son la dialéctica de sus vivencias directas, y no la de su intelecto. En este sentido, D. T. Suzuki señala lo siguiente:

> «Absolutamente solitario» *(atyantaviviktá)*, «absolutamente puro» *(atyantavisudhi)*, «inasequible» *(anupalabdha)*, «suelto», «desapegado», «libre» *(aslesa, o asanga o aparámrista)*, «ni atado ni emancipado» *(abaddhámukta)*, «ni nacido ni extinguido» *(anutpádánirodha)*, «que no mora en parte alguna» *(asthita)*, «que no depende de nada» *(anasráya)*, «no agotado» *(aksaya)*, «sin sendero» *(apatha)*, «sin huella» *(apada)*, etc.; todas estas expresiones pertenecen a la terminología que se hallará en el *Prajñápáramitá Sútra*, y derivan del reino del Vacío. Si tratamos de entenderlas según nuestro punto de vista lógico y corriente, que trata sobre el aspecto relativo de la existencia, no parecen transmitir mucho sentido; son para nosotros demasiado negativos o demasiado oscuros en cuanto a significado como para ubicar los definidos sectores donde pretenden conducirnos. Sin embargo, tan pronto abandonamos nuestro punto de vista relativo, construido dualísticamente, y entramos en la vida interior de las cosas, nos parece entender aquellos términos oscuros, incluso llegamos a pensar que este mundo interior es sólo descriptible por medio de esta clase de fraseología mística⁵⁹.

Escuela Yogâchâra

Otra de las grandes escuelas del Mahâyâna es la Yogâchâra («práctica del yoga») o Vijñânavâda («doctrina de la conciencia»)⁶⁰ fundada en el siglo IV por Asanga, hermano mayor de Vasubandhu. Según algunas fuentes, el verdadero fundador fue Maitreyanâtha, maestro de Asanga y autor de la mayor parte de los tratados de la escuela. Las ideas básicas de la filosofía Yogâchâra se encuentran en el *Lankâvatâra-sûtra*, el *Platform-sûtra* y el *Mahâyâna-shradhotpâda-shâstra*.

Según la concepción básica de la escuela Yogâchâra, todo lo perceptible es «sólo la conciencia»; el objeto de conocimiento es irreal, sólo la conciencia es real. En efecto, su enseñanza reposa en la afirmación del carácter ficticio de cualquier cosa compuesta, a saber, del cosmos en su totalidad, que es semejante a un sueño, a una alucinación, a una ilusión creada por la magia.

Dado que están vacías de naturaleza propia, las cosas consisten sólo en procesos cognoscitivos, no en objetos: fuera de esta forma de conocer, no poseen realidad alguna. El «mundo externo», pues, es «puramente mental». Tampoco existen sujetos de la experiencia. El ejemplo de la actividad onírica es especialmente significativo en la escuela Yogâchâra:

> «¿Cómo saber que en este mismo momento no estoy soñando?». Si se responde: «No, porque los sueños nunca son tan vivos, ni los colores tan claros, las formas no son tan nítidas, los sonidos, los olores, las impresiones táctiles, etc., son más confusos e indeterminados». «¿Quiere esto decir que bastaría que las facultades de los sentidos se debilitasen, para que la experiencia de la vigilia se convirtiese en un sueño?» ¿No son a veces los sueños vivos y claros? También se podría decir que en la experiencia de la vigilia hay cierta continuidad. Al despertar, las cosas que nos rodean son las mismas que antes del sueño, mientras que los sueños cambian constantemente: son muy breves y sin continuidad. Si se soñase durante muy largos períodos, despertándose sólo por breves momentos y volviendo a proseguir el mismo sueño con los mismos personajes en el mismo lugar, ¿sería este sueño una experiencia de vigilia? Si despertándose sólo breves momentos, no se recordaran las cosas que nos rodeaban antes, ¿se convertiría esta experiencia en un sueño? Al fin y al cabo, a veces se sueñan lugares familiares, y sucede que algunas personas sueñan que se despiertan, toman el desayuno y se van al trabajo... para finalmente despertarse en la cama y comprobar que estaban soñando. Por último, el estado de vigilia no tiene ninguna característica que lo distinga claramente del estado de sueño. No es más que una cuestión de grado y de apreciación. Por otra parte, todo lo que se produce en la experiencia de vigilia puede producirse en el sueño[61].

La percepción es un proceso de imaginación creativa, configuradora de los presuntos objetos exteriores. Este proceso es explicado con el concepto de *âlaya-vijñâna* («conciencia-receptáculo») formado por la acumulación de las impregnaciones dejadas por el conjunto de los fenómenos precedentes. En esta especie de atmósfera psíquica subconsciente, las impregnaciones se desarrollan como gérmenes, productores de fenómenos mentales. Así se justifican al mismo tiempo la teoría de la maduración de los actos y la coherencia del universo, causa de la ilusión realista. Se compara al *âlaya-vijñâna* con una corriente cuyo caudal discurre sin cesar y que después de la muerte de un ser continúa fluyendo y garantiza así el vínculo entre las distintas existencias.

De la «conciencia-receptáculo» emanan, a la vez, las seis conciencias sensoriales, el espíritu y los objetos cognoscibles. Es al espíritu salpicado por la ignorancia y el error a quien se debe la ilusión de la existencia de un principio de subjetividad opuesto a un principio de objetividad, cuando en realidad sólo existe una fenomenología psíquica.

Lo cognoscible por la mente, a saber, los fenómenos, son de triple naturaleza: dependiente *(paratantra),* imaginaria *(parikalpita)* y absoluta, perfecta *(parinispanna)*. La primera consiste en su dependencia mutua por la que se producen unos a otros; la naturaleza imaginaria es su aspecto aparentemente real que hace creer en la existencia de objetos exteriores; la naturaleza perfecta es la que se caracteriza justamente por la inexistencia de estos objetos exteriores, es la naturaleza dependiente en sí misma, privada de la naturaleza imaginaria. Para Khempo Tsultrim Gyamtso: «Así, la mera aparición de un fenómeno, producto de causas y condiciones, es dependiente, mientras que su reconocimiento por conceptos es imaginario. Estas dos características constituyen el nivel de la verdad relativa de existencia. A nivel último, los objetos exteriores percibidos y el espíritu interior que percibe están desprovistos de existencia propia, son Vacuidad»[62].

La esencia del grupo Yogâchâra podría resumirse como sigue: toda objetivación es una ficción, una ilusión, o sencillamente todos los objetos son ilusorios; asimismo, todos los objetos son objetos mentales.

La doctrina de los «tres cuerpos del Buddha» *(Trikâya)* recibió su forma definitiva en la escuela Yogâchâra y la encontramos explícitamente enunciada en Ashvaghosha[63].

Un buda, en tanto yerra sobre la tierra y en sus apariciones corporales aparece como un hombre junto a los otros, es sólo una transformación mágica *(nirmâna)*, un reflejo limitado del Buda ultraterreno. Su cuerpo físico no es real, sino un *nirmâna-kâya*, que él acepta en su misericordia, para llevar a los seres a la salvación [...] El auténtico y verdadero Buda, en cuanto personalidad sagrada, es el Buda de un mundo suprasensible, que está dotado con un *sambhoga-kâya* [...] cuerpo sobrenatural transfigurado, que un Buda ha obtenido en razón de sus méritos religiosos conquistados en existencias anteriores [...] El *Dharma-kâya* es el aspecto de Buda en el que él es experimentado, más allá de toda limitación personal, como el «vacío»[64].

CAPÍTULO 5

LA DIFUSIÓN DEL BUDISMO

«Alcanzar la verdad no es acumular conocimientos, sino *despertar al corazón de la realidad.*»

THICH NHAT HANH

El Bhagavat abandonó el samsâra sin dejar nada escrito. Pero los miembros del Shanga fueron los depositarios del inestimable legado que representa el *Dharma* («Enseñanza») del Buddha. En lo sucesivo comienza la historia del budismo. Pero esta historia constituye una doble epopeya temporal y espiritual. El pequeño grupo surgido a orillas del Ganges se encaminará a la conquista de Asia y la enseñanza sencilla y pragmática explicada de modo pormenorizado desarrollará las semillas que incluía su complejo fondo y se alzará hasta las cimas de una metafísica superior y de una mística ferviente. El budismo, en un primer momento un modo de vida, da lugar posteriormente a un arte, una literatura, una religión, una filosofía, una psicología, un pensamiento político; se convierte en una civilización.

Desde un punto de vista histórico, en el pensamiento budista indio se suelen diferenciar distintas fases. En primer lugar, un budismo primitivo, desde la época del Buddha (*c.* 560-480 a.C.) hasta la división de la comunidad budista en escuelas (*c.* 350 a.C.). En esta fase se recopilan las predicaciones o sermones *(Sûtras)* y las reglas monásticas *(Vinaya).*

En segundo lugar, un budismo escolástico o budismo Hînayâna (*ca.* 350 a.C. hasta el siglo I d.C.). En esta época tiene lugar la sistematización de las doctrinas del Buddha. Surgen distintas interpretaciones del *Dharma* y el budismo se diversifica en escuelas. Cada escuela elabora sus propios tratados sistemáticos *(Abhidharma)*. Según sus seguidores, encarna la doctrina tal como el Buddha la había expuesto. El grupo Theravâda es el único de este período que existe en la actualidad. Por último, un budismo Mahâyâna, desde el siglo I a.C. hasta el momento actual. Las escuelas filosóficas más importantes son, como ya vimos, Mâdhyamaka y Yogâchâra. Éstas han ejercido una gran influencia en el budismo tibetano, chino y japonés.

Si el Hînayâna tuvo gran influencia en la vida y en la organización monástica budista de los pueblos del sur de Asia, el Mahâyâna, por su parte, se extendió hacia Nepal, Mongolia, Bhután, Tíbet, China, Corea y Japón, dando lugar a un mayor número de escuelas y a una más fecunda actividad intelectual.

Entre las escuelas más importantes que se desarrollaron en China destacamos el Chan, que en Japón se convirtió en Zen, y la escuela de la «Tierra Pura»[1] de la que forma parte el Amidismo japonés. Paralelamente al desarrollo del Tantra en el hinduismo, evolucionó también en el budismo una orientación «mágica» análoga, el Vajrayâna, actualmente vigente sobre todo en el budismo tibetano.

La biografía y las enseñanzas nucleares del Buddha son conocidas por tradiciones tardías y se traducen de modo muy distinto según las áreas culturales por las que el budismo se ha propagado a lo largo de los siglos. El tema del budismo genuino, que ha interesado a muchos orientalistas del siglo XIX, no tiene una respuesta satisfactoria: ¿se trata del budismo más antiguo, el de los países del sudeste asiático, conocido como Theravâda? ¿O bien se trata del más tardío, de los países del norte de Asia? Estos últimos, convencidos de haber redescubierto las doctrinas más profundas del Buddha, se han asignado el nombre de Mahâyâna («Gran Vehículo») y han aplicado al budismo más antiguo la etiqueta peyorativa de Hînayâna («Pequeño Vehículo»). Y en el seno mismo de los diversos países budistas del «Gran Vehículo», ¿hay que optar por la fórmula Zen japonesa o quizás por la del Vajrayâna tibetano?

El budismo traspasa las fronteras de la India

La tradición refiere que, después de la muerte del Buddha se convocó un concilio en Râjagriha (capital de Magadha) bajo el reinado de Bimbisâra [2], para fijar las enseñanzas del Buddha en materias disciplinarias y doctrinales. No se conocen con certeza los resultados del concilio, pero es claro que una parte considerable de la literatura que se halla en el actual canon Theravâda y los restos de otros grupos primitivos existían ya en forma oral.

Hacia el III a.C., el Sangha sufrió un proceso de proliferación de grupos, constituyéndose finalmente algunas corrientes, cada una de las cuales destacaba distintos aspectos filosóficos y doctrinales de la tradición recibida. Al parecer, cien años después de la muerte del Buddha, se celebró un nuevo concilio en Vaishâlî. Allí salieron a la luz las discrepancias sobre el significado interno de la doctrina, la condición de los laicos y la rigidez de la regla monástica, que propiciaron una importante división entre los liberales Mahâsânghika, cuyas tesis tuvieron una gran influencia en la génesis del Mahâyâna en los siglos posteriores, y los conservadores precursores del Theravâda.

Un hecho de gran trascendencia en la historia del pensamiento budista fue la aparición del Mahâyâna. En los comienzos de la era cristiana tuvo lugar en la India del norte dos significativos eventos: la aparición de textos acentuadamente especulativos, que desarrollaban ideas esbozadas en el Theravâda (por ejemplo, la superioridad del bodhisattva o Buddha virtual sobre el arhat); y, poco después, los comienzos de una actitud ritual-devocional hacia los Buddhas y, en especial, hacia los bodhisattvas. Los textos mencionados —sin afectar a la autoridad del canon anterior— constituyen lo específico de la producción literaria de una nueva corriente del budismo: el Mahâyâna.

El ocaso del budismo en la India se inicia en el siglo VII. Es la época en que el Tantra irrumpe dentro del budismo, dando lugar a un nuevo «vehículo», el Vajrayâna. Alrededor del año 1200, el budismo prácticamente desapareció del subcontinente [3]. «La invasión musulmana de la India fue la causa de la extinción final del budismo. En 1199 los soldados de Ikhtiyar Hhiliji destruyeron el monasterio de Odantapura, en Bihar, el último núcleo de la sabiduría budista; los monjes que lograron escapar se dispersaron por Birmania, el Tíbet y Ceilán» [4].

El reinado de Ashoka (s. III a.C.) constituye una fase muy importante en la historia del budismo, pues gracias a su protección e impulso, el budismo se propagó y se convirtió en un movimiento religioso que trascendió las fronteras de la India. Quizá fue esto lo que contribuyó a mantener vivo el budismo. En efecto, cuando en el siglo XIII desapareció por completo de la India, se había extendido ya por toda Asia, hasta el Extremo Oriente.

Durante el gobierno de Ashoka misiones del Theravâda penetraron en el sudeste asiático, sobre todo en Ceilán (actual Sri Lanka). En efecto, Ashoka envió a la isla a Mahinda, hijo o, quizá, hermano menor del monarca. Esta misión tuvo un éxito total y los hechos que la acompañaron son narrados en las dos grandes crónicas cingalesas de los siglos IV y V, el *Dipavamsa* y el *Mahavamsa*[5].

En el siglo I a.C., durante el reinado de Vattagamani, monjes cingaleses fijaron por escrito el Canon Pâli. Más tarde, en el siglo V de nuestra era, un brahmán convertido al budismo, Buddhaghosha, llegó a Sri Lanka y compuso el *Visuddhimagga* («Vía de la Pureza»), una exposición completa de la doctrina del Theravâda. Esta obra tuvo gran importancia para el desarrollo del budismo en Thailandia, Indochina y Birmania. A partir del siglo XII, Sri Lanka se convirtió en uno de los principales bastiones del Theravâda. Tras un período de declive, el budismo volvió a constituirse en la fuerza impulsora de la cultura nacional.

La introducción del budismo en Thailandia (antigua Siam) en los primeros siglos de la era cristiana queda confirmada por una pequeña estatua de bronce del Buddha descubierta junto con los restos de un templo antiguo, en Pong Tuk, y por una figura similar hallada en Korat.

En la segunda mitad del primer milenio, Thailandia estuvo habitada por pueblos de la etnia Mon, que seguían las directrices de la corriente Theravâda. Después los pueblos khmer ejercieron el gobierno de Thailandia durante algún tiempo y fueron reemplazados gradualmente por los thai, etnia mongólica procedente de China. Durante la última parte del siglo XIII se constituyó un estado unificado bajo el mando de Ram Kamheng. Las capitales —primero Ayuthia (1330-1767) y luego Bangkok (a partir de 1770)— son grandes y majestuosas ciudades budistas, con colosales edificios religiosos y grandes Buddhas. En la actualidad, el budismo es la religión oficial de Thailandia.

Myanmar (antigua Birmania) estuvo dentro del área de influencia de la India desde principios de la era cristiana en adelante, y es probable que durante el siglo V las ciudades de Prome y Thaton fueran centros de cultura hindú y budista. Esta última fue la capital real, pero en el siglo XI fue conquistada por Anawratâ de Pâgan (1044-1077), primer monarca que logró la unificación de Birmania. Anawratâ regresó a Pâgan con valiosas reliquias y escrituras budistas, y se consagró a la difusión del budismo por todo el reino. Anawratâ fue el primero de una serie de monarcas constructores que hicieron de la capital de Pâgan una de las maravillas del mundo búdico. Los millares de pagodas que se levantaron en el espacio de un siglo fueron superadas todavía en esplendor, en el siglo XII, por el gran templo que sigue dominando la ciudad de Rangún, el Shwe Dagon. Con su cúpula de oro puro y su arca que contiene las reliquias de los cuatro Buddha, los cabellos de Gautama, la escudilla de las limosnas, la túnica y el bastón de peregrino de sus tres predecesores, este edificio sigue siendo uno de los centros más frecuentados del budismo mundial.

En 1956 tuvo lugar en Rangún un concilio, en el cual se recitó el Canon Pâli. Actualmente el Theravâda es la religión principal de los birmanos, aunque los elementos tántricos, residuos del budismo tántrico que llegó a Birmania en el siglo IX, han seguido manteniéndose, y las divinidades de la religión naturalista prebudista ocupan un lugar en la cosmología budista.

Tanto el hinduismo como el budismo se introdujeron en Java[6] en los primeros siglos de la era cristiana. Pero el islam, que había llegado a Sumatra en el siglo XIII, apareció en la isla a principios del siglo XV y se difundió por todo el territorio. Lo que quedó de la civilización india se refugió entonces en la pequeña isla de Bali, donde se ha mantenido viva hasta la actualidad.

Desde principios de la era cristiana hasta mediados del siglo VI, el territorio correspondiente a la actual Camboya o Cambodia estuvo englobado en el reino de Funán. Hacia el 540, el jefe de los Kambujas, vasallo de Funán, se independizó y conquistó parte de este reino. La civilización khmer tuvo entonces un primer florecimiento en la actual Camboya. Durante el gobierno de los khmer diversas corrientes hindúes coexistían con el Mahâyâna. Angkor, fundada por Yashovarman (889-900) y conquistada por los thai en 1431, era el centro religioso y la capital de los khmer. Éstos erigieron un gran número de edificios monumentales, algunos de los cuales fueron consagrados a las divinidades del Mahâyâna.

Mientras que en el siglo XI el Tantrayâna está todavía en su esplendor en Camboya, a partir del 1300 el Theravâda, a resultas de la presión thai, ocupó poco a poco su lugar, y en el siglo XV se importó la ortodoxia de Sri Lanka. En la actualidad, la mayoría de los camboyanos siguen las directrices del Theravâda.

El budismo comenzó a difundirse en Vietnam, al parecer, durante el siglo III. Después se impondrían por igual el Hînayâna y el Mahâyâna; a partir, sin embargo, del siglo V ha prevalecido el budismo Chan y el Amidismo.

La penetración, adaptación, asimilación y desarrollo del budismo en China requirieron muchos años de cultivo. Cuando penetró en China, el budismo indio encontró una civilización autóctona muy antigua, unas tradiciones venerables, unos clásicos canónicos y un pueblo orgulloso de su cultura nacional. La visión budista del mundo introdujo factores nuevos y característicos en la cultura china, sufriendo al mismo tiempo la influencia de ésta, y de semejante interacción emergió una nueva síntesis de los valores chinos e indios.

La mayoría de los investigadores afirman que el budismo (predominantemente Mahâyâna) se introdujo en China, en la primera mitad del siglo I d.C., a lo largo de las rutas de la seda [7]:

> No vino directamente de la India, sino principalmente de los aislados reinos oasis de Asia central, donde floreció el budismo [...] Desde allí debió de filtrarse paulatinamente a lo largo de las «Rutas continentales de la Seda», que enlazaban aquella región con China del Norte. Al principio debió de vivir como una creencia «bárbara» en pequeñas colonias de extranjeros en la capital y en otras ciudades: mercaderes, refugiados, mensajeros, rehenes. Posteriormente se fue extendiendo entre la población china de las ciudades principales [8].

Una leyenda del siglo III refiere que al emperador Han Ming di (que reinó alrededor del 58 al 75 d.C.) se le apareció en sueños una figura dorada que se aproximaba por los aires a su palacio. Los que interpretaron el sueño decidieron que era la imagen del Buddha Shâkyamuni. Ming entonces envió una embajada a la India para que informara sobre esa tradición sagrada. Después de algún tiempo, los embajadores regresaron con imágenes budistas, textos y dos maestros indios. Finalmente, esta misión culminó con la construcción del monasterio del Caballo Blanco, en Loyang, capital del imperio, donde se depositaron las reliquias y los textos que se habían traído de la India. Se dice que publicaron allí en chino un texto titulado el *Sûtra en cuarenta y dos capítulos*⁹. Pocos años después se inicia en China el período de las verdaderas traducciones de tratados búdicos, llevadas a cabo sobre originales prácritos.

El desplome y la división de la dinastía Han (25-220) favorecieron la propagación del budismo. En este estado de crisis social general, el budismo ofrecía remedios terapéuticos a temas apremiantes sobre el significado de los tiempos y de la misma vida, que no hallaban respuesta satisfactoria en el ámbito de la religiosidad autóctona:

> El budismo contaba con ambos elementos: una ética desarrollada, como el confucianismo, y una filosofía desarrollada, como el taoísmo. Tenía una orientación más popular que el confucianismo, y tenía una filosofía más sistemática respecto del hombre que el taoísmo. Especialmente popular era el concepto de que todas las personas poseen la naturaleza búdica, el mismo potencial para la iluminación, lo que introdujo en China el concepto de la igualdad de todos los seres humanos. La asistencia compasiva de Budas divinos y Grandes Seres trajo esperanza y consuelo en la desgracia; las doctrinas del karma-renacimiento llegaron a considerarse como una buena base para la moralidad, y la fe «extranjera» demostró ser adaptable y tolerante. Las adaptaciones se facilitaron mediante el concepto de medios hábiles. Se podía cuidar de los antepasados transfiriéndoles «méritos», y, por tanto, los monjes budistas fueron muy solicitados a la hora de realizar los ritos fúnebres. Los abades fallecidos se veneraban como «antepasados» del monasterio, y se esperaba de un monje novicio que se comportara de forma respetuosa y filial hacia el monje designado para cuidarle e instruirle. Además, se formaron escuelas budistas que tenían una orientación más pragmática y mundana¹⁰.

En el siglo III se inicia la traducción de obras sánscritas budistas al chino, y durante el siglo IV aparecen las principales escuelas del Mahâyâna. También comenzaron los viajes de peregrinación a la India. En el año 399, Faxian (*c.* 337-422), monje y peregrino chino, realizó el primero de que se tiene noticia: «Fa-Hien, un nativo de Shansi, estuvo en la India, en Afganistán y en la isla de Ceilán. Su viaje es uno de los sucesos más importantes en la historia de Asia, magníficamente coronado por la publicación de su libro *Un Viaje por los Reinos del Budismo*»[11].

Las revueltas sociales de finales de la dinastía Han se prolongaron durante el período de los Tres Reinos y las Seis Dinastías (220-589). A comienzos del siglo IV tuvieron lugar una serie de invasiones bárbaras en el norte que desembocaron en una emigración masiva de las minorías aristocráticas e intelectuales de la dinastía Han hacia el sur. Esta prolongada ruptura cultural fue muy importante para el posterior desarrollo del budismo en China.

En el sur, el budismo se alió en un primer momento con el taoísmo[12]. Los taoístas encontraron en el budismo la respuesta a determinados problemas del pensamiento taoísta y hasta el siglo IV era usual recurrir a la terminología taoísta para la traducción de los sûtras budistas y, en cualquier caso, muchos de los equivalentes chinos de los conceptos técnicos sánscritos habían sido previamente utilizados con un significado taoísta, lo cual influyó en cierto modo en su uso dentro de ámbitos budistas. En el sur no se concedía la importancia a la práctica religiosa, sino a la discusión intelectual entre la aristocracia y los letrados, principalmente sobre los textos de la *Prajñâpâramitâ* («Perfección de la Sabiduría»). La influencia del confucianismo[13] no fue tan destacada, aunque sí se puede apreciar en las traducciones de los sûtras.

En el norte, en medio del caos de la época, el budismo era un oasis relativamente tranquilo de estabilidad religiosa y social. Los hunos hallaron en el budismo el medio de lograr la legitimación religiosa y establecer su identidad política sobre una ancha plataforma cultural que salvaba las tradicionales fisuras sociales. En tanto que religión no china, el budismo logró el apoyo de gobernantes poderosos, y a la par se convirtió en la religión del pueblo. Evolucionó el lado práctico del budismo, en forma de devoción, meditación y buenas obras, y en el siglo VI ya existían más de treinta mil templos en el norte del país. Asimismo se tradujeron diversas obras, sobre todo en el imponente departamento de traducciones dirigido por el monje Kumârajîva, procedente de Asia central, entre los años 402 y 413. Las represines selectivas impulsadas por el confucianismo y el taoísmo en 446-452 y 574-578 no fueron suficientes para impedir la difusión del budismo.

A partir del siglo V surgieron distintas escuelas budistas [14]: Sanlun (en japonés, Sanron) o escuela de los «Tres Tratados». Su nombre se debe a tres obras fundamentales *(Dvadashadvâra-shâstra, Mâdhyamaka-kârikâ* y *Shata-shâstra)* que exponían la doctrina del grupo Mâdhyamaka y que fueron traducidas al chino por Kumârajîva (344-413). Faxiang, o escuela de «Características de los dharmas», una versión del Yogâchâra introducida por el peregrino y traductor Xuanzang (596-664). Chenzhi (en japonés, Jôjitsu) o doctrina de la *satyasiddhi*. Su obra fundamental es el *Jô-jitsu-ron,* atribuido a Harivarman, seguidor de la escuela Sarvâstivâda. En el siglo VI apareció la escuela Tiantai (en japonés, Tendai) que recibió su nombre del Monte «Terraza Divina», en el que se hallaba su sede. Se trata de una escuela puramente china, pues aunque su texto básico sea el *Saddharmapundarîka-sûtra* («Sûtra del Loto»), éste fue interpretado de modo original por Zhiyi (538-597). Fundada por Dushun (557-640) y sistematizada por Fazang (643-712), el cual elaboró un sistema coherente partiendo del *Hua yan jing* (en sánscrito, *Avatamsaka-sûtra),* la escuela Huayen (en japonés, Kegon), tiene puntos en común con la Tiantai. Una importación tardía, que penetró en el siglo VIII, era el Zhenyan (en japonés, Shingon), la escuela «Mantra» o «Palabra Eficaz». Aunque en China desapareció a causa de la persecución contra el budismo del siglo IX, esta versión del Mantrayâna tuvo un éxito considerable en Corea y Japón. Cada escuela se especializaba en un aspecto particular de la doctrina o de la práctica budistas y los devotos con frecuencia estudiaban o trabajaban de acuerdo con algunas de ellas.

La síntesis más importante de los valores indios y chinos se logró en la escuela budista Chan. El término *chan* (la versión japonesa es Zen) o *channa* es una traducción fonética del sánscrito *dhyâna,* que se refiere a un estado de profunda meditación. Se basaba esta escuela en los principios autosoteriológicos de la práctica del yoga, pero elaboró una técnica especial de meditación que subrayaba los métodos prácticos, no discursivos y naturalistas, para obtener el «Despertar»:

> El movimiento *Chan* era, esencialmente, una revuelta contra toda idea de adquirir méritos por medio de buenas obras, o de alcanzar iluminación por

el estudio de los libros. Hui Neng, uno de los principales inspiradores del movimiento, era un hombre de escasa cultura, dotado de un gran sentido común y una fuerza lógica que le permitía abrirse camino hasta el fondo de las cosas. Según él, sólo había un medio para llegar a la salvación: la meditación, la concentración de todas las facultades humanas para alcanzar la iluminación. Obtenida ésta, la salvación estaba consumada, y nada podía ya echarla a perder. Quien no estuviera iluminado no podía salvarse, por versado que fuera en las escrituras, y aunque se adornara con todos los harapos de una espuria rectitud. Se creía que ésta rescataba del peligro y de la desgracia, preservaba del pecado y concedía toda clase de felicidad y bienestar [15].

El origen del Chan está oscurecido por la leyenda. Se dice que fue introducido en China alrededor del año 520 por un monje semilegendario budista llamado Bodhidharma [16] después de haber sido transmitido por una sucesión de veintisiete patriarcas indios anteriores, a saber: Shâkyamuni, Mahâkâsyapa, Ânanda, Shanavasa, Upagupta, Dhritaka, Micchaka, Buddhanandi, Buddhamitra, Bhikshu Parsva, Punyayashas, Ashvaghosha, Bhikshu Kapimala, Nâgârjuna, Kânadeva, Arva Râhulata, Samghanandi, Samghayashas, Kumârata, Jayata, Vasubandhu, Manura, Haklenayashas, Bhikshu Simha, Vâshasita, Punyamitra y Prajñâtara.

El budismo prosperó en la dinastía Tang (618-907), cuando los monasterios eran patrocinados por ricas familias aristocráticas y acaudaladas que fomentaban la creatividad artística; realizaron una justicia económica de tipo pietista distribuyendo la riqueza entre los pobres, lo que constituyó una medida racional positiva en una época de poca movilidad económica. No obstante, la influencia del budismo y la riqueza acumulada por sus monasterios estimularon todo tipo de maquinaciones por parte de sus rivales taoístas.

En el año 845 comenzó una fuerte persecución durante la cual se destruyeron muchos templos y monasterios budistas y se confiscaron sus propiedades. El acoso y la persecución no duraron mucho, pero fue suficiente para devastar las instituciones budistas en todo el territorio chino.

Hacia el final de la dinastía Song (960-1279) el budismo había perdido gran parte de su base intelectual en la sociedad. A pesar de ello, se imprimió todo el Canon de escrituras budistas. No obstante, con el transcurso del tiempo, el budismo empezó a perder terreno frente a la creciente influencia del neoconfucianismo. Los mogoles apoyaron el lamaísmo, como hicieron los manchúes (1644-1911), por razones políticas, pero la prolongada asociación del budismo con las dinastías bárbaras contribuyó a la reacción general contra él, que caracterizó gran parte del pensamiento chino posterior.

Las concepciones del Mahâyâna sobre la existencia de muchos Buddhas, cada uno con su «paraíso», y de los grandes bodhisattvas, desembocaron en importantes tendencias piadosas del budismo popular. Se adoró a Maitreya, el último de los cinco Buddhas terrestres; su culto comprende algunas notables creencias escatológicas y mesiánicas sobre el ocaso de la doctrina budista en la época actual de sombras, y la gloria de una nueva era bajo la dirección de Maitreya.

El culto del bodhisattva Avalokiteshvara era aún más popular y, quizá también bajo la influencia del folklore indígena, llegó a representarse como una figura femenina llamada Guanyin, posiblemente debido a su especial asociación con las ideas de piedad y beneficencia. Guanyin está estrechamente unida a Amitâbha, el Buddha del «paraíso occidental», uno de los Buddhas más conocidos de los grupos de la «Tierra Pura» del budismo sino-japonés. El núcleo doctrinal de esta tendencia es la promesa del Buddha Amitâbha de que todas las personas que le recordasen y repitiesen su nombre con amor y devoción volverían a nacer en la «Tierra Pura del Oeste» o «Paraíso Occidental» (*Sukhâvatî*) y allí permanecerían hasta el momento de su nirvâna final.

Las «Tierras Puras» son de naturaleza trascendente. El anhelo de los devotos es renacer en una de ellas, para lo cual lo más importante es el auxilio del Buddha correspondiente, que ha hecho voto de ayudar a renacer en su paraíso a todos aquellos que en él han depositado su confianza. Tras una estancia infinitamente feliz, el creyente accederá al nirvâna.

Según el Gran *Sukhâvatî-vyûha-sûtra* («Gran sûtra de los Ornamentos de la Tierra de la Felicidad»), el Buddha cuenta a Ânanda cómo, en una época muy lejana, bajo la influencia del Buddha Lokesvarâja que estaba predicando el Dharma, un rey que lo escuchaba tomó la decisión de convertirse él mismo en un Buddha. Abandonando poco después su reino, ese monarca se hizo monje con el nombre de

Dharmâkara. Después de oír hablar de las «Tierras Puras», formuló su resolución de alcanzar el Despertar pronunciando cuarenta y ocho votos. Por la fuerza de estos votos, Dharmâkara desarrolló todas las virtudes, obtuvo el Despertar y llegó a ser el Buddha Amitâbha, señor de la «Tierra Pura» (Sukhavâtî), en la región oeste del universo. Este paraíso es descrito en los Votos como un mundo de transparencia donde todo el universo es reflejado, donde todas las cosas tienen el destello de las piedras preciosas y el olor de delicados perfumes, un paraíso en el que todo se manifestaría tal y como desearan los seres, libre de tentaciones e impurezas. Sus moradores dispondrían de las perfecciones más elevadas, no tendrían ningún concepto de propiedad, poseerían la misma felicidad que aquellos que se encuentran en un trance meditativo profundo y tendrían la seguridad de alcanzar el nirvâna: «Este mundo Sukhavati, Ananda, que es el sistema universal del Señor Amitabha, es rico y próspero, confortable, fértil, placentero y está lleno de muchos dioses y hombres. Y en este sistema universal, Ananda, no hay moradas infernales, ni animales, ni fantasmas, ni Asuras ni ninguno de los lugares poco auspiciosos para renacer» [17].

El último tema abordado en los Votos es el modo de renacer en la «Tierra Pura»; Dharmâkara juró que se aparecería a cualquier ser moribundo que aspirase al despertar, y que lo invocara con devoción, para conducirle a su paraíso. Para poder renacer allí, el texto declara que la persona debe desearlo de todo corazón, tener fe en Amitâbha, generar «mérito» y dedicarlo a ese renacimiento.

La devoción a Amitâbha se basa en tres libros principales: Gran *Sukhâvatî-vyûha-sûtra* («Gran sûtra de los Ornamentos de la Tierra de la Felicidad»), Pequeño *Sukhâvatî-vyûha-sûtra* («Pequeño Sûtra de los Ornamentos de la Tierra de la Felicidad») y *Kam-Muryôju-Kyô* («Libro de la Contemplación de la Vida Infinita»).

Aunque ensombrecido posteriormente por el neoconfucianismo, el budismo, ha dejado una herencia imborrable en el pensamiento chino; incluso el neoconfucianismo, que pretendía combatir su influencia, se benefició en gran parte de ella. Por otro lado, el mismo budismo, tal como se le conoce en Asia oriental, tiene muchas influencias del pensamiento chino. Según Feng Youlan: «La introducción del budismo en China fue uno de los grandes acontecimientos de la historia del país, y desde su llegada ha sido una factor importante en la civilización china, ejerciendo particular influencia sobre la religión, la filosofía, el arte y la literatura»[18].

Desde China, en el siglo IV d.C., el budismo penetró en Corea hacia el 372 d.C.; allí conoció un florecimiento entre los siglos VI y IX. Se introdujeron los grupos más destacados del budismo chino, a saber: Shingon, Chan y Huayan. El budismo coreano debe fundamentalmente su significación a su representación de intermediario entre China y Japón.

Procedente de Corea, el budismo llegó a Japón hacia mediados del siglo VI d.C., como uno de los factores que constituían la civilización china, y bajo el régimen del príncipe Shotuku Taishi (523-621) el budismo fue la religión oficial de Japón.

Diferentes escuelas se desarrollaron siguiendo las pautas de sus prototipos chinos y se transformaron en parte del entramado de la sociedad japonesa, coexistiendo e influyendo en el Shintô autóctono[19] (culto animista ofrecido a los poderes y fenómenos de la naturaleza). Fue después de la llegada del budismo cuando el pueblo japonés denominó a su religión Shintô —el camino de los dioses o de las entidades ultramundanas *(kami)*— para diferenciarla del *Buppo* («el camino del Buddha»).

En el período Nara (710-794) hallamos seis escuelas o grupos budistas en Japón, introducidos desde China: Jô-jitsu, San-ron, Hossô y Kusha; posteriormente aparecieron Kegon y Ritsu. Durante el período Heian (794-1186) se introdujeron las escuelas Tendai y Shingon. A mediados del siglo X comenzó a difundirse la escuela Jôdo («Tierra Pura» o Amidismo). A Hônen (1133-1212) y a Shinran (1173-1262) se debieron las formas más importantes de la escuela Jôdo, que todavía existen en la actualidad: Jôdo-shû y Jôdo-shin-shû. Zen y Nichiren[20] fueron otros movimientos que surgieron en el período Kamakura (1192-1133).

Gran importancia tuvo la liberadora influencia del Zen en las artes, incluidos el arte militar de la esgrima, la clásica ceremonia del té y muchos refinamientos estéticos que se incorporaron a la vida cultural japonesa como elementos esenciales. Tras la Segunda Guerra Mundial hallamos un resurgimiento del budismo en Japón.

En tanto que el budismo se extinguía en el subcontinente alrededor del 1200, dejando tras de sí únicamente los textos, siguió difundiéndose en Nepal, Sikkim, Bhután, Mongolia y Tíbet.

La historia de los orígenes del budismo tibetano se encuentra ilustrada en los *Anales Azules*, una monumental crónica compuesta por una letrado tibetano en la segunda mitad del siglo XV, a partir de los archivos monásticos y de la *Historia del Budismo* que Buton [21] redactó en 1322.

Hasta el siglo V no existen noticias sobre la presencia del budismo en el Tíbet. El país no contaba con una cultura desarrollada, ni escritura propia, ni un movimiento organizado de tipo religioso que pudiese competir. Así el budismo es el iniciador de la cultura tibetana. Al principio encontró una gran resistencia por parte de los representantes de la religión Bon, una especie de chamanismo, una «religión de brujos y nigromantes». En la actualidad el Bon está muy influido por los ritos del lamaísmo [22].

El influjo budista se hace sentir a partir del siglo VII, con la introducción del Mahâyâna con poderosos y fascinantes elementos tántricos, durante el reinado de Songtsen Gampo (617-698), que fue convertido al budismo por dos de sus esposas (una china y otra nepalí). A partir de ese momento se erigieron templos, se ideó un sistema de escritura y se tradujeron numerosos textos: «Su reinado señala el inicio del período conocido como "primera difusión de la doctrina budista", que también supone el principio de la Escuela Antigua *(ñingma)* del budismo tibetano» [23].

Como religión oficial, el budismo está acreditado por vez primera en los documentos oficiales emitidos en el reinado de Trisong Detsen (730-796). Este monarca invitó al Tíbet a Kamalashîla, Shântiraksita y Padmasambhava, notables maestros indios, quienes introdujeron el Vajrayâna en el «País de las Nieves». Según la tradición, Trisong Detsen aceptó la nueva doctrina para su reino después de la famosa «Controversia de Lhasa», en la que Kamalashîla obtuvo una victoria dialéctica frente al representante del Chan:

> Dos tendencias se disputaban la protección del rey: la «escuela india», que enseñaba una vía progresiva de liberación, y la «escuela china», que proponía técnicas cuyo objetivo era la iluminación instantánea (*chang*, japonés *zen*). Después de asistir a la presentación y defensa de sus métodos respectivos (792-794), el rey eligió la tesis india. Esta famosa controversia tuvo lugar en el monasterio Bsamyas, fundado por Khri-ston a comienzos

de su reinado, y que sería el primero de una larga serie de establecimientos monásticos que se irían fundando a lo largo de varios siglos. Khri-ston asignó también diversas propiedades a los monasterios, iniciando de este modo el proceso que desembocaría en la teocracia lamaísta [24].

En las postrimerías del siglo VIII, el Vajrayâna se había convertido en la religión más importante del «Techo del Mundo». Su edificio filosófico reposa en las doctrinas de las dos grandes escuelas del Mahâyâna: Mâdhyamaka y Yogâchâra.

La «segunda difusión de la doctrina budista» tuvo lugar hacia el 970, durante el reinado de un soberano budista del Tíbet occidental. Éste envió a Cachemira a Rinchen Sangpo (958-1055) en busca de maestros indios; organizó una escuela y propició la traducción de diversas obras y la revisión de las antiguas traducciones.

En 1042 llegó al Tíbet occidental Atîsha (990-1055), profesor de la universidad india de Vikramashila, invitado por los monarcas de Guge. Atîsha llevó a cabo una importante renovación de las estructuras originales del budismo. La reforma de Atîsha y sus sucesores sienta los fundamentos de lo que posteriormente será la escuela Gelugpa. Pero algunos monjes, más próximos a Padmasambhava, no aceptaron esta reforma. Con el tiempo se definirían como los Ñingmapa («Antiguos»): «El período que se inicia con Rinchen Sangpo y culmina con la llegada de Atisha marca el inicio de la "segunda difusión de la doctrina budista" en el Tíbet y el momento en que se inician las denominadas Nuevas Escuelas *(gsar-ma),* cuyos principales exponentes son las actuales tradiciones Sakya, Kagyü y Gelug» [25].

Entre los siglos XI y XIV se suceden una serie de notables maestros espirituales, fundadores de nuevas escuelas y de monasterios que habrían de hacerse famosos. Los monjes tibetanos viajan al subcontinente y Nepal en busca de sabios y eruditos. Es la época de los místicos y magos célebres como Tilopa (988-1069), Naropa (1016-1100), Marpa (1012-1097) y Milarepa (1040-1123).

Gelugpa es una de las más importantes escuelas del budismo tibetano. Fundada por el reformador Tsongkapa (1357-1410), que se basó en la clasificación en una serie de niveles que Atîsha realizó de las enseñanzas, coronada por un tantrismo purificado, el grupo Gelugpa adoptó un sistema de reencarnación basado en la búsqueda de sus lamas superiores siendo aún niños. Así, cuando había que elegir un sucesor, se buscaba un niño que presentara las señales de ser la reencarnación de un lama superior difunto. Con este sistema se inició la sucesión de los Dalai Lama y de los Panchen Lama:

> Una de las facetas más singulares del Tíbet y Mongolia es la existencia de los llamados *tulkus* (encarnaciones, reconocidas como tales, de ilustres personajes fallecidos) [...] Los tibetanos sostienen que un lama muy adentrado en la senda mística puede, antes de morir, escoger en qué circunstancias habrá de producirse su próxima reencarnación y anticipar dónde acaecerá su renacimiento, no con precisión, pero sí dando suficientes detalles para que se sepa localizar su nueva reencarnación a la edad de cuatro o cinco años. Antes de dar por bueno el hallazgo de dicha reencarnación y de investir al niño con los títulos y funciones del lama fallecido, éste es sometido a múltiples pruebas [...] De los trescientos y pico tulkus conocidos, los más famosos son los Dalai Lamas y los Panchen Lamas [26].

Tendsin Gyatso, el actual Dalai Lama, exiliado desde 1959 en Dharamsala (India), tras la invasión del Tíbet por China, reúne en su persona la autoridad espiritual y temporal vinculante para el pueblo tibetano:

> La función esencial del Dalai Lama no es el ejercicio del Poder Temporal ni siquiera la Autoridad Espiritual (aunque ambos le pertenezcan en grado prominente), sino que es una función ligada al hecho de que es el representante sobre la tierra de un principio celestial, del cual la Compasión o Misericordia es la característica principal: este principio, bajo su aspecto personal, se conoce como el Bodhisattva Chenrezi, «el de la visión penetrante», más familiar en Occidente bajo su nombre sánscrito de Avalokiteshvara [27].

Durante mucho tiempo el Tíbet ha permanecido fuera del alcance de la curiosidad occidental. En efecto, la dificultad de su idioma, una muralla de montañas, las más altas de la tierra, las inclemencias del tiempo y la dureza de las condiciones de vida han constituido una formidable barrera. Entre los pocos occidentales que lograron llegar al «Techo del Mundo» y escribieron libros a su regreso sobre lo que allí vieron y sintieron sobresalen algunos nombres. Recordemos, en primer lugar, a la francesa Alexandra David-Néel, que consiguió penetrar en el territorio tibetano y, vestida de lama, llegó a Lhasa. Parte de su experiencia en el «País de las Nieves» aparece reflejada en algunos de sus libros como: *Místicos y magos del Tíbet*, *Iniciaciones e iniciados del Tíbet*, *Viaje a Lhasa* y *Las enseñanzas secretas de los buddhistas tibetanos*. Marco Pallis, alpinista, místico, músico y magnífico intérprete del alma de las gentes del Tíbet, es el autor de dos soberbias obras: *El camino y la montaña* y *Cumbres y lamas*; este último es uno de los mejores documentales de viajes espirituales jamás escritos. Heinrich Harner, prisionero austriaco que durante la Segunda Guerra Mundial huyó al «País de las Nieves», donde vivió siete años y es autor del libro llevado al cine, *Siete años en el Tíbet*. Finalmente, el lama alemán Anagarika Govinda es el autor, entre otros, de un libro, *El camino de las nubes blancas*, una penetrante descripción sobre su peregrinaje por el Tíbet.

En la actualidad, la corriente Hînayâna, representada por la escuela Theravâda, tiene un papel primordial en Sri Lanka, Camboya, Laos, Thailandia y Birmania. El grupo Theravâda, tal como existe hoy día, es el único superviviente de los diversos grupos indios antiguos. Tiene un cuerpo establecido de literatura canónica, una doctrina ortodoxa relativamente unificada, una distinción institucional claramente estructurada entre orden monástica y laicado, y una larga historia como «iglesia» oficial de los diversos estados del sudeste asiático.

Europa conoció el budismo en el siglo XIX, procedente de Ceilán y en su versión pâli. A partir de entonces, especialmente en Europa, Estados Unidos y América del Sur, viven actualmente comunidades de monjes procedentes de Sri Lanka, Thailandia, Birmania, Tíbet y Japón[28].

Adaptado así a los pueblos donde se implantó y a las distintas pretensiones de seguidores, sin dejar por ello de ser fiel a los principios básicos de su artífice, el budismo o, como dicen algunos, la «religión sin Dios», ha aportado razones de vida y esperanza a millones de personas que, según la fórmula ritual, se han refugiado en el *Buddha*, en el *Dharma* y en el *Shanga*.

Budismo theravâda

El Theravâda (en sánscrito, Sthaviravâda) es la única escuela de la corriente Hînayâna que todavía sobrevive. Sus seguidores consideran que el Theravâda es el verdadero portador de la tradición fidedigna, que habría sido establecida en Râjagriha poco después del *parinirvâna* del Buddha.

A medida que el budismo desaparecía de la tierra que lo vio nacer, India, el Theravâda se implantaba en el sureste asiático: Sri Lanka, Thailandia, Birmania, Laos y Camboya.

El budismo antiguo no sería sino un recuerdo si uno de sus grupos, el Theravâda, no hubiera conseguido mantener la isla de Sri Lanka como su propio feudo, aunque con períodos de crisis y de decadencia:

> Fue desgarrada por los cismas, sus jefes sufrieron varias veces la pena del destierro y sus monasterios fueron expoliados repetidas veces. Sin embargo, su escuela más conservadora y más austera, la del Mahâvihâra, o «Gran Monasterio», logró recuperar siempre el favor de los reyes y del pueblo [...] Desde hace un siglo más o menos, esta llama brilla con más resplandor tanto en Ceilán como en Siam, en Birmania, en Camboya y en Laos, y en todos estos países el budismo de los theravâdin desempeña un papel espiritual, cultural e incluso social y político cada vez más importante[29].

La doctrina del Theravâda consiste en esencia en las Cuatro Nobles Verdades y está contenida en el Canon Pâli. La figura ideal del Theravâda es el arhat o santo perfecto. Se refiere a aquella persona que ha realizado en sí misma las enseñanzas del Buddha, es decir, que ha recorrido el Óctuple Sendero y ha alcanzado la sabiduría y la liberación. Se considera que el Buddha mismo es un arhat.

Entre los pensadores más destacados de la escuela Theravâda figuran: Dhammapâla, Buddhatta, Anuruddha y Buddhaghosha. Este último es uno de los más relevantes comentaristas del Canon Pâli. Su obra más notable es el *Visuddhimagga* («La Senda de la Pureza»), que constituye una exposición completa y sistemática de la doctrina del Buddha.

Budismo zen

Zen es la forma abreviada de la palabra japonesa *zenna*, trascripción de la palabra sánscrita *dhyâna* (*chan* o *channa*, en chino), que significa «absorción contemplativa de la mente concentrada». Estamos ante una escuela del budismo Mahâyâna, desarrollada en China desde los siglos VI-VII, por el encuentro entre el dhyâna búdico indio llevado a este país por el legendario patriarca indio Bodhidharma, y el taoísmo.

La narración tradicional de la escuela Zen acerca de su propio origen cuenta que Bodhidharma llegó a Cantón (China) procedente del subcontinente alrededor del año 520, con el siguiente mensaje: «Transmisión especial fuera de las escrituras; independencia de palabras y letras; indicación directa del alma del hombre; intuición de la naturaleza y logro del Estado Búdico» [30].

Posteriormente Bodhidharma siguió viaje a Nankín por invitación del emperador Liang Wu di, un gran protector del budismo. En torno al misterioso fundador y primer patriarca del Chan se ha tejido una tupida leyenda. Con todo, merece la pena conocer el relato de su entrevista con el emperador Liang Wu di. La audiencia fue muy breve y nada amable, pues cuando el emperador relató todo lo que había hecho a favor del budismo y preguntó qué cantidad de mérito había obtenido al actuar de ese modo, Bodhidharma respondió: «Ningún mérito». Impresionado, Liang Wu di preguntó a su invitado cuál era el primer principio del budismo. «No hay ninguno», fue la respuesta, «desde el momento en que todo es vacío, nada puede ser llamado sagrado». «Entonces, ¿quién eres tú?», preguntó el soberano. «No lo sé», respondió Bodhidharma. Abandonando Nankín, se fue al norte y se estableció en un monasterio, donde pasó el resto de su vida meditando «mirando fijamente una pared» [31].

Bodhidharma transmitió la enseñanza a Huike (486-593), que se convirtió en el segundo patriarca del Zen en China. Según la tradición, Huike viajó al monasterio de Shaolin para solicitar enseñanzas a Bodhidharma.

> Una tarde estuvo en medio de la nieve esperando que Dharma notara su presencia hasta que, al final, la nieve que caía rápidamente lo hundió casi hasta las rodillas.

Finalmente, el maestro se volvió y dijo: «¿Qué deseas que haga por ti?». Kuang le dijo: «Vengo a recibir tus invalorables instrucciones; te ruego abras tu puerta de misericordia, y extiendas tu mano de salvación a este pobre mortal sufriente». «La incomparable doctrina del Budismo», replicó Dharma, «sólo puede comprenderse después de dura disciplina de soportar lo que es muy difícil de soportar, y practicando lo que es muy difícil de practicar. A los hombres de virtud y sabiduría inferiores no le es permitido entender nada acerca de esto. Todos sus esfuerzos quedarán en nada».

Por último, Kuang se cortó el brazo izquierdo con la espada que portaba, y lo presentó ante el maestro como prenda de su sinceridad, con el deseo de que le instruyese sobre la doctrina de todos los Budas. Dharma dijo: «Esto no ha de buscarse a través de otro».

«Mi alma no está aún pacificada. Te ruego, maestro, que la pacifiques.»

«Trae aquí tu alma, y la pacificaré.»

Kuang vaciló por un momento y finalmente dijo: «La busqué durante estos muchos años ¡y todavía soy incapaz de atraparla!».

«¡Vaya! ¡Está pacificada de una vez por todas!» Ésta fue la sentencia de Dharma.

Entonces Dharma le dijo que cambiase su nombre por el de Hui-k'e [32].

Huike transmitió la enseñanza a Sengcan (muerto en 606), a Daoxin (580-651) y a Hongren (601-674). En este momento histórico tuvo lugar la escisión del Zen en dos grandes escuelas, una del norte y la otra del sur. Shenxin (606-706), uno de los pupilos de Hongren, se convirtió en el jefe de la escuela Chan del norte, de la que se dice que transmitió la doctrina de la «iluminación gradual». La escuela del sur, para la que el único criterio de ortodoxia era la doctrina de la «iluminación completa y repentina», consideró a Huineng (638-713) como sucesor legítimo de Hongren: La diferencia entre la escuela Sureña y la Norteña del Zen es la inherente a la mente humana; si a una la llamamos intelectual o intuitiva, la otra ha de considerarse pragmática. La razón de por qué la escuela Sureña se conoce como «abrupta» o «instantánea» *(yugapad)* frente a la escuela «gradual» *kramavrittya* del Norte se debe a que aquélla sostiene que la llegada de la iluminación es instantánea, y no admite gradación alguna, pues en ella no hay etapas progresivas; mientras la escuela Sureña enfatiza el proceso de arribar a la iluminación, que es naturalmente gradual, requiriendo mucho tiempo y concentración [33].

El episodio más conocido del sexto patriarca de la tradición china, concerniente a la transmisión del patriarcado y la segmentación del Zen en dos escuelas, se produjo cuando Hung-jen tuvo que designar un sucesor. Para ello invitó a los monjes a formular en un breve poema el espíritu del Zen. El más anciano y erudito de los monjes escribió la siguiente estrofa sobre el muro de un pasillo: «El cuerpo es como el árbol de la bodhi. El espíritu es como un espejo brillante. Sin cesar tenemos que limpiarlo para que el polvo no se deposite en él» [34]. Y Huineng escribió sobre el mismo muro: «No hay árbol de la bodhi ni espejo brillante. Puesto que esencialmente todo es vacío, ¿dónde podría depositarse el polvo?» [35].

A Huineng se le atribuye la única obra budista originariamente china, el *Sûtra del Estrado*, que contiene algunas de las piezas más notables y hondas de la literatura Zen. Como medio puramente externo, Huineng formuló un sistema de «preguntas y respuestas» (en japonés, *mondô*) en el que el pupilo interroga al maestro y éste contesta con una respuesta oscura y contradictoria.

El espacio de tiempo que va desde la muerte de Huineng hasta la persecución del budismo bajo el emperador Wuzong (845) fue el período creativo del Chan, y a él se remontan las crónicas, las palabras de los maestros y las colecciones del *kôan*. Tomaron entonces la sucesión y se desarrollaron varias escuelas que se agruparon posteriormente bajo la denominación de las «cinco casas», a saber: Rinzai-shû (en chino, Linzhi zong) [36], Igyô (en chino, Guiyang zong), Sôtô (en chino, Caodong zong), Ummon (en chino, Yunmen zong) y Hôgen (en chino, Fayan zong) [37].

La escuela Rinzai-shû fundada por Linzhi Yixuan (en japonés, Rinzai Gigen) (muerto en 866) fue introducida en Japón por Eisai (muerto en 1215). Se caracterizó por la utilización que hacían sus maestros de determinadas frases paradójicas o acciones extrañas e ilógicas con las que se intentaba provocar el despertar súbito de los practicantes; esta técnica se vincula con el sistema de «preguntas y respuestas» de Huineng, y pronto tomó cuerpo en la utilización del *kôan*.

Junto a la escuela Rinzai floreció en China la escuela Sôtô, que se remonta a Tôzan Ryôkai (en chino, Dongshan Liangjie) y su pupilo Sôzan Honjaku (en chino, Caoshan Benzhi). Fue Dôgen (*c.* 1200-1253) el introductor del Sôtô en Japón y el autor de *Shôbô-genzô*[38], uno de los textos más profundos del Zen japonés.

Si bien el objetivo último de la instrucción es en esencia el mismo en las escuelas Sôtô y Rinzai, éstas se distinguen por el método. La escuela Sôtô pone el énfasis en el zazen [práctica de la meditación (Zen) en posición de sentado (za)].

La mayor parte de la instrucción tiene lugar en una gran sala de meditación. Los practicantes Zen pasan incontables horas sentados sobre un cojín en silencio sobre dos largas plataformas que se extienden, a cada lado, a lo largo del salón, con sus ojos dirigidos hacia el centro, o mirando a la pared. Su postura es la del loto (el cuerpo erguido, pero sin rigidez; las piernas cruzadas, con las plantas de los pies ligeramente hacia arriba y descansando sobre los muslos); la respiración debe ser regular, lenta, profunda. Interiormente se intenta conservar la conciencia serena, acompañada de una sensación de no-distinción dentro del propio interior y entre las cosas y uno. Para la escuela Rinzai, la práctica del *zazen* se realiza en espera de la iluminación-realización repentina. En *Mente zen, mente de principiante*, su autor, Shunryu Suzuki escribió:

> Cuando se piensa que se obtendrá algo de la práctica del zazén, eso es ya de por sí una práctica impura [...] Cuando se practica el zazén, simplemente se practica el zazén. Cuando nos llega la iluminación, simplemente nos llega. No debemos apegarnos a su logro. La verdadera calidad del zazén está siempre presente, aunque uno no se dé cuenta. Por lo tanto, hay que olvidarse completamente de lo que uno piensa haber logrado con él. Simplemente, hay que practicarlo [39].

Este «hacerlo simplemente» es uno de los preceptos clave del Zen. Al zazen se suma el *sanzen*, o visitas del discípulo al maestro para recibir algún *kôan* o para presentarle la solución del recibido.

La finalidad del Zen es el logro del satori («despertar»). Desafía cualquier tipo de precisión intelectual; no es una conclusión que se pueda alcanzar por la vía de la reflexión, ni puede ser formulado de una manera razonada y coherente. El conocimiento conceptual no es la herramienta más adecuada para el estudio de la verdad; nuestras palabras no están capacitadas para expresar la verdad en lo que respecta a la realidad última. En contraste con la comprensión analítica, el satori es una visión intuitiva que penetra directamente en la naturaleza de las cosas:

El satori es la iluminación. Es una experiencia trascendental, en cuanto coloca al monje en el plano de la *sabiduría*, trascendiendo el campo del dualismo [...] El satori viene llamado a veces *kenshô*, o penetración en la esencia de las cosas. Consecuencias inmediatas del satori son el *jôriki* y *chie*; la primera da a entender el control perfecto de la mente, que lleva consigo una paz imperturbable; la segunda coincide con el *prajñâ* o sabiduría, que ya conocemos [40].

La característica más intrigante del proceso del despertar es la utilización que hace el Zen de uno de los más extraños artilugios de disciplina espiritual que puedan existir, nos referimos al kôan. Según la definición de Philipe Kapleau, el kôan «es una formulación, en lenguaje paradójico, que apunta hacia la verdad última. Los kôanes no pueden resolverse recurriendo al razonamiento lógico, sino sólo despertando un nivel de la mente más profundo, más allá del intelecto discursivo» [41]. Cómo puede haber una respuesta intelectualizada a acertijos como: «¿cuál es tu rostro original, aquel que tenías antes de haber nacido?» o «¿cuál es el ruido de una mano?».

La característica aparentemente ilógica del *kôan* tiene su equivalente en el empleo sufí de chistes como instrumentos de meditación. El resultado humorístico está unido a su paradójico poder de cercenar la coherencia lógica desde un estrato no-lógico de comprensión. Hay un grupo de narraciones atribuidas al maestro Nasrudin, una figura clásica inventada por los derviches. Uno de los relatos más famosos de Nasrudin [42] es el siguiente:

En una ocasión, un vecino le encontró de rodillas, buscando algo.
—¿Qué has perdido, Mulla?
—Mi llave —repuso Nasrudin.
Al cabo de unos minutos de ayudarle en la búsqueda, el vecino preguntó:
—¿Dónde se te cayó?
—En casa.
—Entonces, ¿por qué la estás buscando aquí?
—Porque aquí hay más luz [43].

Se dice que «no hay Zen sin *zazen*» («meditación sentada»). En el zazen se prescinde del lenguaje, incluso de la conversación interior. Pero fuera del contexto de la meditación, el practicante puede ser forzado en cualquier instante por su instructor para que hable; pero no al azar, sino en un ámbito concreto de referencias. Invitar al practicante a decir algo está dentro del proceso pedagógico del Zen. Porque, en el instante mismo en que abre la boca y construye una frase convincente, el practicante desvela al instructor su estado de madurez interior.

El Zen da un gran valor al silencio. Sin embargo, como acabamos de señalar, ni prescinde ni menosprecia el lenguaje. Reclama únicamente que la lengua sea empleada de una manera especial y no al azar y que las palabras surjan de una fuente única y específica. La clase de lenguaje que tiene su fuente y su base en los niveles ordinarios de la conciencia carece de sentido para el Zen. El silencio es preferible a un «discurso desprovisto de sentido».

En uno de los pasajes de su *Antropología Estructural*, Claude Lévi-Strauss informa sobre dos actitudes diferentes en lo relativo al lenguaje y establece entre ellas una distinción en términos de modelos culturales:

> Nuestra civilización trata el lenguaje de una manera que se podría calificar de inmoderada: hablamos a propósito de todo; todo pretexto es bueno para expresarnos, interrogar, comentar... Esta manera de abusar del lenguaje no es universal, ni siquiera frecuente. La mayoría de las culturas que llamamos primitivas emplean el lenguaje con parsimonia; no se habla en todo momento ni a propósito de cualquier cosa. En ellas, las manifestaciones verbales están a menudo limitadas a circunstancias prescritas, fuera de las cuales se escatiman las palabras [44].

Es muy probable que el célebre antropólogo haya tenido en cuenta el mundo oriental [45] cuando redactó estas líneas, pero de lo que no cabe duda es que la descripción que ofrece el segundo de estos modelos se aplica exactamente a la actitud Zen con respecto al lenguaje.

La filosofía del Zen [46], propia del budismo Mahâyâna, enlaza con los contenidos de los textos de la *Prajñâpâramitâ* («Perfección de la Sabiduría»), del *Lankâvatâra-sûtra* («Sûtra del descenso en Ceilán») y del *Buddhavamsa* o, con nombre abreviado, *Avatamsaka-sûtra* («Sûtra de la guirnalda del Buddha»).

El Zen ha influido mucho en el pensamiento japonés y el comportamiento de su sociedad [47]; muchos ritos y costumbres de Japón provienen del espíritu Zen, tales como el arte japonés de las flores y los jardines[48], la ceremonia del té[49] o el ideal del bushido.

Budismo tibetano

El budismo tibetano es una forma local de la tercera de las tres grandes divisiones del budismo: el Vajrayâna («Vehículo de Diamante»), Tantrayâna («Vehículo del Tantra»), Mantrayâna («Vehículo del Mantra»), lamaísmo o budismo tántrico[50].

El budismo tibetano evolucionó a partir de las doctrinas del Mahâyâna. Incluye en su seno doctrinas de las escuelas Mâdhyamaka y Yogâchâra, numerosos elementos de la religiosidad Bon en forma de divinidades locales, actualmente aceptadas dentro del panteón budista, prácticas adivinatorias y oráculos, horóscopos y predicción de la fortuna, y muchos aspectos mágicos. Asimismo dispone de un panteón muy rico que incluye: Buddhas, bodhisattvas, vidyârâjas, devas y santos[51]. La mayoría de los datos disponibles señalan que el origen del budismo tibetano se remonta a mediados del primer milenio:

Las primeras noticias del Vadjrayâna las encontramos en la actual Bengala y en los territorios del noroeste del antiguo espacio indio, en los confines de lo que hoy es Pakistán y Afganistán. Pronto se propagó por el Asia central, Tíbet, China y Japón; y por el sur alcanzó el archipiélago indonesio (siglo VIII), donde durante siglos fue la religión dominante[52].

Las escuelas más antiguas del budismo tibetano remontan sus orígenes hasta los más ilustres de los «ochenta y cuatro magos» *(mahâsiddha)*[53], de los cuales cuatro son femeninos, algunos de cuyos textos se han conservado en la sección tántrica del canon tibetano:

> La tradición tibetana nos ha transmitido las historias biográficas, leyendas y enseñanzas de un gran número de místicos que llegaron a adquirir estos poderes maravillosos y que, de hecho, fueron designados con el nombre de *Siddhas* (tibetano: *grub-thob*, pronunciado *dub-tob*) [...] Sus obras, no obstante, como el relato de sus vidas, están presentadas bajo un lenguaje simbólico designado con el nombre de *sandhyâ-bhâsâ* [...] En la lengua simbólica de los *Siddhas*, las experiencias de la meditación se convierten en hechos externos, las realizaciones íntimas en milagros, las parábolas en

acontecimientos afectivos, casi históricos [...] Cuando, por ejemplo, se dice que determinados *Siddhas* detuvieron el curso del sol o de la luna, o que marcharon sobre el Ganges, no se están refiriendo a los cuerpos celestes ni al río sagrado de la India, sino al dominio ejercido y a su sublimación o unión en el cuerpo del yogui. Del mismo modo debemos comprender la terminología alquímica de los *Siddhas* y su búsqueda de la «piedra de los sabios» y del elixir de la vida [54].

En respuesta a la reforma concebida por Atisha (980-1055) y puesta en práctica por Dromtön (1008-1064), su discípulo, que agrupó en la escuela Kadampa [55] a los estudiantes de los sûtras y de los tantras, Marpa (1012-1097) fundó la escuela Kagyüpa (conocida como «los bonetes rojos»): «Se trataba de la principal escuela tántrica (todavía existente en la actualidad) y conciliaba (o por lo menos pretendía hacerlo) la enseñanza sincretista de ciertos textos supertántricos, entre los que figuran los Doha, conocido como el antiguo sistema de la Mahâmudrâ, con la enseñanza "mixta" de los Kadampa» [56].

Místico, mago y gran erudito, a Marpa se le atribuye la traducción de más de cuarenta obras hindúes, lo que le valió el sobrenombre de «el traductor». Fue discípulo de Nâropa (1016-1100), que a su vez fue discípulo de Tilopa (988-1069). Estos maestros enseñaban sobre todo la Mahâmudrâ («Gran Gesto») —un sistema de contemplación de la verdadera naturaleza de la mente que presenta importantes semejanzas con determinadas doctrinas del *atiyoga*— y las que más tarde serían conocidas como las «Seis Doctrinas de Nâropa»: El Yoga del Calor Psíquico, El Yoga del Cuerpo Ilusorio, El Yoga del Estado de Ensoñación, El Yoga de la Clara Luz, El Yoga del Bardo y El Yoga de la Transferencia de Conciencia:

> El Yoga del Calor Psíquico o Fuego Interior, llamado Tum-mo, que genera una portentosa energía psíquica. Un efecto secundario importante es la producción de calor físico. El Yoga del Cuerpo Ilusorio, conocido como Gyu-lü, que permite al adepto darse cuenta de que tanto su cuerpo como todos los objetos naturales son ilusorios. El Yoga del Estado de Ensoñación, el Mi-lam, por el que el adepto aprende a observar y a gobernar sus sueños y a equiparar los no menos falaces estados de vigilia y de ensoñación. El Yoga de la Clara Luz, llamado Od-sal, por el que el adepto se encara con la Talidad de los fenómenos y logra alcanzar un estado de arrobo que trasciende el pensamiento y que se conoce también como la iluminación extática. El Yoga del Bardo, llamado Bar-do, que faculta al adepto para pasar

por la experiencia de la agonía, muerte, estado *post mortem* y renacimiento sin que se interrumpa el flujo de la conciencia. El Yoga de la Transferencia de Conciencia, conocido como Po-wa, que muestra al adepto cómo transferir la conciencia de un cuerpo al otro o de un lugar a otro, y a acceder a un estado de renacimiento elegido por él[57].

Marpa llevó las «Seis doctrinas de Nâropa» al Tíbet. Éstas son, junto a la de la Mahâmudrâ, las técnicas de meditación más importantes de la escuela Kagyüpa. En palabras de Situ Rimpoche: «Las 84.000 enseñanzas de Buddha tratan de la mente y de cómo desarrollarla. La esencia de todas estas enseñanzas es lo que llamamos Mahamudra, la experiencia directa de la naturaleza real de la mente»[58]. Marpa fue el maestro de Milarepa (1040-1123), el santo y poeta más popular del «Techo del Mundo»; la mayoría de los tibetanos han escuchado algunos de sus célebres «cien mil cantos» y muchos de ellos están familiarizados con los hechos más destacados de su biografía:

> De cómo aprendió las artes arcanas y se vengó de los enemigos de su familia haciendo que una casa se les derrumbara encima, y arrasando sus campos con una tormenta de granizo; de cómo pronto se dio cuenta de sus culpas, sintió miedo a renacer en el infierno y buscó la purificación mediante los «métodos directos» del *Vajrayâna*; de cómo a los treinta y ocho años conoció a Marpa, que le atormentó durante seis años para permitirle expiar sus malas acciones; de cómo, a la edad de cuarenta y cuatro años, se le consideró maduro para ser iniciado, y de cómo entonces pasó los treinta y nueve años que le quedaban de vida como un ermitaño en los altos Himalayas cerca de la frontera con Nepal, o errando por los caminos y convirtiendo a la gente, hasta que murió por haber bebido leche envenenada que le había dado un lama envidioso. Algunas de las escenas más dramáticas de su vida tuvieron lugar en los años siguientes a su iniciación, cuando vivió en soledad en una cueva, sin comer otra cosa que hierbas hasta que se volvió verde, y cubriéndose tan sólo con las delgadas ropas de algodón, aun en los helados fríos del invierno. Su indiferencia ante la propiedad y la comodidad, así como su buena voluntad para con todos los seres vivos, jamás le abandonaron[59].

La escuela Gelugpa, conocida como «los bonetes amarillos», fue instituida por Tsongkapa (1357-1419), enérgico reformador en la línea de Atisha. A ésta están vinculados importantes monasterios (Sera, Gandén y Drepung) y grandes lamas (el Panchen Lama y el Dalai Lama). Desde 1640, el dirigente espiritual de la escuela Gelugpa es el Dalai Lama (Dalai es un título mogol que significa «océano»), monarca a la vez que cabeza de la iglesia tibetana.

Por su parte, los Ñingmapa («los antiguos») se consideran herederos directos de Padmasambhava y se distinguen de las otras tres escuelas importantes del budismo tibetano (Kagyüpa, Gelugpa y Sakyapa) por la interesante síntesis que hacen de los contenidos filosófico-religiosos de las dos escuelas del Mahâyâna (Mâdhyamaka y Yogâchâra) con los procedimientos mágico-tántricos de la antigua tradición. Las enseñanzas de Padmasambhava están recogidas en un conjunto de doctrinas y técnicas de meditación, conocidas como *Dsogchén* («Gran Perfección»), y son las seguidas por los Ñingmapa.

Según la versión sobre la vida de este gran yogui y mago indio llamado Padmasambhava, que recoge W. Y. Evans-Wentz en el *Libro Tibetano de la Gran Liberación*, Guru Rimpoche («Preciado Maestro»), nombre con el que es venerado en el Tíbet Padmasambhava, nació en el país de Urgyen (en los límites de los actuales Cachemira y Afganistán). Cuenta una leyenda que cuando el Buddha Shâkyamuni estaba ya cerca de la muerte, dijo a sus pupilos:

> Puesto que el mundo es transitorio y la muerte inevitable para todas las cosas vivientes, ha llegado el momento de mi propia partida. Pero no lloréis; porque doce años después que yo me haya marchado, en una flor de loto sobre el lago Dhanakosha, en el confín noroeste del país de Urgyán, nacerá alguien mucho más sabio y más poderoso espiritualmente, que yo mismo. Se llamará Padma-Sambhava, y por su intermedio se establecerá la Doctrina Esotérica[60].

Padmasambhava dominó en poco tiempo la astrología, la medicina, los idiomas, las artes y los oficios, y en especial las enseñanzas tántricas. Fue el primero de los sabios maestros de Nâlanda, que llegó al Tíbet pocos años después de que el rey Songtsen Gampo se convirtiera al budismo a instancias de sus dos esposas. La figura de Padmasambhava, situada en la tradición de los *mahâsiddha*, asumió en el curso de los siglos un carácter legendario.

El *Bardo thödröl* («el libro que conduce a la liberación de la existencia intermedia con sólo oír su recitado»)[61], comúnmente conocido como «Libro tibetano de los muertos», es uno de los tratados de Padmasambhava que se escondieron para evitar su destrucción: «No puede saberse la fecha de esta compilación: se cree que el tratado es un gTer ma, uno de los escritos sagrados y secretos que el taumaturgo Padmasambhava —que estuvo como invitado en el Tíbet en tiempos del rey K'ri sron lde btsan (755-797)— habría escondido bajo tierra y que luego de su desaparición fueron sacados a la luz por posteriores partidarios de su doctrina»[62]. Postula la existencia de experiencias múltiples después del óbito, como una serie de pruebas y magníficas oportunidades para obtener la liberación del ciclo de muerte y nacimiento.

En el budismo tibetano, al moribundo y a la persona recién fallecida se le lee el *Bardo thödröl*. Este ritual se realiza porque se tiene la convicción de que el consciente del individuo muerto está presente, en cierto sentido, y puede oír las instrucciones. Se pretende ofrecer una orientación a través de las experiencias que tienen lugar durante los cuarenta y nueve días de duración del estado intermedio entre la muerte y el renacimiento. En resumen, es una guía para los difuntos y los moribundos en el período de su existencia en el *bardo* o «estado intermedio»[63].

El *Bardo thödröl* se introdujo en el mundo occidental en el año 1927. Lo tradujo al inglés un lama tibetano, Kazi Dawa-Samdup, bajo la supervisión de W. Y. Evans-Wentz. Posteriormente, se volvió a publicar, prologado por Carl Gustav Jung. En la década de 1950, el lama Anagarika Govinda escribió otra introducción al célebre texto tibetano[64], en la cual afirmaba que también podría considerárselo un documento esotérico concebido para la iniciación de cualquier ser vivo.

Sakyapa es el nombre que recibe otra de las grandes escuelas del budismo tibetano. Sus seguidores se consideran descendientes espirituales de Atisha. Esta escuela fue fundada en 1073, junto con el monasterio que lleva su mismo nombre, y en ella se transmite un grupo de enseñanzas conocidas como *lamdré* («la senda y el fruto»): «En lo que concierne a las enseñanzas enfatizadas por esta escuela, en ella se hace hincapié en la doctrina de "El sendero y el fruto", basada en el ciclo de enseñanzas de la deidad meditativa Hevajra y transmitida originalmente por el *mahasiddha* indio Virupa»[65].

Un rasgo destacado del budismo tibetano es la importancia cardinal del maestro (guru), al que eleva a una categoría casi «divina», ya que confiere la iniciación al discípulo, le explica el sentido esotérico de los textos y le comunica un mantra secreto y todopoderoso: «Tan grande es el riesgo que ni el Sendero Rápido ni los ejercicios yóguicos más avanzados deben intentarse jamás sin la guía de un lama en el que se haya depositado una fe absoluta»[66].

Toda instrucción relativa a las enseñanzas secretas es monopolio de un maestro, quien la otorga bajo una forma imperativa. En palabras del lama Anagarika Govinda:

> No son sus ropas, ni el cuerpo, ni las palabras lo que hacen al Guru, sino aquello que hay en él de verdad, sabiduría y luz *(bodhi)*. Cuanto más posea él de estos dones, y cuanto más en armonía estén su comportamiento y apariencia con ello, más fácil será para el Chela ver a Buda en su Guru. Por tanto, aquél deberá ser tan cuidadoso en su elección como el Guru en aceptarlo[67].

La práctica de las disciplinas yóguicas puede favorecer la aparición de poderes supranormales (siddhi). Glasenapp distingue ocho:

> El siddhi de la espada asegura victoria y poder sobre los demonios. La tintura de los ojos brinda la capacidad de distinguir tesoros escondidos. Una especie de botas de siete leguas permite desplazarse con rapidez por la tierra y por los aires. La pintura dorada transforma en oro los metales sin valor. El elixir de la vida protege contra las enfermedades y la muerte. Las píldoras siddhis os hacen capaces de asumir toda clase de formas. Gracias al «ungüento para los pies» se puede andar sobre el agua; el «pâtala» os permite desaparecer sobre la tierra, el «antardhâna» os hace invisibles[68].

La búsqueda intencionada de dichos poderes, por parte de los meditadores, no se contempla con buenos ojos, y si por azar los adquieren, evitarán hacer ostentación de ellos. La razón de que estos poderes extraordinarios no se valoren se basa en que el esfuerzo intencionado para cultivarlos alejaría al practicante de la búsqueda de la liberación.

> Buda, viajando un día con unos cuantos discípulos, encontró a un *yoguin*, demacrado, solo, en una choza en mitad del bosque. El maestro se paró y quiso saber cuánto tiempo llevaba allí el asceta haciendo vida austera.
> —Veinticinco años —contestó el *yoguin*.

—¿Y cuál es el resultado de tanto esfuerzo? —preguntó también Buda.
—Soy capaz de atravesar un río andando sobre el agua —declaró orgullosamente el anacoreta.
—¡Pobre amigo! —exclamó el sabio compasivamente—. Has malgastado tanto tiempo en eso cuando basta un óbolo para ser transportado en la barca del barquero [69].

Hay dos poderes que resultan de los yogas psicofísicos que los meditadores acogen con gran complacencia teniendo en cuenta las difíciles condiciones geográficas y meteorológicas del «País de las Nieves», a saber: el *lung-gom* y el *tum-mo*.

El término colectivo de *lung-gom* se aplica sobre todo a un género de adiestramiento psicofísico por el cual el practicante obtiene ligereza y rapidez supranormales. El lungompa es un atleta que puede llegar a recorrer, con asombrosa velocidad, grandes distancias, sin descansar ni comer. En este sentido, resulta interesante la narración de David-Neel:

Mi primer encuentro con un *lung-gom-pa* tuvo lugar en el desierto de pasto al norte del Tíbet [...]

El hombre continuaba acercándose y la rapidez de su marcha era cada vez más evidente. ¿Qué debía hacer si era un verdadero *lung-gom-pa*? Deseaba observarle de cerca, hablar con él, hacerle preguntas y también fotografiarle... Deseaba muchas cosas.

Pero desde las primeras palabras que dije, el criado que había reconocido el paso del *lung-gom-pa* exclamó:

—Reverenda señora, no va a parar al lama, ni a hablarle, ¿verdad? Se moriría, de seguro. Estos lamas, cuando viajan, no deben interrumpir su meditación. El dios que está en ellos se escapa si dejan de repetir las fórmulas mágicas, y si los abandonan antes de tiempo, les da tan violenta sacudida que les mata [...]

Había llegado a poca distancia de nosotros. Podía distinguir claramente su faz impasible y sus ojos muy abiertos, que parecían contemplar fijamente un punto situado en alguna parte, allá arriba, en el espacio vacío. Diríase que se desprendía de la tierra a cada paso que daba y que avanzaba botando, como si hubiera tenido la elasticidad de una pelota.

Vestía el hábito y la toga monástica usuales, ambos muy gastados. Su mano izquierda sujetaba un pliegue de la toga y permanecía medio oculta por la tela. Su mano derecha empuñaba un *purba* (puñal ritual). Al andar movía ligeramente el brazo derecho, al ritmo de su paso, como si el *purba*, cuya punta se hallaba muy alejada del suelo, estuviese verdaderamente en contacto con él y le sirviese de bastón [...].

Teniendo en cuenta el número de horas que habíamos viajado al trote habitual de nuestras caballerías, restando el tiempo que habíamos acampado, llegué a la conclusión de que, para alcanzar el sitio donde le habíamos encontrado al final de la tarde, el *lung-gom-pa*, después de haber pasado cerca de los *dokpas*, había tenido que andar toda la noche y el día siguiente, sin parar, a una velocidad casi igual a la que habíamos observado. La continuidad de aquella rapidez era lo maravilloso, porque andar veinticuatro horas consecutivas no se considera una marca entre los montañeses del Tíbet [70].

El *tum-mo* es un método similar al *hatha yoga* que se ha utilizado en el Tíbet no sólo como un medio especial de acelerar la liberación, sino también para provocar calor cuando la temperatura es extremadamente fría, cosa habitual en el «País de las Nieves».

En una noche de invierno y de luna clara, quienes se creen capaces de salir victoriosos de la prueba se dirigen, con el maestro, a la orilla de un arroyo que no esté helado. Si no hay agua libre en la región se abre un agujero en el hielo. Se escoge una noche en que el viento sople con fuerza. Son frecuentes en el Tíbet.

Los candidatos a *respa*, completamente desnudos, se sientan en el suelo, con las piernas cruzadas.

Meten unas sábanas en el agua helada, que se hielan y salen tiesas. Cada discípulo se enrolla una al cuerpo y debe deshelarla y secarla sobre él mismo. En cuanto el lienzo se seca, lo mete otra vez en el agua y el candidato se envuelve de nuevo. Se repite la operación hasta el amanecer. Entonces el que ha secado mayor número de sábanas obtiene el primer puesto en el concurso [...].

Es preciso haber secado sábanas por lo menos durante tres años antes de ser reconocido como verdadero *respa*, digno de llevar el faldón de algodón blanco que distingue a los «licenciados en arte de *tumo*» [71].

El *phowa* es una técnica especial para transferir voluntariamente la conciencia, en el instante del óbito, con lo que se consigue ejercer cierto influjo sobre las circunstancias en que ha de producirse la siguiente encarnación. Como producto secundario de este método el practicante puede transferir la conciencia en vida donde y cuando desee. Según Evans-Wentz:

> El dominio del arte del *Pho-wa* confiere primeramente el poder *yóguico* de producir en uno mismo, a voluntad y en esencial, el mismo proceso que bajo condiciones normales se llama muerte, con la diferencia de que en la muerte natural el principio de la conciencia abandona la forma humana permanentemente, mientras que en la muerte *yóguicamente* inducida ese abandono es temporario. En segundo término, confiere el poder yóguico de dirigir el alejamiento del principio de la conciencia de otra persona, o de influir el principio de la conciencia de una persona recientemente fallecida, de modo tal que le proporcione guía espiritual en el estado *post-mortem* y en la elección del vientre en el tiempo de su renacimiento [72].

El valor de la contribución tibetana al budismo y, de hecho, a la historia espiritual y psicológica del ser humano como totalidad no debe subestimarse. Debido a su largo aislamiento del mundo occidental, además del formidable muro creado por la dificultad de su idioma, el Tíbet ha podido mantener un valioso acervo de tesoros filosóficos, religiosos, psicológicos, literarios e incluso mágicos que datan de un pasado muy remoto.

NOTAS

Introducción

¹ «Nuestra percepción normal y la valoración que hacemos del mundo es una pesadilla subjetiva, pero colectiva. Sugieren que el sentido ordinario que tenemos de la realidad práctica —del mundo tal como se ve en la mañana de un día lunes— es un compuesto de condicionamiento y represión socializada, un sistema de desatención selectiva por el cual se nos enseña a tapar los aspectos y las relaciones dentro de la naturaleza que no concuerdan con las reglas del juego de la vida civilizada. Sin embargo, la visión incluye casi invariablemente la realización de que esta misma restricción de la conciencia forma también parte del ajuste eterno de las cosas. Para decirlo con las palabras de Gensha, Maestro del Zen: "Si usted comprende, las cosas son tales como son; si usted no comprende, las cosas son tales como son"». A. Watts, *Formas del zen*, Dédalo, Buenos Aires, 1975, p. 19.

² P. Kapleau, *Los tres pilares del zen*, Árbol Editorial, México, 1990, p. 101.

³ F. Tola (ed.), *Doctrinas secretas de la India Upanishads*, Barral, Barcelona, 1973, p. 226.

⁴ T. Merton, *El zen y los pájaros del deseo*, Kairós, Barcelona, 1999, p. 29.

⁵ D. Sánchez Meca, *El nihilismo*, Síntesis, Madrid, 2004, p. 307.

⁶ «La gloria mayor del Budismo reside en la persona de su fundador. Sobre este punto el consenso es universal. Una excelsa, casi divina figura, que desafía al tiempo y al espacio e impone respeto y admiración aun a los más resistentes, es el joven príncipe de los Sakyas, del cual, no ya la leyenda, sino la historia narra que en la plenitud de sus goces sensuales y de las lisonjas del poder y la gloria, intuyó el dolor mundial, desarrolló un potente aliento de conmiseración, abrasado de amor por todos los seres, de modo tal, que la llama de esta

luz, el fervor del sentimiento, se convirtió en fulgor de pensamiento, creando el más perfecto connubio que haya existido jamás entre el corazón y el cerebro». C. Formichi, *Apología del budismo*, Dédalo, Buenos Aires, 1976, p. 11.

Capítulo 1

[1] K. Wilber, *El espectro de la conciencia*, Kairós, Barcelona, 1990, pp. 36-37.
[2] A. Watts, *Memorias*, Kairós, Barcelona, 1981, p. 11.
[3] Véase D. Loy, *No dualidad*, Kairós, Barcelona, 2000.
[4] A. Huxley, *Las puertas de la percepción, cielo e infierno*, Edhasa, Barcelona, 1979, p. 23.
[5] A. Watts, *Nueve meditaciones*, Kairós, Barcelona, 1981, p. 29.
[6] El físico e historiador de la ciencia Thomas Kuhn empleó el término «paradigma» para definir una conglomeración de creencias, estimaciones, valores y métodos compartidos por los integrantes de una comunidad científica determinada. Cuando un paradigma es aceptado por la mayoría de los miembros de la comunidad científica, pasa a ser el enfoque obligatorio de los problemas científicos. Desgraciadamente también se le suele confundir con un cuadro fiel de la realidad, en lugar de acogerlo como plano útil, aproximación ajustada y modelo para la organización de la información conocida. Esta confusión del mapa con el territorio es típica de la historia de la ciencia y, quizá, de la historia de la humanidad. Véase T. Kuhn, *La estructura de las revoluciones científicas*, Fondo de Cultura Económica, Madrid, 1987. Para Alfred Korzybski, uno de los más destacados investigadores de la semántica moderna, «un mapa no es el territorio que representa». *Science and Sanity*, The International Non Aristotelian Library Publishing Company, Lakeville, 1980, p. 58.
[7] W. Blake, *Matrimonio del Cielo y el Infierno. Los cantos de Inocencia. Los cantos de Experiencia*, Visor, Madrid, 1983, p. 53.
[8] J. Bouchart, *La plenitud del vacío*, Edicomunicación, Barcelona, 1991, pp. 116-117.
[9] Huyendo del devenir, millones de personas en todo el mundo se suben al carro de la «sustancialidad» buscando desesperadamente el santo grial de la vida: la inmortalidad.
[10] Véase A. Vélez, «Budismo: algunos malentendidos», en *Religión y cultura*, XLI (1995), pp. 57-78.
[11] F. Tola y C. Dragonetti, «Lo que la filosofía de la India le debe a Hegel», en *Pensamiento*, 58 (2002), p. 375.
[12] Resulta lamentable que no dispongamos de otro vocablo más idóneo y preciso que «religión» para referirnos a la experiencia de lo sagrado: «La mayor parte de las definiciones prefabricadas del concepto de "religión" fallan por no englobar jamás todos los hechos que en las diferentes civilizaciones estamos habituados a considerar como "religiosos"». H.-C. Puech (dir.), *Las religiones antiguas* (Historia de las religiones), Siglo Veintiuno, vol. I, Madrid, 1989, p. 40.
[13] El tema de si el budismo es una filosofía o una religión es inadecuado. En primer lugar, porque no hay religión de pueblos cultos que no se asiente en explicaciones racionales y no inspire una dogmática; y en segundo término, porque en el subcontinente la filosofía y la religión siempre han ido de la mano.
[14] Véase Narada Thera, *The Buddha and his teachings*, The Corporate Body of the Buddha Educational Foundation, Taipei, Taiwan, 1998, pp. 278-297.
[15] Véase J. Nadou, *Buda y el budismo*, Círculo de Lectores, Barcelona, 1976, p. 246.
[16] «Su humanidad se presenta como un hecho tan incontestablemente reconocido por todos, que las recopilaciones legendarias, que le atribuyeron tantos milagros, nunca pen-

saron hacer de él un dios después de muerto». E. Burnouf, *Introduction a l'histoire du buddhisme indien*, Maisonneuve et Cie, París, 1876, p. 302.

[17] E. Durkheim, *Las formas elementales de la vida religiosa*, Alianza Editorial, Madrid, 2003, p. 71.

[18] «Los occidentales atraídos hacia el budismo a causa de su admiración por el énfasis que éste pone en el esfuerzo personal (en oposición al que ponen los teístas en la ayuda sobrenatural) a veces se sienten inclinados a rechazar todos los rituales (incluyendo las inclinaciones, las salmodias, la realización de ofrendas, etc.) por considerarlo una farsa supersticiosa. Esto, sin embargo, es un error. En Oriente no hay ninguna secta budista que prescinda de ello; incluso los seguidores del zen y los theravadinos, que reconocen de buen grado los peligros de los rituales, los practican diariamente. Las inclinaciones, el quemar incienso ceremoniosamente y demás sólo se convierten en algo absurdo y carente de sentido si se supone que con ello se complace a determinados seres celestiales; todos los rituales son absurdos si (como fue el caso de algunos brahmanes en la época de Buda) se llevan a cabo con la esperanza de que su realización correcta dará automáticamente unos resultados apetecidos. Buda pensaba en este error de concepción cuando incluyó al ritualismo entre los peligros que amenazan a la comprensión correcta y por lo tanto al progreso en la vía. Por otra parte, los rituales empleados por sus efectos psicológicos sobre los que los realizan son universalmente estimados por los budistas (con la excepción de unos pocos conversos occidentales confundidos por una comprensión errónea del zen o los textos del theravada, o también por su aversión hacia el ritualismo de las iglesias a las que ellos o sus padres pertenecieron con anterioridad). Al prosternarse ante una estatua de Buda, al ofrecer incienso o flores, etc., el budista no busca complacer a Buda, sino expresar (y cultivar dentro de sí) reverencia y respeto por lo que entiende que es la más elevada y más noble sabiduría accesible a la humanidad. La escuela del budismo mahayana ha ido más lejos todavía al idear técnicas en que el cuerpo, el habla y la mente se utilizan a la vez en actividades que tienen unos efectos psicológicos sumamente benéficos sobre los que están instruidos en el modo de emplearlos correctamente». J. Blofeld, *La puerta de la sabiduría*, Herder, Barcelona, 1983, pp. 123-124.

[19] El budismo es tan maleable que difícilmente entraría en colisión con la ciencia ni con las grandes tradiciones religiosas. Según Christmas Humphreys: «El Budismo es único en su tolerancia, que se origina en una completa ausencia de autoridad. Es la única religión o manera de vida en la cual se dice del Maestro que ni siquiera sus propias palabras pueden ser aceptadas como Verdad a no ser que sean aprobadas, por su aplicación a la experiencia diaria, como conducentes al Camino. En el Budismo el dogma no sólo es desconocido; es anatema». *La sabiduría del budismo*, Kier, Buenos Aires, 1973, p. 76.

[20] E. Durkheim, *ob. cit.*, p. 68.

[21] C. Dragonetti, «Buda, los dioses y el nirvâna», en *Criterio*, 22/3, 1973, p. 129.

[22] E. Burnouf, *ob. cit.*, p. 464.

[23] H. Oldenberg, *Buda, su vida, su obra, su comunidad*, Áticus, Buenos Aires, 1946, p. 55.

[24] D. F. García Ayuso, *El nirvâna buddhista en sus relaciones con otros sistemas filosóficos*, Tipografía de los Huérfanos, Madrid, 1885, p. 27.

[25] Narada Thera, *Síntesis del budismo*, Kier, Buenos Aires, 1974, pp. 29-30.

[26] V. Fatone, *El budismo nihilista*, Eudeba, Buenos Aires, 1962, p. 24.

[27] H. Küng, *En busca de nuestras huellas. La dimensión espiritual de las religiones del mundo*, Debate, Barcelona, 2004, p. 231.

[28] A. Watts, *El camino del zen*, Edhasa, Sudamericana, Barcelona, 1971, p. 21.

[29] Piyadassi Thera, *El antiguo sendero del Buda*, Altalena, Madrid, 1982, p. 36.

[30] P. Masson-Oursel, *La filosofía en Oriente*, Sudamericana, Buenos Aires, 1947, p. 100.
[31] F. Schuon, *Tesoros del budismo*, Paidós, Barcelona, 1998, p. 31.
[32] Bertolt Brecht, célebre dramaturgo alemán, ha plasmado en *Poemas y Canciones* una versión de la parábola del hombre herido por una flecha: «Gautama, el Buda, enseñaba la doctrina de la Rueda de los Deseos, a la que estamos sujetos, y nos aconsejaba liberarnos de todos los deseos para así, ya sin pasiones, hundirnos en la Nada, a la que llamaba Nirvana. Un día sus discípulos le preguntaron: "¿Cómo es esa Nada, Maestro? Todos quisiéramos liberarnos de nuestros apetitos, según aconsejas, pero explícanos si esa Nada en la que entraremos es algo semejante a esa fusión con todo lo creado que se siente cuando, al mediodía, yace el cuerpo en el agua, casi sin pensamientos, indolentemente, o si es como cuando, apenas ya sin conciencia para cubrirnos con la manta, nos hundimos de pronto en el sueño; dinos, pues, si se trata de una Nada buena y alegre o si esa Nada tuya no es sino una Nada fría, vacía, sin sentido". Buda calló largo rato. Luego dijo con indiferencia: "Ninguna respuesta hay para vuestra pregunta". Pero a la noche, cuando se hubieron ido, Buda, sentado todavía bajo el árbol del pan, a los que no le habían preguntado les narró la siguiente parábola: "No hace mucho vi una casa que ardía. Su techo era ya pasto de las llamas. Al acercarme advertí que aún había gente en su interior. Fui a la puerta y les grité que el techo estaba ardiendo, incitándoles a que salieran rápidamente. Pero aquella gente no parecía tener prisa. Uno me preguntó, mientras el fuego le chamuscaba las cejas, qué tiempo hacía fuera, si llovía, si no hacía viento, si existía otra casa, y otras cosas parecidas. Sin responder, volví a salir. Esta gente, pensé, tiene que arder antes que acabe con sus preguntas. Verdaderamente, amigos, a quien el suelo no le queme en los pies hasta el punto de desear gustosamente cambiarse de sitio, nada tengo que decirle". Así hablaba Gautama, el Buda. Pero también nosotros, que ya no cultivamos el arte de la paciencia sino, más bien, el arte de la impaciencia; nosotros, que con consejos de carácter bien terreno incitamos al hombre a sacudirse sus tormentos; nosotros pensamos, asimismo, que a quienes, viendo acercarse ya las escuadrillas de bombarderos del capitalismo, aún siguen preguntando cómo solucionaremos tal o cual cosa y qué será de sus huchas y de sus pantalones domingueros después de una revolución, a ésos poco tenemos que decirles». *Poemas y canciones*, Alianza Editorial, Madrid, 1996, pp. 84-86.
[33] A. Solé Leris y A. Vélez (eds.), *Majjhima Nikâya. Los Sermones Medios del Buddha*, Kairós, Barcelona, 1999, p. 343.
[34] *Ibid.*, p. 344.
[35] F. Capra, *El Tao de la física*, Luis Cárcamo, Madrid, 1984, p. 111.
[36] D. Goleman, «Una perspectiva occidental», en VV.AA., *Ciencia-Mente. Un diálogo entre Oriente y Occidente*, José J. de Olañeta, Palma de Mallorca, 1998, p. 17.
[37] C. G. Jung y R. Wilhelm, *El secreto de la flor de oro*, Paidós, 1977, p. 66.
[38] A. Watts, *Psicoterapia del Este Psicoterapia del Oeste*, Kairós, Barcelona, 1987, p. 17.
[39] A. Govinda, *Budismo para Occidente*, Heptada, Madrid, 1992, p. 60.
[40] D. Brazier, *Terapia zen. Un enfoque budista de la psicoterapia*, Oberon, Madrid, 2003, p. 26.
[41] M. Eliade, *Mito y realidad*, Guadarrama, Madrid, 1973, p. 99.
[42] Véase H. de Lubac, *La reencontré du bouddhisme et l'Occident*, Aubier, París, 1955, y F. Lenoir, *El budismo en Occidente*, Seix Barral, Barcelona, 2000.
[43] Ashoka es el protagonista de un antiguo relato budista: «Un día en que Shakyamuni iba pidiendo limosna por los suburbios de Rajagriha encontró a dos muchachitos que jugaban en la tierra y que notaron que tenía las "treinta y dos marcas del Gran Hombre", por lo que, deseando hacerle una ofrenda, hicieron pasteles de arena que colocaron en la escu-

dilla de las limosnas, poniendo uno de ellos las manos juntas en signo de respeto. El Buda aceptó estos donativos de arena y sonrió. Ananda, que lo acompañaba, le preguntó por qué lo hacía, a lo que respondió el Maestro: "Ananda, cien años después de mi muerte, este muchacho será un rey Chakravartin en Pataliputra y reinará en todas las regiones, se llamará Asoka y gobernará según la Ley, repartirá mis reliquias entre todo el mundo, hará construir ochenta y cuatro mil *stupas* en honor del Rey del Dharma y reconfortará a innumerables seres humanos"». D. Ikeda, *Budismo primer milenio*, Taurus, Madrid, 1988, p. 35.

[44] Véase L. B. Keny, «Asoka's edicts and indian tradition», en *Boletín de la Asociación Española de Orientalistas*, V (1969), pp. 139-146; F. Rodríguez Adrados (ed.), *Asoka. Edictos de la Ley Sagrada*, Edhasa, Barcelona, 1987, pp. 101-102.

[45] En *Budismo y cristianismo*, Kenshi Hori afirma lo siguiente: «En 1958 una expedición arqueológica francesa descubrió en Afganistán una inscripción del rey Asoka escrita en griego y en arameo. Este descubrimiento despertó un interés considerable en los medios académicos, lo que llamó la atención de dicho profesor. Se sabe que el arameo era la lengua vernácula del imperio persa, que, en el apogeo de su poder, se extendió desde el valle del Indostaní hasta Egipto y Nubia. Ahora bien, esta lengua era la que se hablaba en Palestina en tiempos de Jesús, por lo que podemos pensar que Jesús pudo tener algún conocimiento del Budismo por medio de esta lengua, lo que pudo tener cierta influencia sobre su enseñanza». D. Ikeda, *ob. cit.,* p. 65.

[46] De entre los que se han conservado hasta hoy, es particularmente famoso el de Sarnath, coronado por un capital con leones de pie, adosados, llevando una «Rueda de la ley», esculpido en brillante piedra.

[47] «Con la conquista de Kalinga, el Imperio de Ashoka comprendía toda la India (menos la zona ocupada en el extremo sur de la península por los reinos de los Cholas y de los Pândyas) y además las zonas cedidas por Seleuco I Nikator a Chandragupta en Paropanisadai, Aria, Gedrosia y Arachosia». F. Tola y C. Dragonetti, «Un gran emperador budista, Ashoka», en *Revista de Estudios Budistas*, 3 (1992), p. 101.

[48] «Asoka, tan famoso al principio por su crueldad y después por su piedad fastuosa, da en una leyenda un ejemplo de humildad, menos penoso, sin duda, que el referido, pero del que seguramente serían capaces pocos reyes. Acaba de convertirse, y se halla en todo el ardor del neófito. Cada vez que se encontraba con ascetas budistas, "con hijos de Sakya", les tocaba los pies con su cabeza y los adoraba. Uno de sus ministros, Iasas, aunque convertido también, se asombra de tanta condescendencia, y se atreve a decir a su amo que no debe prosternarse de aquella manera ante mendigos procedentes de todas las castas. El rey recibe esta observación sin contestar; pero a los pocos días dice a sus consejeros que desea conocer el valor de la cabeza de los diversos animales, y les ordena que cada uno de ellos venda una cabeza de animal. Iasas es el encargado de vender una cabeza humana. Las otras cabezas son vendidas a diferentes precios; pero aquella no la quiere nadie; y el ministro se ve obligado a confesar que ni aun de balde ha podido colocarla.

»—¿Por qué —dice el rey— no ha querido nadie esa cabeza humana?

»—Porque es un objeto despreciable y sin valor —contesta el ministro.

»—¿Es solamente esa cabeza la despreciable, o lo son igualmente todas las cabezas humanas?

»—Todas las cabezas humanas —dice Iasas.

»—¿Cómo? —dice Asoka— ¿También la mía sería despreciable?

»El ministro, contenido por el temor, no se atreve a decir la verdad; pero el rey le ordena que hable según su conciencia, y habiendo obtenido de su franqueza la respuesta que esperaba, añade:

»—Tú, por un sentimiento de orgullo, no quieres que me prosterne ante los religiosos. Pero si mi cabeza, ese miserable objeto que nadie querría por nada, encuentra alguna ocasión de purificarse, ¿qué hay en ello de contrario al orden? Tú miras la casta en los religiosos de Sakya, y no ves las virtudes que hay ocultas en ellos. Inquiere uno la casta cuando se trata de la Ley; porque las virtudes no se preocupan de la casta. Si el vicio mancilla a un hombre de noble cuna, se dice: "Es un pecador", y se le desprecia. Pero no se hace lo mismo con un hombre nacido de una familia pobre, y si tiene virtudes, hay que honrarle prosternándose ante él.

»Después, interpelando más directamente a su ministro, continuó el rey:

»—¿No conoces las palabras del héroe compasivo con los Sakyas? ¿Los sabios saben encontrar valor a las cosas que no lo tienen? Cuando yo quiero obedecer a sus mandamientos, no me das una prueba de amistad al tratar de apartarme de ellos. Cuando mi cuerpo, abandonado como los fragmentos de la caña de azúcar, duerma en la tierra, estará bien incapacitado de saludar, de levantarse y de juntar las manos en signo de respeto. ¿Qué acción virtuosa estaré entonces en condiciones de realizar? Tolera, pues, que ahora me incline ante los religiosos; porque el que sin examen se dice "soy el más noble", se ve envuelto en las tinieblas del error. Pero el que se examina el cuerpo a la hora de los discursos del Sabio de las diez fuerzas, no ve diferencia entre el cuerpo de un príncipe y el de un esclavo. La piel, la carne, los huesos, la cabeza, son los mismos en todos los hombres; solamente los adornos y las galas dan superioridad a un cuerpo sobre otro. Pero lo esencial en este mundo es lo que se puede encontrar en un cuerpo vil, lo que es un mérito de los sabios es saludar y honrar». J. Barthelemy-Saint-Hilaire, *Buda y su religión*, La España Moderna, Madrid, 1922, pp. 97-99.

[49] L. Carro Marina (ed.), *Las preguntas de Milinda [Milinda-Pañha]*, Biblioteca Nueva, Madrid, 2002, pp. 30-31.

[50] «Después de la muerte de Darío, Alejandro se había proclamado heredero universal del Imperio persa. La satrapía india debía formar parte de esta herencia. En el año 327, pese a la abierta oposición de sus soldados, se dispuso a tomar posesión de este legado; especialmente apetitoso para Alejandro, pues la India representaba, en la opinión griega, el país misterioso, opulento, exótico. Dos años de intensa actividad fueron necesarios para someter y organizar las regiones del valle del Indo. La lucha se hace allí muy difícil por el clima, las condiciones del terreno pantanoso y lleno de ríos, no menos que por la infinita masa humana que le opone el rey Poros. Al fin, y con la ayuda del príncipe local Taxiles, vence en la batalla de Hysdaspes, y en otros memorables enfrentamientos. Pero allí por los combates y las enfermedades tiene cuantiosas bajas y decide dejar una guarnición en las tierras conquistadas bajo las órdenes de Eudemos en el sur. A su vez, deja otros territorios del norte en calidad de soberanos feudatarios con los reyes nativos Abisares, Taxiles y su antiguo enemigo Poros.

De momento, Alejandro hubo de renunciar a conquistar el resto del país, porque sus tropas se negaron en absoluto a dar un paso adelante sobre tierras enteramente desconocidas. Las nuevas provincias, dos satrapías (Pendjab-Sind) fundadas por Alejandro iban a tener una vida efímera: sólo ocho años. Pero antes de partir fundó en el delta el puerto de Pattala e inició su vuelta por tres rutas: Nearco por mar, Crátero por el interior, Alejandro por la costa. A partir de este momento la influencia griega —unas veces por razón de vecindad, otras por el dominio directo sobre diversas zonas del noroeste— iba a ser decisiva. Se produjo así el más fuerte impacto exterior que la India hubiera sufrido a lo largo de toda su historia: incrementado luego por los *partos*, *escitas*, y *yuetche*, quienes, más o menos helenizados, iban a suceder a los griegos en la Bactriana.» A. Montenegro y J. M. Solana, «La formación política de la India y sus grandes movimientos religiosos», en VV.AA., *Manual de Historia Universal*, Nájera, vol. II, Madrid, 1983, pp. 486-487.

[51] En el arte de Gandhara, las esculturas que representan al Buddha histórico se inspiran en las divinidades greco-romanas, lo que constituye sólo uno de los muchos ejemplos del influjo que ejerció Occidente en el alma india.

[52] «El Budismo pudo implantarse en las Islas Británicas antes de la llegada del Cristianismo. Esta tesis tiene su base en los comentarios de Orígenes al *Libro de Ezequiel*, compuesto hacia el año 230 de nuestra era, que dice: En esta Isla [Inglaterra], los druidas y los budistas ya han predicado la enseñanza de la unicidad de Dios y, por ello, ya tienden a él [el Cristianismo].» D. Ikeda, *ob. cit.,* p. 64.

[53] «De todos los viajeros medievales al Asia que se encontraron con el Budismo, sólo dos transmitieron información acerca de Buda. El primero de ellos fue Hethum o Hayton I, rey de Armenia Menor, quien visitó la corte de Mangu Khan inmediatamente después de Guillermo de Rubruck [...] Pero fue Marco Polo quien dio a Occidente su más sustancial relato de Buda». P. C. Almond, «El Occidente medieval y el Budismo», en *Revista de Estudios Budistas,* 7 (1994), pp. 117 y 118.

[54] A. Ballini, «Las religiones de la India», en P. Tacchi Venturi (dir.), *Historia de las religiones,* Gustavo Gili, vol. I, Barcelona, 1947, p. 397.

[55] «Fue hijo de un gran rey rico y poderoso, y ese hijo fue de tan buena vida que no quiso nunca oír de ninguna cosa mundana, ni quiso ser rey. Y su padre, cuando ve que su hijo no quería ser rey, y que no quería oír nada de este mundo, sintió gran ira, y a fin de apartarle de tal designio, le promete grandes cosas. Envía a buscarle y le ofrece un regalo grandísimo, diciéndole que quiere coronarle rey del reino y que será gran señor a capricho. Y también que quería dejarle la corona y no mandarle nada, sólo que fuera señor y amo. Pero su hijo dice que no quería nada.

Y cuando su padre ve que no quería el señorío por nada del mundo, tiene tan gran ira que a poco estuvo de morir de pena. Y no es maravilla, puesto que no tenía más hijos que éste y no había persona a quien dejar el reino. Después de haber pensado profundamente, entonces el rey se comporta de la siguiente manera. Porque se dice a sí mismo que él hará tal cosa que su hijo volverá gustosamente a las cosas mundanas, y que tomará la corona y el reino. Hace, pues, llevarle a un bellísimo palacio y le da treinta mil doncellas muy hermosas y atractivas para servirle, mandándole jugar con él todo el día y toda la noche, prometiendo a la que fuera capaz de acostarse con él que sería su esposa, y reina. Y ningún varón se atrevía a entrar allí, sólo aquellas doncellas; y las doncellas le metían en la cama, y doncellas le servían la mesa, y doncellas le hacían siempre compañía. Ellas cantaban, tocaban muchos instrumentos, danzaban ante él y le hacían todo el recreo posible, como el rey les había mandado. Y os digo que todas aquellas doncellas no pudieron lograr que el hijo del rey cayera en alguna lujuria, sino que permaneció más firme y castamente que antes, y llevaba buenísima vida según sus costumbres.

Y os digo que era tan delicado doncel que nunca había salido del palacio de su padre en su infancia, y no había visto ningún hombre muerto, ni ningún otro que no tuviera sanos sus miembros, porque el padre no permitía que ante él fuera ningún hombre viejo o decrépito. Y sucedió que, habiendo obtenido este doncel de su padre permiso para salir en muy noble compañía, cabalgaba un día por la ciudad cuando vio a un hombre muerto que llevaba a sepultar y que muchas gentes seguían. Quedó completamente estupefacto, como aquel que jamás ha visto nada igual. Pregunta inmediatamente a su séquito qué es aquello y le dijeron en respuesta que era un hombre muerto.

—¡Cómo! —dijo el hijo del rey—. Entonces, ¿todos los hombres mueren?

—Sí, en verdad —dicen ellos.

Entonces el doncel no dice nada y cabalga lleno de pensamientos. No había cabalgado mucho cuando encuentra a un hombre viejísimo encorvado por la edad, que no podía andar y que no tenía dientes en la boca, sino que los había perdido todos por su gran vejez. Y, cuando el hijo del rey vio a este viejo, pregunta quién era, por qué estaba tan curvado, por qué no podía caminar, por qué había perdido sus dientes. Y los que estaban con él le respondieron que por vejez estaba curvado, por vejez no podía caminar, por vejez había perdido sus dientes. A lo que dijo el joven:

—¿Y cómo se vuelve viejo y encorvado un hombre?

A lo que los servidores respondieron:

—Señor, todos los que viven mucho tiempo en este mundo deben hacerse viejos como este hombre, y luego morir.

Y cuando el hijo del rey murió, fue llevado al rey su padre. Y cuando le vio muerto aquel que le amaba más que a sí mismo, no es preciso preguntarse si sintió gran ira y dolor. Sintió gran pena, e hizo hacer una imagen a su semejanza, toda de oro y de piedras preciosas. Y cuando la hubo hecho, la envió por todos los pueblos de su reino y la hizo honrar por todos los del país y adorar como Dios.

Y dicen que fue dios, y dicen que lo es todavía, y también que murió ochenta y cuatro veces, porque dicen que cuando murió la primera vez se convirtió en buey, luego murió otra vez y se convirtió en caballo, luego en mono, y así dicen que murió ochenta y cuatro veces, y cada vez, según dicen, se convirtió en un animal, bien perro, bien otra cosa, pero, la vez ochenta y cuatro, dicen que murió y se convirtió en dios y los idólatras le tienen por el mejor y más grande de sus dioses. Adoran su imagen, y debéis saber que fue el primer ídolo que tuvieron los idólatras, y de él, según dicen, descienden todos los ídolos de estas provincias. Y esto era en la isla de Ceilán, en la India.

Ya habéis oído cómo fue el primer ídolo. Y ahora os aseguro en verdad que los idólatras van allí en peregrinación desde regiones muy alejadas [...]. Y estos idólatras dicen que este monumento que está en esa montaña es el del hijo del rey del que habéis oído ya hablar, y que los dientes y los cabellos y la escudilla que allí hay, que enseñan con gran ceremonia, son también los del hijo del rey que tenía por nombre Sagamoni Burcán». M. Polo, *Libro de las Maravillas*, Ediciones B, Barcelona, 1997, pp. 456-459.

56 H. Dumoulin, *Encuentro con el budismo*, Herder, Madrid, 1982, pp. 29-30.
57 Véase E. Gallud, *La India en la literatura española*, Alderabán, Madrid, 1998, p. 236.
58 G. Flaubert, *Bouvard y Pécuchet*, Cátedra, Madrid, 1999, p. 283.
59 H. Hesse, *Siddhârtha*, Bruguera, Barcelona, 1976, p. 20.
60 «El budismo es cien veces más realista que el cristianismo, — lleva en su cuerpo la herencia de un planteamiento objetivo y frío de los problemas, viene *después* de un movimiento filosófico que había durado unos cientos de años; cuando él llega al concepto «Dios» está ya eliminado. El budismo es la única religión auténticamente *positivista* que la historia nos muestra, también incluso en su teoría del conocimiento (un fenomenalismo riguroso), él no dice ya "lucha contra el *pecado*", sino, dando totalmente razón a la realidad, "lucha contra el *sufrimiento*". Tiene ya detrás de sí —esto lo distingue profundamente del cristianismo— ese fraude a sí mismo que son los conceptos morales —está, hablando en mi lenguaje, *más allá* del bien y del mal—. Los *dos* hechos fisiológicos en que descansa y que contempla son: *primero*, una excitabilidad extraordinariamente grande de la sensibilidad, la cual se expresa en una refinada capacidad de dolor, *luego*, una superespiritualización, una vida demasiado prolongada entre conceptos y procedimientos lógicos, bajo la cual el instinto personal ha salido perjudicado en provecho de lo "impersonal" (ambos, estados que al menos algunos de mis lectores, los "objetivos", conocerán, como yo, por experiencia). Sobre la base de esas condiciones fisiológicas ha surgido una *depresión*: a ella se enfrenta Buda con una higiene. Contra la depresión emplea la vida al aire libre, la vida errante, la mode-

ración y la selección en la comida; la precaución con respecto a todos los *spirituosa* [alcoholes]; la precaución asimismo con respecto a todos los afectos que producen bilis, que calientan la sangre; ninguna *preocupación*, ni por sí, ni por otros. Buda exige representaciones que, o bien tranquilicen, o bien alegren, inventa medios para deshabituarse de las otras. Considera que la bondad, el ser-bondadoso favorece la salud. La *oración* está excluida, lo mismo que el *ascetismo*; ningún imperativo categórico, ninguna *coacción* en absoluto, ni siquiera dentro de la comunidad monástica (se puede volver a salir de ella). Todas estas cosas serían medios para fortalecer aquella excitabilidad extraordinariamente grande. Justo por ello Buda no exige tampoco lucha alguna contra quienes piensan de otro modo; de ninguna otra cosa se defiende *más* su doctrina que del sentimiento de venganza, de aversión, de *ressentiment* ("no se pone fin a la enemistad con la enemistad": conmovedor estribillo del budismo entero...). Y con razón: justo esos afectos serían completamente *malsanos* con vistas al propósito dietético capital. La fatiga espiritual que él encuentra y que se expresa en una "objetividad" demasiado grande (es decir, una debilitación del interés individual, una pérdida del centro de gravedad, del "egoísmo") la combate con una rigurosa devolución a la *persona* incluso de los intereses más espirituales. En la doctrina de Buda el egoísmo se convierte en deber: el "una sola cosa es necesaria", el "cómo te liberas *tú* del sufrimiento" regulan y limitan la dieta espiritual entera». F. Nietzsche, *El Anticristo*, Alianza Editorial, Madrid, 1978, pp. 44-45.

⁶¹ Una breve historia de los estudios sobre el budismo se halla en A. Wayman, «Budismo», en C. J. Bleeker y G. Widengren, *Historia religionum*. Cristiandad, vol. 1, Madrid, 1973, pp. 444-448.

⁶² H. de Lubac, *ob. cit.,* p. 142.

⁶³ Blavatsky nació en 1831 en el seno de una familia de la pequeña nobleza rusa. A los dieciséis años se vio obligada a desposarse con el general Nicéforo Blavatsky. Al poco tiempo huyó a Constantinopla, abandonando a su marido. Según algunos de sus relatos, viajó por todo el mundo. India, Tíbet, Egipto y México fueron algunos de los países que esta singular mujer visitó. En 1873 llegó a Nueva York y allí se instaló, como tantos inmigrantes, en una casa de vecindad del Lower East Side. En 1784 los extraños sucesos de la granja que en Chittenden (Vermont) tenían los hermanos Eddy atrajeron el interés de personas que se interesaban por la práctica o la denuncia de la actividad espiritista. Blavatsky se presentó anunciando que había consagrado su vida «a predicar la buena nueva del espiritismo». Presentó un brillante reparto internacional: un kurdo, un doctor islámico y varios sabios de la India. Uno de los testigos de tales sucesos extraordinarios fue el coronel Henry Steel Olcott (1832-1907). Juntos organizaron la *Hermandad de Luxor*, que en 1875 se convirtió en la Sociedad Teosófica. De Nueva York, la Sociedad pasó al subcontinente, donde aún mantiene su sede en Madrás. Entre sus obras más conocidas figuran: *La doctrina secreta, Glosario Teosófico* e *Isis sin velo*. Véase M. Roso de Luna, *Una mártir del siglo XIX. Helena Petrovna Blavatsky*, Pueyo, Madrid, 1924.

⁶⁴ El conocimiento del budismo zen en Occidente se debe, en gran medida, a los trabajos de D. T. Suzuki, doctor en literatura y profesor de filosofía budista en la Universidad de Otani, de Kyoto. Entre sus obras figuran: *Ensayos sobre Budismo Zen, La gran liberación, El zen y la cultura japonesa* y *Studies in the Lankavatara Sutra*.

⁶⁵ Es una de las mayores autoridades occidentales en el campo del budismo zen. Entre sus obras figuran: *El camino del zen, Psicoterapia del Este Psicoterapia del Oeste, Nueve Meditaciones* y *Las filosofías de Asia*.

⁶⁶ En los años cincuenta, las obras de Jack Kerouac, *Los vagabundos del Dharma* y *En el camino*, introdujeron temas zen en la contracultura anárquica *beat*.

⁶⁷ I. Quiles, *Filosofía budista*, Troquel, Buenos Aires, 1973, p. 67.
⁶⁸ E. Conze, *El budismo. Su esencia y su desarrollo*, Fondo de Cultura Económica, México, 1978, p. 295.
⁶⁹ Véase VV.AA., *De cuerpo presente. Las ciencias cognitivas y la experiencia humana*, Gedisa, Barcelona, 1992.
⁷⁰ L. Gómez de Liaño, *El círculo de la sabiduría*, Siruela, vol. II, Madrid, 1998, p. 129.
⁷¹ D. Laercio, *Vidas de filósofos* ilustres, Iberia, Barcelona, 2000, p. 318.
⁷² «En realidad, era una cofradía más que una escuela, una comunidad cerrada, reservada exclusivamente a los adeptos —hombres o mujeres, griegos o extranjeros— aceptados por el Maestro después de un riguroso examen de moralidad y de haber dado pruebas de su desapego a los placeres de la vida». P. Arnold, *Los grandes inspirados fundadores de religiones*, Plaza y Janés, Barcelona, 1976, p. 40.
⁷³ D. Laercio, *ob. cit.*, p. 308.
⁷⁴ *Mahâparinirvâna-sûtra* II, 25-26. En la edición R. A. Ruy, *El libro de la gran extinción de Gotama el Buddha o sea el Maha Parinibbâna Suttanta del Dîgha-Nikâya*, Hachette, Buenos Aires, 1975, pp. 52-53.
⁷⁵ R. Pischel, *Vida y doctrina de Buddha*, Revista de Occidente, Madrid, 1927, p. 67.
⁷⁶ H. von Glasenapp, *El budismo una religión sin Dios*, Barral, Barcelona, 1974, p. 87.
⁷⁷ E. B. Cowell (ed.), *The Jâtaka*, Motilal Banarsidass, vol. I, Nueva Delhi, 1999, p. 77.
⁷⁸ G. T. Garrat (ed.), *El legado de la India*, Pegaso, Madrid, 1950, p. 41.
⁷⁹ M. Müller, *La ciencia de la Religión*, Madrid, s/f, p. 202.
⁸⁰ R. Pischel, *ob. cit.*, p. 83.
⁸¹ J. Monserrat Torrents, *Los gnósticos*, Gredos, vol. II, Madrid, 1983, p. 267.
⁸² E. Conze (ed.), *Buddhist scriptures*, Penguin Books, Harmondsworth, 1969, p. 35.
⁸³ A. Foucher, *Buda*, Grijalbo, Barcelona, 1963, p. 72.
⁸⁴ *Mahâparinirvâna-sûtra* III, 34-37. En la edición de R. A. Ruy, *ob. cit.*, pp. 76-77.
⁸⁵ P. Carus, *El evangelio de Buda*, Unilibro, Barcelona, 1978, p. 168.
⁸⁶ A. M. Harmon (ed.), *Lucian*, Harvard University Press, vol. I, Londres, 1979, p. 159.
⁸⁷ D. T. Suzuki, *Studies in the Lankavatara Sutra*, SMC Publishing, Taipei, 1991, p. 244.
⁸⁸ En uno de los pasajes de su *Antropología Estructural*, Claude Lévi-Strauss comenta lo siguiente: «Nuestra civilización trata el lenguaje de una manera que se podría calificar de inmoderada: hablamos a propósito de todo, todo pretexto es bueno para expresarnos, interrogar, comentar... Esta manera de abusar del lenguaje no es universal, ni siquiera frecuente. La mayoría de las culturas que llamamos primitivas emplean el lenguaje con parsimonia; no se habla en todo momento ni a propósito de cualquier cosa». C. Lévi-Strauss, *Antropología Estructural*, Eudeba, Buenos Aires, 1968, pp. 62-63.
⁸⁹ San Agustín, *Confesiones*, Círculo de Lectores, Barcelona, 1971, p. 264.
⁹⁰ E. Conze (ed.), *Thirty years of buddhist studies*, Bruno Cassirer, Oxford, 1968, p. 222.
⁹¹ R. Pischel, *ob. cit.*, p. 21.
⁹² H. von Glasenapp, *La filosofía de los hindúes*, Barral, Barcelona, 1977, p. 446.
⁹³ M. Eliade, *Mito y realidad*, Guadarrama, Madrid, 1973, p. 143.
⁹⁴ Leemos en Mateo (25, 1-13): «Entonces el reino de los cielos será semejante a diez vírgenes que, tomando sus lámparas salieron al encuentro del esposo. Cinco de ellas eran necias y cinco prudentes; las necias, al tomar las lámparas, no tomaron consigo aceite, mientras que las prudentes tomaron aceite en las alcuzas juntamente con sus lámparas. Como el esposo tardaba, se adormilaron y durmieron. A la medianoche se oyó un clamoreo: Ahí está el esposo, salid a su encuentro. Se despertaron entonces todas las vírgenes y se pusieron a preparar sus lámparas. Las necias dijeron a las prudentes: Dadnos aceite del vuestro, por-

que se nos apagan las lámparas. Pero las prudentes respondieron: No, porque podría ser que no bastase para nosotras y vosotras; id más bien a la tienda y compradlo. Pero mientras fueron a comprarlo llegó el esposo, y las que estaban prontas entraron con él a las bodas y se cerró la puerta. Llegaron más tarde las otras vírgenes, diciendo: Señor, señor, ábrenos. Pero él respondió: En verdad os digo que no os conozco. Velad, pues que no sabéis el día ni la hora». Y más adelante, leemos: «Entonces vino Jesús con ellos a un lugar llamado Getsemaní y les dijo: Sentaos aquí mientras yo voy allá a orar. Y tomando a Pedro y a los dos hijos de Zebedeo, comenzó a entristecerse y angustiarse. Entonces les dijo: Triste está mi alma hasta la muerte; quedaos aquí y velad conmigo. Y adelantándose un poco, se postró sobre su rostro orando y diciendo: Padre mío, si es posible, pase de mí este cáliz; sin embargo, no se haga como yo quiero, sino como quieres tú. Y viniendo a los discípulos, los encontró dormidos, y dijo a Pedro: ¿De modo que no habéis podido velar conmigo una hora? Velad y orad para no caer en la tentación; el espíritu está pronto, pero la carne es flaca» (26, 36-41). Y en Lucas (12, 37-38) leemos: «Dichosos los siervos aquellos a quienes el amo hallare en vela; en verdad os digo que se ceñirá, y los sentará a la mesa, y se prestará a servirlos».

[95] P. D. Ouspensky, *Fragmentos de una enseñanza desconocida*, Hachette, Buenos Aires, 1979, p. 196.

Capítulo 2

[1] «Este término ha sido utilizado de diversas formas: para designar una determinada religiosidad que aparece en los escritos védicos tardíos *(Brahmanas, Upanisades)*, por contraste con el "vedismo primitivo"; para designar la religiosidad propugnada y difundida a partir de esta época por el sacerdocio brahmín, en contraste con el "hinduismo popular"; incluso como sinónimo de "hinduismo"». S. G. F. Brandon, *Diccionario de religiones comparadas*, Cristiandad, vol. I, Madrid, 1975, p. 318.

[2] Calificadas como los «Himalayas del alma» son el punto culminante del antiguo pensamiento de la India. El principal mensaje de los textos upanishádicos es la identidad del espíritu individual (âtman) con el espíritu universal (Brahman). La tradición fija el número de *Upanishads* en ciento ocho. Las *Upanishads* más antiguas fueron compuestas aproximadamente entre los años 800 a 550 a.C., en prosa, en un lenguaje algo arcaico y son: *Aitareya, Brihadâranyaka, Chândogya, Kaushîtaki, Kena* y *Taittirîya*. Durante los siglos V al III a.C. fueron compuestas en sánscrito clásico y en verso las siguientes: *Îshâ, Kâthaka, Shvetâshvatara, Mundaka* y *Mahânârâyana*; y en prosa: *Prashna, Maitrî* y *Mândûkya*. Véase R. E. Hume (ed.), *The thirteen principal Upanishads*, Oxford University Press, Nueva Delhi, 1998; S. Radhakrishnan (ed.), *The principal Upanisads*, Allen & Unwin, Londres, 1953; *The philosophy of the Upanishads*, Librairie d'Amérique et d'Orient, París, 1943; P. Deussen, *The philosophy of the Upanishads*, Dover Publications, Nueva York, 1966; C. Martín (ed.), *Upanishad con los comentarios advaita de Sankara*, Trotta, Madrid, 2001; F. Tola (ed.), *Doctrinas secretas de la India Upanishads*, Barral, Barcelona, 1973.

[3] Los términos transmigración, reencarnación, renacimiento, metempsicosis, palingenesia, etc., empleados a menudo indistintamente, tienen que ver con una creencia según la cual el alma, o el elemento psíquico, o el cuerpo sutil, se dota, en cada una de las existencias sucesivas, de un cuerpo diferente en el que se reencarna.

[4] H. Zimmer, *Filosofías de la India*, Eudeba, Buenos Aires, 1979, p. 20.

[5] Véase K. W. Morgan (ed.), *The religion of the hindus*, The Ronald Press Company, Nueva York, 1953, pp. 136-143; L. Renou y I. Filliozat (eds.), *L'Inde classique*, Librairie D'Amérique et d'Orient, vol. I, París, 1985, pp. 379-380.

[6] F. Harold Smith, «El budismo», en E. O. James (ed.), *Historia de las religiones*, Vergara, Barcelona, 1963, p. 113.

[7] Tradición religiosa india heterodoxa. Su máximo exponente es Vardhamâna Mahâvîra (c. 599-527 a.C), el vigésimo cuarto *tîrthankara* o jefe religioso de los *nirgranthas*, mejor conocidos con el nombre de *jainas*, y contemporáneo del Buddha Shâkyamuni. Mahâvîra negó la existencia de un Brahman unitario y de un dios personal y trascendente. El universo es una pluralidad de espíritus vivos o almas y sustancias inanimadas, cuya existencia no tiene comienzo ni final. Las almas se encarnan y pasan de una vida a otra por gracia de la materialidad del karma. Mediante la exaltación provocada por un ascetismo extraordinariamente exagerado, se puede conseguir el más alto estado de omnisciencia, y así el alma viva se aísla de la materia impura. El jainismo funda sus doctrinas en el respeto hacia toda clase de vida. A diferencia del budismo, el jainismo no ha traspasado nunca las fronteras del subcontinente, pero ha mantenido y mantiene una notable influencia en la India. Véase A. Panikkar, *El jainismo*, Kairós, Barcelona, 2001.

[8] La terminología tradicional divide las distintas escuelas filosóficas de la India en dos grandes grupos y considera seis escuelas en cada uno de los grupos. El primer grupo está compuesto por los sistemas llamados *astika*, esto es, «positivos», del ser, «afirmativos». Se les puede llamar en cierta manera filosofías del ser. Son los sistemas ortodoxos o propiamente hindúes. Los sistemas heterodoxos son llamados *nastika*. Cuando se habla de filosofía hindú se entiende, por tanto, solamente la astika, puesto que la otra es india, pero no hindú.

[9] Véase F. Tola y C. Dragonetti, *Yoga y mística de la India*, Kier, Buenos Aires, 1978, pp. 129-153; B. Barua, *Historia de la filosofía india prebudista*, Visión Libros, Barcelona, 1981, pp. 345-411; B. Carr y I. Machanlingam (eds.), *Companion Enciclopedia of Asian philosophy*, Routledge, Londres, 1997, pp. 114-120.

[10] M. Eliade, *Yoga, inmortalidad y libertad*, La Pléyade, Buenos Aires, 1988, p. 184.

[11] Nyânatiloka Mahâthera, *La palabra del Buda*, Índigo, Barcelona, 1991, pp. 38-39.

[12] Una presentación muy interesante de los diversos ámbitos de renacimiento se halla en Chogyam Trungpa, *Más allá del materialismo espiritual*, Edhasa, Barcelona, 1985, pp. 191-205.

[13] C. Dragonetti (ed.), *Dhammapada. La esencia de la sabiduría budista*, Sudamericana, Buenos Aires, 1967, p. 127.

[14] Hacia finales del III milenio a.C., pueblos indoeuropeos (antepasados de las civilizaciones persa, india, griega, latina, germánica), procedentes de las regiones situadas al norte del mar Negro, entre los Cárpatos y el Caúcaso, empujados posiblemente por la masa mogol, llegan hasta Asia central, donde permanecen por algún tiempo. Después se desplazan hacia el sur y, al comienzo del II milenio a.C., los encontramos en la llanura irania y en las montañas de Afganistán. Finalmente, algunos de esos pueblos —los indoarios— penetran en el subcontinente, mientras los otros —los indoiranios— se adentran en Irán.

[15] Veda es una palabra sánscrita que significa «saber, conocimiento». Se refiere a cada uno de los libros sagrados primitivos de la India, escritos en védico. La literatura védica está constituida por una primera sección correspondiente a las cuatro Colecciones o Samhitâ que son: *Rig Veda Samhitâ* o Colección de los Himnos; *Yajur-veda Samhitâ* o Colección de las Fórmulas Rituales; *Sâma-veda Samhitâ* o Colección de las Melodías y *Atharva-veda Samhitâ* o Colección de los Himnos Mágicos. La segunda sección está compuesta por los *Brâhmanas*, los *Âranyakas* y las *Upanishads*.

[16] *Rig-veda* I, 11,4. En la edición de F. Tola, *Himnos del Rig Veda*, Sudamericana, Buenos Aires, 1968, pp. 54-55.

[17] F. Tola (ed.), *Doctrinas secretas de la India Upanishads*, Barral, Barcelona, 1973, p. 89.

[18] Nyânatiloka Mahâthera, *ob. cit.*, p. 34.

[19] «El hinduismo afirma que el orden cósmico natural es también un orden cósmico moral y que esto tiene su expresión en la circunstancia de que cada acto, cada pensamiento y cada palabra debe hallar una respuesta que corresponda a su condición moral: Así como cada semilla, no bien se dan las circunstancias requeridas, se transforma en el fruto que le corresponde, así cada acción necesariamente, además de su efecto momentáneo y visible, da origen a otro efecto no visible, el cual se revela en esta vida o las más de las veces en una existencia futura. El hindú admite así una causalidad moral, la cual funciona por sí misma y con la misma regularidad que la causalidad natural, y que está estrechamente unida con la causalidad natural, por cuanto cada acto de significado moral positivo o negativo contribuye al surgimiento en un futuro cercano o lejano de una constelación de circunstancias que se dan en el mundo natural. La fuerza de un acto, la cual sigue actuando después de ese acto, no está encadenada al espacio y al tiempo, y por eso no se manifiesta en la mayoría de los casos en el marco de la existencia actual del agente, sino en una nueva existencia, que sigue a esta vida; más aún el total de las acciones realizadas en una vida es la causa del surgimiento de una nueva vida, en la cual ellas encuentran su recompensa o su castigo. La doctrina rigurosamente mantenida de la fuerza trascendente de la acción (karma) determina que a cada agente individual le corresponda una compensación enteramente adecuada a sus actos [...] Puesto que cada existencia supone como causa de su surgimiento una existencia anterior, la cadena de las transmigraciones no tiene principio; y, puesto que cada existencia, en condiciones normales, se convierte en la causa de surgimiento de otra existencia que le sigue, la cadena de las transmigraciones no tiene tampoco fin en el curso usual de las cosas.» H. von Glasenapp, *La filosofía de los hindúes*, Barral, Barcelona, 1977, pp. 30-31.

[20] Véase F. Tola y C. Dragonetti, *ob. cit.*, 91-121; M. T. Román y A. Vélez, «la teoría buddhista de los dharmas», en *Éndoxa*, 10 (1998), pp. 405-426.

[21] Véase E. Conze (ed.), *Buddhist Scriptures*, Penguin Books, Londres, 1959, p. 190.

[22] M. Biardeau, «Las filosofías de la India», en B. Parain (dir.), *El pensamiento prefilosófico y oriental* (Historia de la filosofía), Siglo Veintiuno, vol. 1, Madrid, 1984, pp. 108-109.

[23] Esta palabra se emplea en tres sentidos diferentes. En primer lugar, se refiere a las técnicas y ejercicios de dominio de sí mismo y meditación; en segundo lugar, designa una de las seis *darshana* o escuelas filosóficas hindúes y, por último, como designación de una disciplina o ejercicio conducente a la salvación. Véase Sri Aurobindo, *Síntesis del yoga*, Kier, 3 vols., Buenos Aires, 1972; T. Bernard, *El camino práctico del yoga*, La Pléyade, Buenos Aires, 1972; G. Feurstein, *Yoga*, Oniro, Barcelona, 1998; P. Masson-Oursel, *Le Yoga*, PUF, París, 1963; Vishnu Devananda, *El libro de yoga*, Alianza Editorial, Madrid, 1975; J. H. Woods, *The Yoga-system of «Patañjali»*, Motilal Banarsidass, Nueva Delhi, 1988; R. Calle, *El libro de los yogas*, Edaf, Madrid, 1998; M. Eliade, *ob. cit.*; M. Eliade, *Patañjali y el yoga*, Paidós, Buenos Aires, 1978.

[24] M. Eliade, *Yoga, inmortalidad y libertad*, Ed. cit., p. 167.

[25] *Udâna* VII, 9. En la edición de C. Dragonetti, *Udâna. La palabra del Buda*, Barral, Barcelona, 1971, p. 221.

[26] F. Masutani, «Un estudio comparativo del budismo y el cristianismo», en VV.AA., *Las grandes religiones enjuician al cristianismo*, Mensajero, Bilbao, 1971, p. 186.

[27] Véase F. Tola y C. Dragonetti, «El budismo frente a la justificación de la violencia en la India antigua», en *Pensamiento*, 55 (1999), pp. 118-124.

²⁸ En relación con este tema, el Bienaventurado cuenta la historia de un soberano poderoso y feliz: «Después de haber alcanzado grandes victorias y conquistado toda la tierra, este rey tomó la resolución de ofrecer a los dioses un gran sacrificio. Hace venir pues a su capellán y le pregunta sus intenciones para la realización de su proyecto. El sacerdote le induce, antes de sacrificar, a hacer reinar desde luego en su reino la calma, el bienestar, la seguridad [...] Y en su sacrificio no destruye la vida de ningún ser animado; no inmola ni bueyes ni carneros, no abate árboles, no arrasa el césped. Los servidores del rey aportan su concurso al sacrificio, pero no por sujeción y en lágrimas, ni por temor del palo de su celador: cada uno colabora allí de buena voluntad y le es dejada toda iniciativa. Se hacen ofrendas de leche, de aceite y de miel: y de este modo el sacrificio del rey alcanza su fin. Pero hay allí también, continúa el Buda, otro sacrificio, más fácil de ofrecer que ése y sin embargo superior y colmado de más bendiciones: es cuando se distribuyen limosnas a monjes piadosos, que se construyen habitaciones para el Buda y para su Comunidad. Hay todavía una forma más alta del sacrificio: es cuando con corazón creyente se colocan sus recursos en el Buda, en la Ley y en su Comunidad, que no se prive más a ningún ser de la vida, que se libre de la mentira y de la impostura. Hay aún una forma más alta del sacrificio: es cuando, vuelto monje, no se conoce más ni la alegría ni el dolor y que se sume en la santa quietud. Pero el más alto sacrificio que el hombre pueda ofrecer, la gracia más alta que le sea dada alcanzar, es cuando llega en fin a la Liberación y alcanza esta certidumbre: No volveré más a este mundo. Está allí el supremo acabamiento del sacrificio.

»De este modo habla el Buda: su sermón trae la fe al alma del brahmán que exclama: "Pongo mis recursos en el Buda, en la Ley y en la Comunidad". (Él mismo se proponía ofrecer un gran sacrificio y tenía dispuestos a esta intención centenares de animales): "Estos animales (dice), yo los desato y los dejo ir: ¡puedan encontrar fresco césped de comer, puedan encontrar agua fresca de beber, puedan frescas brisas aventarles!"». H. Oldenberg, *Buda. Su vida su obra su comunidad*, Áticus, Buenos Aires, 1946, pp. 178-179.

²⁹ C. Dragonetti (ed.), *ob. cit.*, p. 146.

³⁰ Mahatma Gandhi, *Mi credo hinduista*, Dédalo, Buenos Aires, 1986, p. 10.

³¹ Véase J. López-Gay, *La mística del budismo*, Biblioteca de Autores Cristianos, Madrid, 1974, pp. 110-115.

³² Véase R. Pischel, *Vida y doctrina de Buddha*, Revista de Occidente, Madrid, 1927, pp. 81-82.

³³ E. Conze, *El budismo. Su esencia y su desarrollo*, Fondo de Cultura Económica, México, 1978, pp. 77-78.

³⁴ W. E. Soothill (ed.), *The Lotus of the Wonderful Law or The Lotus Gospel*, Curzon Press, Oxford, 1992, p. 174.

³⁵ A. Schweitzer, *El pensamiento de la India*, Fondo de Cultura Económica, México, 1971, p. 89.

³⁶ «Entre los reinos hay que mencionar, ante todo, el de Magadha (hoy Bihar), con su capital Rajagrha (hoy Raigir), reemplazada más tarde por Pataliputra (hoy Patna). Sometido a Magadha estaba el territorio de los Angas, con su capital Campa, situada al Este. En tiempo de Buddha era rey de Magadha Bimbisara o Srenika, fiel partidario suyo [...] Al Noroeste de Magadha se encontraba el reino de los Kosalas o, más exactamente, Uttarakosalas ("kosalas septentrionales"), con la capital Sravasti [...] Por el Sur unióse a los Kosalas el reino de los Vatsas, con su capital Kausambi (S.O. de la actual Allahabad) [...] Todavía más al Sur se hallaba el reino de los Avantis, con la capital Ujjayini (hoy Ujjain), patria del famoso poeta Kalidasa [...] Entre los estados feudales, de forma republicana, sobresalía la confederación de los Vrjjis (en pali, Vajji), que comprendía ocho estados confederados, de los

cuales merece especial mención el de los Licchavis de Vaisali. Junto a ellos estaban los Mallas, de Kusinagara y Pava, y los Sakyas, con la capital Kapilavastu [...] Los sakyas reconocían la soberanía del rey de Kosala; pero, por lo demás, eran independientes. Se consideraban a sí mismos como kosalas y hacían remontar su origen hasta el antiguo rey Iksvaku, de quien tanto hablan las leyendas indias. Se les pinta como altaneros, orgullosos de su estirpe, carácter que acabó por llevarles a la perdición». R. Pischel, *ob. cit.*, pp. 32-33.

[37] «Una tradición, muy extendida, hace del Buda un hijo de rey. A la cabeza de esta constitución aristocrática había efectivamente un jefe, establecido no sabemos según qué reglas, y que llevaba el título de rey; en la clase este título debía apenas designar otra cosa que la situación de un "primus inter pares". Esta dignidad real que habría poseído Suddhodana, el padre del Buda; pero esta idea es completamente extraña a la forma más antigua bajo la cual nos hayan llegado las tradiciones con relación a su familia: no es preciso ver más bien en Suddhodana simplemente uno de esos grandes y ricos propietarios de tierras que contaba la raza de los Sakyas: son solamente las leyendas posteriores que han hecho de él "el gran rey Suddhodana".» H. Oldenberg, *ob. cit.,* p. 106.

[38] La estructura de castas fue introducida en la India por los pueblos indoarios. El himno X, 90 del *Rig-veda* expone la división jerárquica de la sociedad en cuatro castas: sacerdotes *(brahâmana),* guerreros *(kshatriya),* comerciantes, pastores y agricultores *(vaishya)* y servidores *(shûdra).*

[39] «La gloria mayor del Budismo reside en la persona de su fundador. Sobre este punto el consenso es universal. Una excelsa, casi divina figura, que desafía al tiempo y al espacio e impone respeto y admiración aun a los más resistentes, es el joven príncipe de los Sakyas, del cual, no ya la leyenda, sino la historia narra que en la plenitud de sus goces sensuales y de las lisonjas del poder y la gloria intuyó el dolor mundial, desarrolló un potente aliento de conmiseración, abrasado de amor por todos los seres, de modo tal que la llama de esta luz, el fervor del sentimiento, se convirtió en fulgor de pensamiento, creando el más perfecto connubio que haya existido jamás entre el corazón y el cerebro.» C. Formichi, *Apología del budismo*, Dédalo, Buenos Aires, 1976, p. 11.

[40] «En *Civilization on Trial*, el gran historiador Arnold J. Toynbee se formulaba la siguiente pregunta: "¿Quiénes son... los más grandes benefactores de la actual generación de la humanidad?". "Yo diría que Confucio y Lao-tse, Buda, los profetas de Israel y Judá, Zoroastro, Jesús, Mahoma y Sócrates".» H. Smith, *Las religiones del mundo*, Thassàlia, Barcelona, 1995, p. 25. Por su parte, Will Durant señala: «A menudo se ha observado que este período se distinguió por una lluvia de estrellas en la historia del genio: Mahavira y Buda en la India, Laotsé y Confucio en China, Jeremías y el segundo Isaías en Judea, los filósofos presocráticos en Grecia, y quizá Zaratustra en Persia. Tal simultaneidad de manifestaciones del genio sugiere mayor comunicación e influencia mutua entre esas antiguas culturas de la que es posible señalar definidamente hoy en día». *La civilización de la India*, Sudamericana, Buenos Aires, 1960, p. 51.

[41] K. Jaspers, *Origen y meta de la historia*, Alianza Editorial, Madrid, 1980, pp. 20 y 21.

[42] J. Campbell, *Las máscaras de Dios: Mitología oriental*, Alianza Editorial, Madrid, 1991, p. 287.

[43] Véase A. Bareau, «Le bouddhisme indien», en VV.AA., *Les religions de l'Inde. Bouddhisme, Jaïnisme, religions archaïques*, Payot, París, 1966, p. 17.

[44] Es difícil extraer de la espesura de leyendas tejida a lo largo de los siglos los elementos que permitan una reconstrucción de la figura histórica del Buddha. No obstante, esto no tiene importancia, ya que las fases de su vida son menos interesantes históricamente que la carrera triunfal de su enseñanza, y, para la teología budista oficial, «El Buda, "el Ilumi-

nado", es una especie de arquetipo que se manifiesta en el mundo en diferentes períodos, con diferentes personalidades, cuyas particularidades individuales no tienen ninguna importancia». E. Conze, *ob. cit.,* p. 44.

[45] G. M. Nagao, «La vida de Buda. Una interpretación», *Revista de Estudios Budistas,* I, 2 (1991-1992), pp. 11-12.

[46] «Generalmente se interpreta como "viniendo a este mundo desde la verdadera asidad", pero probablemente se le podría interpretar como viniendo o yendo "en un estado de asidad", o sea, vivir de acuerdo con la Verdad.» E. Conze, *ob. cit.,* pp. 15-16.

[47] «La duración de un kalpa o se sugiere por medio de un símil, o se cuenta por medio de un número. Supongamos que hay una montaña, de roca muy dura, mucho mayor que los Himalayas; y supongamos que un hombre, con un pedazo de la más fina tela de Benarés, toca esa montaña, con toda suavidad, una vez cada siglo —entonces el tiempo que requeriría para desgastar toda la montaña sería más o menos el tiempo de un Eon—. En cuanto a los números, algunos dicen que un kalpa solamente tiene una duración de 1.344.000 años, mientras que otros calculan 1.280.000.000 años, y no se ha llegado a un consenso general. En todo caso, se trata de una cantidad de tiempo muy grande y casi incalculable.» *Ibid.,* p. 66.

[48] «Tan innumerables como las edades del mundo han sido los buddhas. La tradición conserva los nombres de los últimos 27, y, además, hay de 24 de ellos una breve biografía en verso, el *Buddhavamsa.*» R. Pischel, *ob. cit.,* p. 179.

[49] A. K. Coomaraswamy, *Hinduismo y budismo,* Paidós, Barcelona, 1997, p. 84.

[50] E. Conze (ed.), *Buddhist scriptures,* Ed. cit., p. 35.

[51] Lumbini fue excavada por un grupo de arqueólogos en 1896. El hallazgo más notable en el lugar fue un pilar de piedra erigido por Ashoka en el año 245 a.C., con la inscripción: «Por el rey Piyadasi amado por los dioses, a los veinte años de ser ungido, viniendo en persona, ha sido venerado Buda aquí nacido, el sabio de los sakyas. Un muro de piedra ha sido hecho construir y un pilar de piedra ha sido hecho erigir porque el Bienaventurado ha nacido aquí. A la ciudad de Lumbini se le ha concedido la exención del *bali* y un impuesto de un octavo». F. Rodríguez Adrados (ed.), *Asoka. Edictos de la ley sagrada,* Edhasa, Barcelona, 1987, p. 133.

Véase E. Fernández del Campo Barbadillo, «Lumbini. El lugar de nacimiento de Buda», en *Boletín de la Asociación Española de Orientalistas,* XXXII (1996), pp. 254-263.

[52] E. Conze (ed.), *ob. cit.,* p. 36.

[53] «1) Cabellos de la cabeza ensortijados hacia la derecha en su totalidad; 2) poseer la protuberancia *usnîsa* sobre la cabeza; 3) abundancia de cabellos *(ûrnâ-kosa)* sobre la parte media de la frente; 4) ojos de color azul intenso; 5) pestañas bovinas; 6) mandíbulas leoninas; 7) lengua larga y fina; 8) voz limpia; 9) dientes muy blancos; 10) dientes juntos; 11) cuarenta piezas dentales; 12) dientes parejos; 13) busto perfecto; 14) hombros bellamente curvados; 15) porte erguido; 16) manos largas; 17) piel delicada; 18) piel de tono dorado; 19) parte superior del cuerpo leonina; 20) hombros anchos; 21) cuerpo redondeado como el árbol banyán; 22) siete protuberancias en el cuerpo; 23) partes secretas ocultas en un repliegue; 24) piernas como de antílope; 25) todo el vello del cuerpo vuelto hacia la derecha; 26) dedos largos en pies y manos; 27) manos y pies marcados por un cerco; 28) pies bien plantados; 29) manos y pies suaves y delicados; 30) dedos de pies y manos unidos por membranas; 31) talones anchos; 32) articulación de los tobillos no saliente.» A. Wayman, «Budismo», en C. J. Bleeker y G. Widengren, *Historia religionum,* Cristiandad, vol. I, Madrid, 1973, p. 383.

[54] «Existe un antiguo ideal mítico —un idílico sueño compensatorio, nacido del anhelo de estabilidad y paz— que representa un imperio universal de perdurable tranquilidad

bajo un monarca justo y virtuoso, el *cakravartin*, "poseedor del *cakravarta*", que deberá poner fin a la perpetua lucha de los estados en pugna [...] *Cakravarta* se refiere a la circunferencia de una poderosa cadena de montañas que rodea al mundo, allende el océano envolvente, como un borde [...] El *Cakravartin* es el gran hombre, el superhombre *(mahâpúrusa)* entre los reyes; y su marcha es precedida por una aparición luminosa en el firmamento en forma de rueda *(cakra)*, que reproduce el símbolo neolítico de la rueda solar. La primera vez se le apareció en una visión pura mientras estaba concentrado en su meditación y plegaria matutina, y le significó que debía emprender la campaña unificadora de todo el reino de la tierra. El rey se levantó y siguió al símbolo, que se movía delante a medida que él marchaba. De este modo el rey lo hacía "girar y rotar" en su camino. De aquí que se lo llame el *cakra-vartin* [...] De acuerdo con la concepción budista, el monarca universal es la contrapartida secular del *Buddha*, el "Iluminado", del cual también se dice que "puso en movimiento la rueda de la doctrina sagrada". Como el *cakravartin*, el *Buddha* no es el señor de una comunidad nacional u otra igualmente limitada, sino del mundo. Su rueda, el *dharma* búdico, no está reservada a las castas privilegiadas, como el *dharma* de los brahmanes, sino que es para todo el mundo: una doctrina de liberación que se propone traer la paz a todos los seres vivos sin excepción. Así, el *Buddha* y el *cakravartin* manifiestan el mismo principio universal, uno en el plano espiritual, el otro en el plano secular; y ambos, ya desde el nacimiento, llevan en sus cuerpos ciertos signos auspiciosos y característicos que señalan su misión: las treinta y dos grandes marcas *(mahâvyáñjana)* y las innumerables marcas secundarias.» H. Zimmer, *ob. cit.,* pp. 109-111.

[55] «"Los tres mundos, el mundo de los dioses, el de los Asuras y el de los hombres, están quemados por los dolores de la vejez y de la enfermedad; están devorados por el fuego de la muerte y privados de guía. La vida de una criatura es semejante al relámpago de los cielos. Como el torrente que desciende de la montaña, corre con irresistible velocidad. Por el hecho de la existencia, del deseo y de la ignorancia, las criaturas en la morada de los hombres y de los dioses se encuentran en el camino de los tres males. Los ignorantes ruedan en este mundo como gira la rueda del alfarero. Las cualidades del deseo, siempre acompañadas de temor y de miseria, son las raíces de los dolores. Son más temibles que el filo de la espada o la hoja del árbol venenoso. Como una imagen reflejada, como un eco, como un deslumbramiento o el vértigo de la danza, como un sueño, como un discurso vano y fútil, como la magia y el espejismo, están llenas de falsedad, y vacías como la espuma o la pompa de agua. La enfermedad arrebata a los seres su lustre y hace declinar los sentidos, el cuerpo y las fuerzas; trae el fin de las riquezas y de los bienes. Trae el tiempo de la muerte y de la transmigración. La criatura más agradable y más amada desaparece para siempre; no vuelve a nuestra vista, semejante a la hoja y al fruto caídos del árbol en la corriente del río. El hombre entonces, sin compañero, sin segundo, se va completamente solo e impotente con la posesión del fruto de sus obras."

»Todo compuesto es perecedero; lo que está compuesto no es jamás estable; es el vaso de arcilla que se rompe al menor choque; es la fortuna tomada a préstamo; es una ciudad de arena que no se sostiene; es la margen arenosa de un río. Todo compuesto es alternativamente efecto y causa. El uno está en la otra como en la simiente está el germen, aunque el germen no sea la simiente. Pero la sustancia, sin ser duradera, no tiene, sin embargo, interrupción; ningún ser existe que no venga de otro, y de aquí la perpetuidad aparente de las substancias. Pero el sabio no se deja engañar en esto. Así, el madero que es frotado, el madero con el que se frota y el esfuerzo de las manos, he aquí tres cosas de las que nace el fuego; pero no tarda en extinguirse; y el sabio, buscándole vanamente en el espacio, se pregunta: ¿De dónde vino? ¿Adónde fue? Apoyándose en los labios, en la garganta y en el paladar, el sonido de las letras nace por el movimiento de la lengua; y la palabra se forma por el juicio del espíritu. Pero todo discurso no es más que un eco, y el lenguaje por sí solo carece de esencia. Es el sonido de un laúd, el sonido de una flauta, del que también se pregunta el sabio: ¿De dónde vino? ¿Adónde fue?

»Así, de causas y de efectos nacen todas las agregaciones; y el yogui, el sabio, al reflexionar en esto, observa que las agregaciones no son más que el vacío, que es lo sólo inmutable. Sus seres, de que nuestros sentidos se dan cuenta, están vacíos por dentro; están vacíos por fuera. Ninguno de ellos tiene la fijeza que es el verdadero signo de la Ley. Pero yo he comprendido esta Ley, que debe salvar al mundo; yo debo hacerla comprender a los dioses y a los hombres reunidos. Cien veces me he dicho: Después de haber alcanzado la inteligencia suprema (Bodhi), reuniré a los seres vivientes; les mostraré la puerta más segura de la inmortalidad. Retirándoles del océano de la creación, les estableceré en la tierra de la paciencia. Fuera de los pensamientos nacidos de la turbación de los sentidos, les estableceré en el reposo. Haciendo ver la claridad de la Ley a las criaturas obscurecidas por las tinieblas de la ignorancia profunda, les daré la vista que ve claramente las cosas; les daré el bello rayo de la pura sabiduría: la vista de la Ley sin mancha y sin corrupción.» J. Barthelemy-Saint-Hilaire, *Buda y su religión*, La España Moderna, Madrid, s/f, pp. 8-11.

56 H. Zimmer, *Yoga y budismo*, Kairós, Barcelona, 1998, pp. 109-110.
57 C. H. Hamilton, *Buddhism*, The Liberal Arts Press, Nueva York, 1952, p. 7.
58 *Ibid.*
59 *Ibid.*, p. 10.
60 E. J. Thomas (ed.), *The road to nirvana*, John Murray, Londres, 1992, p. 19.
61 J. Barthelemy-Saint-Hilaire, *ob. cit.*, p. 17.
62 «Distraído con la música de las tañedoras de instrumentos, el Bodhisattva se durmió de pronto [...] El Bodhisattva, habiéndose despertado bruscamente, miró a las tañedoras que estaban en su sitio recostadas unas sobre otras con el cuerpo descubierto como estatuas de madera, con la nariz destilando, los ojos llorosos, la boca babeando, las guitarras y las flautas por el suelo en desorden. Vio además el palacio semejante a un túmulo funerario. Habiendo visto esto, el Bodhisattva exclamó por tres veces: "¡Maldición! ¡Maldición! ¡Maldición! ¡Huyamos! He visto el palacio en el que reside el rey mi padre, y la forma del palacio se ha transformado así". Gritó una vez más: "¡Maldición!", y en lo más profundo de su ser nacieron el hastío y el deseo de dejar todo aquello.

»El Bodhisattva dijo entonces a Chanda, su esclavo sumiso: "¡Levántate! Enjaeza mi caballo de tal manera que la gente no pueda oírlo". Dijo Chanda: "La noche no es momento propicio para el paseo. Además, no hay enemigos asaltando el palacio. No comprendo por qué me ordenas esta noche que enjaece tu caballo". "Sí hay grandes enemigos, ¿no lo sabes? Esos enemigos son la vejez, la enfermedad y la muerte. Los mayores enemigos. ¡Prepara pronto mi caballo para que no puedan detenernos!" Cuando el caballo estuvo enjaezado y preparado en el patio interior del palacio, dijo el esclavo: "Aquí está el caballo". El Bodhisattva fue entonces junto al caballo; pero cuando se disponía a montarlo, el animal dio un fuerte gemido de tristeza. Entonces los dioses, temiendo que eso retardara o impidiera la partida, dispersaron el gemido del caballo para que la gente no lo oyera. El Bodhisattva montó sobre su cabalgadura y se dirigió hacia la puerta del palacio. Entonces ésta se abrió sola. Cuando llegó junto a la puerta de la ciudad, ésta se abrió sola. Una vez fuera de la ciudad, se dirigió al bosque de Anuya, no lejos de allí.

»Se apeó entonces del caballo y se despojó de sus ropas y de sus joyas. Luego dijo a Chanda: "Puedes llevarte el caballo, coger mis ropas y mis joyas y tomar el camino de vuelta al palacio. Saluda de mi parte a mi padre y a mi madre y diles que les dejo ahora para estudiar la vía de la salvación, pero que volveré pronto. Deseo que no estén tristes". Chanda, llorando, se arrodilló y dijo: "Los adivinos predijeron antaño que el príncipe se convertiría en un noble rey que haría girar la Rueda de la Ley, provisto de las siete joyas y de mil hijos, y que reinaría sobre los cuatro continentes. Gobernará el mundo según la ley, sin utilizar armas, porque será pacífico por naturaleza. ¿Por qué entonces abandonas ahora este trono real y despojas tu cuerpo de tus ropas y alhajas para padecer los sufrimientos del ascetismo en las montañas incultas?" El Bodhisattva preguntó de nuevo: "¿Qué más predijeron entonces los adivinos?" "Si no encuentra placer en las voluptuosidades mundanas, dejará la vida de familia para estudiar la vía de la liberación y llegará a ser un despierto perfecto y supremo". El Bodhisattva dijo entonces: "Tú que has oído esas palabras, ¿por qué te afliges ahora? Vuelve rápidamente a informar a mis padres de mi resolución: aunque se sequen y se pudran mis huesos, mientras no agote la fuente del nacimiento, de la vejez, de la enfermedad y de la muerte, no regresaré". Entonces Chandra se prosternó ante él llorando y dio la vuelta alrededor suyo tres veces, manteniéndole a la derecha; luego, tomando las ropas y las joyas, regresó al palacio llevándose el caballo.

»El Bodhisattva echó a andar y vio a un cazador que llevaba una ropa de burdo algodón ocre. Se acercó a él, cambió sus ropas —que valían cien monedas de oro— por los harapos del vagabundo y luego partió. El Bodhisattva se dirigió entonces hacia un árbol *sumanâ* (jazmín de grandes flores), al pie del cual se encontraba sentado un asceta con la cabeza afeitada. Resolvió entonces quitarse sus cabellos y se afeitó inmediatamente. Shakra, el soberano de los dioses, llegó ante el Bodhisattva tan rápidamente como se dobla el brazo extendido. Recogió los cabellos en un paño y los llevó a su palacio celestial.» A. Bareau, *Buda*, Edaf, Madrid, 1974, pp. 124-127.

[63] «Âlâra el Kâlâma [...] el primero que visitó. No tardó mucho en dominar sus enseñanzas, y le preguntó sobre el estado meditativo en el que se basaban. Se trataba de la "esfera de la nada", un trance místico que se alcanza mediante meditación yóguica, en que la mente transciende todo objeto aparente, y permanece fija en el pensamiento de la nada. Una vez que Gotama aprendió a penetrar este estado con rapidez, Âlâra le ofreció el liderazgo compartido de su grupo de discípulos, pero rechazó la oferta [...] sabía que no había alcanzado la iluminación y la cesación del sufrimiento. Entonces acudió a otro maestro de yoga. Uddaka el hijo de Râma, y de nuevo asimiló su doctrina con gran rapidez y entró en el estado meditativo en el que se basaba su enseñanza, la "esfera de ni-cognición-ni-no-cognición". Éste transcendía el estado anterior hasta alcanzar un nivel de serenidad mental en el que la conciencia está tan atenuada que apenas existe [...] Una vez más Gotama dejó pasar su oportunidad de liderazgo.» P. Harvey, *El budismo,* Cambridge University Press, Madrid, 1998, pp. 40-41.

[64] Uno de los sistemas filosóficos ortodoxos del hinduismo.

[65] «Pensaba: ¿si apretara los dientes, pegara mi lengua al paladar y oprimiese, aplastara, quemase mi mente con mi mente? (Así lo hacía). Y el sudor goteaba de mis axilas... Luego pensaba: ¿si ahora practicase el éxtasis reteniendo el aliento? Y retenía el aliento, no dejaba entrar ni salir aire por boca ni nariz. Y al hacer esto había un violento sonido de viento saliendo por mis oídos... Como si un hombre robusto os rompiera la cabeza con la punta de una espada, así era turbada mi cabeza por vientos violentos... Luego pensaba: ¿si tomara alimento sólo en pequeñas cantidades, lo que cupiera en el hueco de mi mano, zumo de habas, garbanzos, berzas?... Volvióse mi cuerpo sumamente delgado. La huella de mis nalgas era como la de la pata de un camello, por el poco comer. Los huesos de mi espinazo, encorvado y tirante, eran como una hilera de husos, por el poco comer. Y como, en un pozo profundo, se ve en la hondura el remoto relucir del agua, así en el fondo de mis órbitas se veía el remoto

relucir de mis ojos, por el poco comer. Y como una calabaza verde, arrancada de la planta, se agrieta y marchita por exposición a la lluvia y al sol, así estaba marchita la piel de mi cráneo, por el poco comer. Cuando pensaba tocar sólo la piel de mi vientre, tenía asido mi espinazo... Cuando quería aliviar mi cuerpo, me encontraba tendido en el suelo, por el poco comer. Para aliviar el dolor de mi cuerpo, pasaba por él mis manos, y al hacer yo esto, los pelos, enfermos, caían de mi cuerpo, por el poco comer.» W. Durant, *ob. cit.*, p. 56.

[66] A. Coomaraswamy, *Buddha y el evangelio del budismo*, Paidós, Barcelona, 1989, p. 28.

[67] Más tarde fue denominada «Árbol de la Iluminación». Por haberse convertido Siddhârtha en un *Buddha* («despierto», «iluminado») bajo esta higuera y por estar ese lugar situado al sur de la ciudad de Gayâ, en la división Patna, de Bengala, se le dio a este lugar el nombre de Buddha-Gayâ o Bodh Gayâ.

[68] T. M. P. Mahadevan, *Invitación a la filosofía de la India*, Fondo de Cultura Económica, México, 1991, p. 66.

[69] «Tienen la facultad de cambiar de cara y transformarse de cien millones de maneras; tienen los pies y las manos enlazados por cien mil serpientes; llevan espadas, arcos, flechas, picas, venablos, hachas, mazas, pilones, cadenas, piedras, palos, discos, rayos; sus cabezas, sus ojos, sus caras llamean; sus vientres, sus pies, sus manos, son de un aspecto repugnante [...] No hay que decir que todos los ataques de los demonios son perfectamente impotentes contra el Bodhisattva. Las lanzas, las picas, los dardos, los proyectiles de todo género [...] se truecan en flores y forman guirnaldas en su cabeza. Papiyan, viendo que la violencia es vana, recurre a otro medio: llama a sus hijas, las bellas Apsaras, y las envía a tentar al Bodhisattva, mostrándole las treinta y dos especies de magias de las mujeres. Cantan y bailan ante él; despliegan todos sus encantos y todas sus seducciones; le dirigen las provocaciones más insinuantes. Pero sus caricias son tan inútiles, como lo fueron los asaltos de sus hermanos [...] Papiyan intenta un postrer asalto, reuniendo de nuevo todas sus fuerzas. Pero sucumbe una vez más. Su ejército en desorden se dispersa por todas partes, y tiene el dolor de ver a aquellos hijos suyos que en el consejo rechazaron el combate prosternarse a los pies del Bodhisattva y adorarle con respeto. Perdiendo su esplendor, pálido, descolorido, el demonio se golpea el pecho, gime; se retira aparte, con la cabeza baja; y, trazando signos en el suelo con una flecha, se dice en su desesperación: "Mi imperio ha pasado".» J. Barthelemy-Saint-Hilaire, *ob. cit.*, pp. 57-58 y 59.

[70] E. J. Thomas (ed.), *ob. cit.*, pp. 21-23.

[71] «He descubierto esta verdad profunda, difícil de percibir, difícil de comprender, calmante, sublime, excediendo todo pensamiento, abstrusa, que solo el sabio puede asir. En el torbellino del mundo se agita aquí abajo la humanidad, en el torbellino del mundo tiene su morada y halla su placer. Para la humanidad que se agita aquí abajo en el torbellino del mundo, que tiene su morada y halla su placer en el torbellino del mundo, será una cosa difícil de abarcar por el pensamiento la ley de la causalidad, el encadenamiento de las causas y de los efectos, y será aun una cosa enteramente difícil de abarcar por el pensamiento, la entrada en el pensamiento, la entrada en el reposo de todas las formaciones, el desapego de las cosas de la tierra, la extinción de la codicia, la cesación del deseo, el fin, el Nirvana. Si me pongo a predicar la doctrina y que no se me comprenda, eso no hará que ocasionarme agotamiento, que ocasionarme fatiga". Y en el mismo instante se presentó al espíritu del Sublime esta estancia que nunca nadie había oído antes:

"¿Por qué descubrir al mundo lo que he conquistado en penosos combates? La verdad permanece escondida para los que llenan el deseo y el odio. Es cosa que vale la pena, llena de misterio, profunda, oculta al espíritu grosero; no puede verla, aquel de quien terrestres deseos envuelven el espíritu de tinieblas".

Mientras que el Sublime pensaba de este modo, se inclinaba en su espíritu a permanecer en reposo y a no predicar la doctrina. En ese momento Brama Sahampati conoció con su pensamiento el pensamiento del santo y se dijo de este modo a sí mismo: "Verdaderamente el mundo perecerá, verdaderamente el mundo se abismará, si el Perfecto, el Santo, el supremo Buda se inclina en su espíritu a permanecer en reposo y en no predicar la doctrina".

Entonces Brama Sahampati dejó el cielo de Brama tan rápido como un hombre fuerte extiende su brazo doblado o dobla su brazo extendido, y apareció ante el Sublime. Entonces Brama Sahampati desnudó de su capa uno de sus hombros, puso la rodilla derecha en tierra, elevó sus manos juntas hacia el Sublime y le habló en estos términos: "Quiera, oh Maestro, el Sublime predicar la doctrina, quiera el Perfecto predicar la doctrina. Hay seres que están puros del fango terrestre, pero si no oyen la predicación de la doctrina, no serán salvados: esos abrazarán la doctrina" [...]

(El Buda opone a la invitación de Brama la duda y las aprensiones que en una predicación de la verdad le hacen ver una empresa estéril. Tres veces Brahma renueva su súplica: el Buda lo concede por último) [...]

"Que sea abierta a todos la puerta de la Eternidad; que el que tenga oídos escuche la palabra y crea. Pensaba en mi propio trabajo, es por eso, oh Brahma, que no he revelado todavía a los hombres la noble palabra".

Y Brahma Sahampati comprendió: El Sublime ha acogido mi ruego, predicará la doctrina. Y se inclinó ante el Sublime, dio con veneración la vuelta a su persona, y desapareció.» H. Oldenberg, *ob. cit.*, pp. 129-131.

[72] «El *Dharma* (de la raíz *dhar*, emparentada con el latín *firmus*) es el firme e inconmovible "soporte" del acontecer universal, la norma que rige tanto los grandes como los pequeños fenómenos de la vida natural y de la vida moral. Se manifiesta en la multiplicidad infinita de aquellas fuerzas que los budistas designan igualmente como *dharmas*: en los factores de la existencia que se condicionan mutuamente *(samskâra)*, que por su conjunción producen el mundo exterior e interior de un individuo; en las leyes del devenir y del perecer y de la dependencia causal, pero también en las normas, reglas, preceptos, obligaciones, derechos, en la doctrina de la salvación y por último en el punto terminal de todo esfuerzo —superador del mundo—, en el Nirvana (que es llamado el supremo Dharma)». H. von Glasenapp, *El budismo una religión sin Dios*, Barral, Barcelona, 1974, p. 59.

[73] «Si el conocimiento de los escritos búddhicos del Norte ha dejado por largo tiempo indecisa la época de Buddha; las tradiciones y los libros del Sur esclarecen este punto: hoy se está de acuerdo en la fecha de la muerte de Sakya-muni en el año 543 o 44 antes de nuestra Era». E. Burnouf, *Las religiones, literatura y constitución social de la India*, La España Moderna, Madrid, s/f, p. 3.

[74] VV.AA., *La India antigua y su civilización*, UTEHA, México, 1957, p. 140.

[75] Monumento funerario y relicario monumental, a menudo coronado por un parasol. Es una construcción cónica de ladrillo o piedra que contiene un túmulo, del que deriva, una cámara central destinada a guardar reliquias o un texto sagrado; también indica un lugar consagrado por un acontecimiento religioso. En la antigua India, los stûpas, o túmulos sagrados, se alzaban en honor de los reyes y grandes maestros religiosos, y se convirtieron en puntos de peregrinación y veneración. Para los budistas, construir un stupa es un acto de gran mérito, habiéndose convertido en la forma arquitectónica más típica del mundo budista.

Capítulo 3

[1] Véase E. Conze, *Breve historia del budismo*, Alianza Editorial, Madrid, 1983.

[2] «El término Ruta de la Seda no es más que una abstracción que nos sirve para identificar toda una serie de rutas comerciales que unían Oriente y Occidente a partir del siglo I a.C. A través de dichas rutas se transportaba a Roma y Alejandría gran cantidad de distintos materiales, en su mayoría objetos de lujo [...] pero uno de los productos más apreciados y rodeados de mayor misterio fue, sin duda, la seda, que llegó a dar nombre a la totalidad de la vía.» E. Fernández del Campo, «India en las rutas de la seda», en *Boletín de la Asociación Española de Orientalistas*, XXX (1994), pp. 105-106.

[3] H. Zimmer, *Filosofías de la India*, Eudeba, Buenos Aires, 1979, p. 365.

[4] Patañjali, *Aforismos sobre el yoga*, Doncel, Madrid, 1972, p. 81.

[5] Nicolás Maquiavelo se aproximó en buena medida a las dos primeras nobles verdades en un fragmento de sus *Discursos*: «Cuando los hombres ya no necesitan luchar para satisfacer sus necesidades, luchan porque son ambiciosos, y dicha pasión es tan poderosa en el corazón de los hombres que jamás los abandona, no importa cuán alto hayan llegado. La razón de ello es que la naturaleza ha creado al hombre de tal modo que desea todo pero es incapaz de alcanzarlo; el deseo siempre es mayor que la capacidad para satisfacerlo, de ello resulta la disconformidad con lo que posee y la insatisfacción consigo mismo». W. Truett-Anderson, *Secretos revelados*, Mirach, Madrid, 1992, p. 41.

[6] F. Lenoir, *El budismo en Occidente*, Seix Barral, Barcelona, 2000, pp. 17-18.

[7] Una interesantísima exposición de los seis principios generales —denominador común de todos los grupos budistas— la encontramos en Junjiro Takakusu, a saber: el principio de indeterminación, el de libertad perfecta *(Nirvâna)*, el del totalismo *(Dharma-dhâtu)*, el de causación, el de la verdadera realidad *(Tathata)* y el de identificación recíproca. Véase J. Takakusu, «El budismo como filosofía de la "asidad"», en VV.AA., *Filosofía del Oriente*, Fondo de Cultura Económica, México, 1965, pp. 128-171.

[8] Si algún lugar de la tierra recoge las inquietudes espirituales de la humanidad ésa es la antigua ciudad de Benarés, una de las siete ciudades sagradas del hinduismo.

[9] La Rueda del Dharma fue puesta en movimiento tres veces: 1) en Sarnath, donde el Buddha predicó su primer sermón; 2) con la aparición del mahâyâna, y 3) con el nacimiento del vajrayâna.

[10] *Mahâvagga* I.6.17-18. En la edición de T.W. Rhys Davids y H. Oldenberg, *Vinaya Texts*, Motilal Banarsidass, Part I, Nueva Delhi, 1996, pp. 94-95.

[11] *Dhammapada* 277-279. En la edición de C. Dragonetti, *Dhammapada. La esencia de la sabiduría budista*, Sudamericana, Buenos Aires, 1967, p. 168.

[12] C. Trungpa y H. V. Guenther, *El amanecer del tantra*, Kairós, Barcelona, 1976, pp. 133-134.

[13] Amiel, *Diario íntimo*, Edaf, Madrid, 1968, pp. 18-19.

[14] H. Smith, *Las religiones del mundo*, Thassalià, Barcelona, 1995, p. 131.

[15] A. Bareau, «El budismo indio», en *Las religiones en la India y en Extremo Oriente* (Historia de las religiones), Siglo Veintiuno, vol. 4, Madrid, 1985, pp. 189-190.

[16] «El budismo, en oposición a casi todos los otros sistemas religiosos y filosóficos, no conoce ni una primera causa del mundo, ni una sustancia material o espiritual omniabarcante, de la cual haya debido surgir todo lo que es. Más bien algo puede aparecer en la existencia sólo en dependencia de alguna otra cosa, un primer principio es tan imposible como un fin definitivo [...] La totalidad del universo y todo lo que hay en él se resuelve para el análisis filosófico en una sucesión puramente legal de procesos dinámicos, en un jue-

go de fuerzas de *dharmas*. La teoría de que todo fenómeno individual surge en una dependencia funcional se precisa aún más por el hecho de que sólo una multiplicidad de factores, y no uno solo, puede producir un nuevo factor. De ese modo no hay ningún nacimiento desde una "causa" a partir de la cual algo se desarrolla, sino sólo un entrar-en-la-existencia de algo nuevo debido a la acción común de una multiplicidad de condiciones. La ley universal se manifiesta como un "condición(al)ismo" permanente e inviolable. En ninguna parte existen factores aislados, sino que todas las cosas están en mutua relación continua. Así, también la personalidad es un flujo siempre cambiante de *dharmas*, que brotan en razón de una multiplicidad de condiciones, que actúan durante un breve tiempo y vuelven a desaparecer para dejar lugar a otras.

Las condiciones que provocan la existencia y el modo de ser de una personalidad aparente, que es en verdad un haz de *dharmas*, no son, como vemos, sólo procesos psíquicos o intelectuales, sino ante todo de naturaleza moral. La cualidad moral de las acciones del cuerpo, conscientemente dirigido en su existencia terrenal, del discurso, del pensamiento, determina la nueva vida de un muerto junto con todo lo que le pertenece (ambiente, procedencia, disposiciones, etc.). A este respecto todo ser es autocreado, porque en él se han unido en una figura las fuerzas que ha producido en anteriores formas de existencia. La ley universal se anuncia en que todos los destinos infinitamente varios de los seres individuales forman juntos una totalidad. Concertados armoniosamente unos con otros forman así la fluyente historia del mundo sin principio ni fin.» H. von Glasenapp, *El budismo una religión sin Dios*, Barral, Barcelona, 1974, pp. 60 y 61-62.

17 Tanto en el Canon Pâli como en la interpretación de éste por Buddhaghosa, el budismo pone especial énfasis en la transitoriedad y en la exagerada brevedad de la vida en cualquier condición; y afirma sin ambages la irrealidad de los seres y del yo. Véase A. Coomaraswamy, *El tiempo y la eternidad*, Taurus, Madrid, 1980, p. 41.

18 Véase W. Rahula, *Lo que el Buddha enseñó*, Kier, Buenos Aires, 1990, p. 37.

19 Geshe Kelsang Gyatso, *La esencia del budismo*, CYMYS, Barcelona, 1983, pp. 15-16.

20 *Vajracchedikâ* 32. A. F. Price y Wong Mou-Lam (eds.), *The Diamond Sutra and The Sutra of Hui-Neng*, Shambhala, Boston, 1990, p. 53.

21 G. Leopardi, *Obra completa*, Ediciones 29, tomo I, Barcelona, 1978, pp. 175 y 177.

22 Véase A. Schweitzer, *El pensamiento de la India*, Fondo de Cultura Económica, México, 1958, capítulos I y II; H. Oldenberg, *Buda*, Áticus, Buenos Aires-México, 1946, pp. 46-56.

23 G. Tucci, *Historia de la filosofía hindú*, Luis Miracle, Barcelona, 1974, p. 48.

24 F. Tola (ed.), *Doctrinas secretas de la India Upasnishads*, Barral, Barcelona, 1973, p. 130.

25 Llama la atención que haya por parte de algunos investigadores un intento de introducir la concepción del yo en las doctrinas budistas: «A pesar de las afirmaciones tan radicales que vemos en algunos autores y del indiscutible acento que el budismo ha puesto en el dogma, siempre considerado como propio, de la negación del yo, mirada la doctrina en conjunto, más bien parece el budismo suponer que cada hombre, cada individuo tiene o es un yo, un sí (self), o un alma individual». I. Quiles, *Filosofía budista*, Troquel, Buenos Aires, 1975, p. 160.

26 «La serie-de-conciencias que constituyen al individuo no se detiene con la muerte si el individuo que muere ha realizado actos que tienen como consecuencia una nueva "reencarnación". En este caso, una de esas conciencias viene a ser la *última* conciencia, no de toda la serie-de-conciencias, sino de un segmento de esa serie, que es concebido como una vida o una existencia; la conciencia que le sigue, ligada a la anterior por la ley de la causalidad y perteneciente a la misma serie-de-conciencias, viene a ser la *primera* conciencia de

un nuevo segmento de esa serie, que es concebido como una nueva vida o una nueva existencia. La cesación de la última conciencia y el surgimiento de la primera conciencia son simultáneos, como la subida y la bajada de los brazos de una balanza. La última conciencia es concebida como la muerte, la primera como el nacimiento.

La relación de la última conciencia de un segmento (existencia) de la serie-de-conciencias con la primera conciencia del segmento (existencia) siguiente de la serie-de-conciencias es la misma que existe en el curso de la vida entre cualquier conciencia y la que le sigue, con las siguientes salvedades: para el caso del pasaje de un segmento (existencia) de la serie a otro, conjuntamente con la última conciencia se produce el comienzo del aniquilamiento del componente material (cuerpo) propio del segmento (existencia) que concluye y, conjuntamente con la primera conciencia se produce el comienzo del surgimiento de un nuevo componente material propio del nuevo segmento (existencia) que se inicia. La primera conciencia y las que le siguen, ligadas a ella por la ley de la causalidad y pertenecientes todas ellas a la misma serie-de-conciencias, no van acompañadas del recuerdo de las experiencias vividas en los segmentos (existencias) anteriores de esa misma serie-de-conciencias. Sólo hay una serie-de-conciencias que viene desde la eternidad y fluirá hasta que sea cortada gracias a la práctica de los principios morales e intelectuales budistas, pero el aniquilamiento de los componentes materiales propios de un segmento y otro de la serie y la desaparición del recuerdo de las experiencias vividas en los segmentos anteriores de esa serie-de-conciencias oculta la continuidad *ab aeterno* de la serie y hace creer en la existencia de individuos que surgen sin ninguna conexión con nadie en el pasado, sin ninguna conexión con nadie en el futuro [...]

De esta manera se armonizan dos importantes principios budistas: la transmigración y la inexistencia de un alma permanente y eterna, dándose así una solución simple y sutil a la paradoja de una transmigración sin un "transmigrador" y eliminando una aparente contradicción.» F. Tola y C. Dragonetti, *Filosofía y literatura de la India*, Kier, Buenos Aires, 1983, pp. 23-24.

[27] W. Rahula, *ob. cit.*, p. 76.

[28] «La naturaleza convencional de cualquier cosa es su dependencia de causas y condiciones, y su naturaleza última es la vacuidad de existencia inherente [...] Piensa cómo existes convencionalmente: *dependiendo de* las partes del yo; es decir, de la mente, del cuerpo y del nombre [...] ¿Existe un yo sólido, inmutable, independiente, aparte de esta sensación de yo que depende de los continuos del cuerpo y de la mente, siempre cambiantes y en movimiento? La vacuidad del yo es la mera ausencia de ese yo que existe inherentemente.» K. McDonald, *Aprendiendo de los lamas. Una guía práctica para la meditación*, Dharma, Novelda, 1987, pp. 71 y 72.

[29] «El término "dharma", con el cual el Budismo designa los últimos elementos de la realidad, pertenece a la raíz "dhar", llevar; los dharmas son así los factores portadores del proceso cósmico; según la definición clásica, se llaman así porque ellos llevan en ellos mismos sus propias características [...] Significa así mismo la ley cósmica que tiene vigencia en todo lo que sucede en el plano cósmico y moral. Por eso, podríamos designar en forma más precisa los elementos de la existencia del Budismo como los factores en los cuales se expresa la ley cósmica eterna. El sometimiento a la ley, que les es inherente, se manifiesta en los dharmas transitorios en el hecho de que llegan a la existencia sólo en dependencia de otros, de tal modo que el "choque" (sanghâta) de determinados dharmas hace que otros aparezcan.» H. von Glasenapp, *La filosofía de los hindúes*, Barral, Barcelona, 1977, p. 315.

[30] Khenpo Tsultrim Gyamtso, *Meditación sobre la vacuidad*, José J. de Olañeta, Palma de Mallorca, 1983, p. 24.

[31] R.E.A. Johansson, *Pali buddhist texts*, Scandinavian Institute of Asian studies monograph series, Curzon Press, Londres y Malmö, 1981, p. 23.

[32] La rareza de este precioso cuerpo humano se ilustra con un ejemplo: «Una tortuga ciega que, viviendo en el gran océano, saliera a la superficie una sola vez cada cien años, tendría más posibilidades de introducir su cabeza en el agujero de un trozo de madera a la deriva que las que hay para obtener este preciso —cuerpo humano—». Kalu Rimpoché, *Práctica del budismo tibetano*, Barath, Madrid, 1984, p. 14.

[33] «a) El nacimiento, la vejez, la enfermedad, y la muerte son aspectos de la vida y son inseparables de la existencia individual. Al establecer su naturaleza como sufrimiento, Gotama deja claro que ninguna forma de la existencia puede estar libre del sufrimiento. b) La aflicción, la lamentación, el dolor, el abatimiento, y la desesperación son reacciones a la pérdida de cosas queridas. Al final, cualquier cosa a la que nuestro corazón se haya apegado conduce a la amargura de su pérdida: todo apego interno produce sufrimiento. c) Además de las formas que pertenecen a la categoría del *Tiempo* (= Impermanencia), están aquellas que pertenecen a la categoría del *Espacio* (= Cercanía o Separación), i.e, estar unido a aquello que disgusta o separarse de aquello que gusta». d) Nuestro sufrimiento se incrementa aún más, debido a que nuestros deseos, generalmente sólo pueden satisfacerse parcialmente. Aquello que se ansía y no se obtiene conduce al sufrimiento: los deseos insatisfechos, ya sean ser, hacer o tener algo, se convierten en sufrimiento. e) Con los "Cinco grupos de Asimiento" *(pañcupâdânakkhandhâ),* quiere decirse los cinco constituyentes de la personalidad empírica. El individuo que consiste en los Cinco Grupos y sólo en éstos, es el punto focal de todas las experiencias del sufrimiento, y por lo tanto él mismo debe clasificarse como sufrimiento. H.W. Schumann, *Buda*, Ariel, Barcelona, 2002, p. 148. Y en *Las preguntas de Milinda*, leemos: «Majestad, el nacer es sufrir, el llegar a una edad avanzada es sufrir, el enfermar es sufrir, el morir es sufrir, las penas hacen sufrir, el lamentarse es sufrir, el desesperarse es sufrir, el unirse a los que no queremos es sufrir, el separarse de los que amamos es sufrir, el ver morir a un padre es sufrir, el ver morir a una madre es sufrir, el ver morir a un hermano es sufrir, el ver morir a un hijo es sufrir, el ver morir a la esposa es sufrir, el ver morir a un pariente es sufrir, el ver las desgracias que ocurren a un pariente es sufrir [...], el perder la salud es sufrir, el perder las riquezas es sufrir [...] el ser amenazado por el enemigo es sufrir, el verse amenazado de hambre es sufrir [...] la pérdida de la dignidad nos hace sufrir, el ser multado es sufrir, el verse uno pobre es sufrir». P. Guirao, *Las preguntas del rey Milinda y otras narraciones buddhistas*, B. Bauza, Barcelona, s/f, pp. 47-48.

[34] «Generalmente traducido por "configuraciones", "energías psíquicas formativas" o "disposiciones a actuar". El término designa, colectivamente, tanto la actividad de tales "configuraciones" como el nuevo estado o configuración resultante. El samskâra es el cuarto de los skandha y el segundo miembro o eslabón de la cadena de la "producción condicionada" (Pratîtya-samutpâda). Comprende todos los impulsos conativos o disposiciones a obrar que preceden a un acto. Como los actos pueden ser físicos, verbales o psíquicos, se diferencian disposiciones de esas tres clases. El samskâra determina ulteriormente el nacimiento en una nueva existencia; con su extinción, al no producirse ya nuevo karma(n), se corta la cadena de renacimientos. Además, los samskâra condicionan el modo o grado de existencia en que se renace, pues pueden ser "buenos", "malos", o "neutros", y su cualidad determina la de la conciencia (vijñâna), la cual, según la doctrina de la "producción condicionada", se genera a partir de ellos, busca, tras la muerte del individuo, un nuevo seno materno, y determina así la formación de una nueva persona empírica». S. Schuhmacher y G. Woerner (comp.), *Diccionario de la sabiduría oriental*, Paidós, Barcelona, 1993, p. 304.

[35] Véase Piyadassi Thera, *El antiguo sendero del Buda*, Altalena, Madrid, 1982, pp. 48-49.
[36] W. Rahula, *ob. cit.*, p. 40.
[37] La mente es sólo un órgano o facultad parecida al oído o al ojo.
[38] W. Rahula, *ob. cit.*, p. 41.
[39] «Esta categoría comprende esencialmente las múltiples funciones y cualidades mentales, el contacto, la volición, la atención, el razonamiento, la reflexión, el deseo de actuar, la resolución, la fe o la convicción, la alegría y la tristeza, la quietud, el examen, la tranquilidad y la ligereza de pensamiento..., y por último el conjunto de vicios y virtudes. Posteriormente, la mayoría de las escuelas incluyeron también abstracciones como la adquisición de varios frutos de santidad, el nacimiento, la vejez y la muerte, las características de los compuestos, las palabras, las sílabas y ciertos recogimientos, formando así el subgrupo de las composiciones ajenas al pensamiento, ni materiales ni mentales. Igualmente en este subgrupo particular incluirán por lo general la facultad vital, considerada entonces como algo aparte, distinto de la materia y del espíritu». A. Bareau, *ob. cit.*, pp. 35-36.
[40] I. B. Horner (ed.), *Milinda's questions*, Pali Text Society, Oxford, vol. I, Oxford, 1990, pp. 37-38.
[41] Desde la perspectiva del Hînayâna, la doctrina del «surgimiento condicionado» da cuenta sobre todo de la génesis del sufrimiento y muestra que todo lo compuesto depende de causas y condiciones, y carece por consiguiente de sustancialidad. Por su parte, la corriente Mahâyâna afirma que *pratîtya-samutpâda* pone en evidencia la irrealidad de la existencia fundándose en la relatividad de la misma.
[42] V. Fatone, *Obras completas*, Sudamericana, vol. II, Buenos Aires, 1972, pp. 45-46.
[43] T. Stcherbatski, *Dharma. El concepto central del budismo*, Sirio, Málaga, 1994, pp. 61-62.
[44] «El budismo, en oposición a casi todos los otros sistemas religiosos y filosóficos, no conoce ni una primera causa del mundo, ni una sustancia material o espiritual omniabarcante, de la cual haya debido surgir todo lo que es. Más bien algo puede aparecer en la existencia sólo en dependencia de alguna otra cosa, un primer principio es tan imposible como un fin definitivo. Por eso el budista considera todo intento de referir al mundo o los seres individuales a una o muchas "sustancias eternas" (dios, alma, proto-materia, átomo, etc.), o hacerlo surgir de ellas, como un esfuerzo que será tan vano como el intento de "atar la imagen de la luna sobre el agua con pelos de tortuga". Por eso, no hay ninguna entidad permanente de ninguna clase, sino que todo lo que es, es rigurosamente condicionado y pasajero. La totalidad del universo y todo lo que hay en él, se resuelve para el análisis filosófico en una sucesión puramente legal de procesos dinámicos, en un juego de fuerzas de *dharmas*. La teoría de que todo fenómeno individual surge en una dependencia funcional se precisa aún más por el hecho de que sólo una multiplicidad de factores, y no uno solo, puede producir un nuevo factor. De este modo no hay ningún nacimiento desde una "causa" a partir de la cual algo se desarrolla, sino sólo un entrar-en-la-existencia de algo nuevo debido a la acción común de una multiplicidad de condiciones. La ley universal se manifiesta como una "condición(al)ismo" permanente e inviolable. En ninguna parte existen factores aislados, sino que todas las cosas están en mutua relación continua. Así, también la personalidad es un flujo siempre cambiante de *dharmas*, que brotan en razón de una multiplicidad de condiciones, que actúan durante un breve tiempo y vuelven a desaparecer para dejar lugar a otras». H. von Glasenapp, *El budismo una religión sin dios*, Ed. cit., pp. 60-61.
[45] Véase Nyânatiloka Mahâthera, *La palabra del Buda*, Índigo, Barcelona, 1991, pp. 66-67; H. Saddhatissa, *Introducción al budismo*, Alianza Editorial, Madrid, 1974, pp. 121-122; V. Fatone, *Budismo "nihilista"*. Eudeba, Buenos Aires, 1962, pp. 20-23; A. Solé-Leris y

A. Vélez de Cea (eds.), *Majjhima Nikâya. Los sermones medios del Buddha*, Kairós, Barcelona, 1999, pp. 233-237.

[46] En la actualidad algunos investigadores, entre ellos Stanley Krippner, reconocen diversos estados de conciencia, a saber: sueño, dormido, fragmentación, meditativos, regresivos, letárgico, rapto, hiperalerta, hipnopómpico, hipnagógico, histeria, examen interior, soñar despierto, la reverie, trance, coma, conciencia expandida, memoria almacenada, estupor y normal. Véase S. Krippner, «Estados alterados de conciencia», en VV.AA., *La experiencia mística*, Kairós, Barcelona, 1980, pp. 23-28.

[47] P. Guirao, *ob. cit.*, p. 89.

[48] W. Rahula, *ob. cit.*, p. 55.

[49] *Ibid.*, pp. 56-57.

[50] «Es un participio pasivo de pretérito; "nir" es prefijo modificado según las leyes fonéticas equivalente a nuestros prefijos "in, des, es", "va" es la raíz de un verbo que significa "encender, alentar, soplar", y "na" es característica del participio pasivo de pretérito. Por consiguiente, "Nirvana" significa lo desalentado, lo extinguido, lo apagado.» P. Font y Puig, *La doctrina social del brahmanismo. Aspecto social del budismo*, Servicio Sindical de Cultura Social, Barcelona, 1942, p. 34. Según R. Panikkar, «el verbo *nirvâ* significa en sánscrito "apagarse", "consumirse", nunca transitivamente, sino como un fuego que se apaga y una llama que se consume por falta de combustible. En rigor, está relacionado con el viento *(spiritus, pneuma)*, que apaga no sólo el fuego, sino también el calor, de ahí que *nirvâna* signifique también "refrescante" y "placentero". Pero buen número de especialistas de la lengua pâli no ven con buenos ojos la derivación de la palabra pâli *nibbâna* de la sánscrita *nirvâna*. Según ellos, *nibbâna* vendría a querer decir no tanto la extinción en el sentido de "aniquilación" como de "recubrimiento", de una raíz que significa "cubrir", "rodear y aun "sofocar". Se extinguen simplemente los cinco agregados *(skandha)* que componen el ser de quien ha llegado al *nirvâna*». *El silencio del Buddha*, Siruela, Madrid, 1996, pp. 97-98.

[51] Un estudio pormenorizado del nirvâna nos ofrece I. Quiles, *ob. cit.*, pp. 227-388.

[52] D. Loy, *No dualidad*, Kairós, Barcelona, 2000, p. 207.

[53] «Con la enseñanza del maestro se infiere que el "Nirvana" no es la aniquilación absoluta, sino el apagamiento de todo deseo, la extinción de la individualidad egoísta, la pérdida de la conciencia de un yo individual como opuesto a los otros yos, la anulación de todo lo sensible, de esta existencia sensible de la cual tenemos idea clara y distinta; algo de lo que podemos formarnos cierta idea por analogía con el estado de contemplación del místico que vive sin vivir en sí, o con el estado de contemplación estática en los grados más elevados, en que el sujeto se siente desprendido de todo egoísmo, de todo deseo y de sí mismo, arrebatado y enajenado por el objeto, preso, sumergido, embebido, suspenso, embelesado y embebido en él, perdido el eje de su personalidad individual, pero no para perderse como ser, sino creciendo como ser, dilatándose como ser, aunque no sienta la conciencia de su individualidad egoísta.» P. Font y Puig, *ob. cit.*, pp. 34-35.

[54] H. Zimmer, *ob. cit.*, p. 375.

[55] «Durante el siglo XIX y la primera década del XX, los investigadores europeos creían que el primitivo Nirvana budista era la anulación. Ahora están seguros de que el Nirvana primitivo no era la muerte eterna, sino la "inmortalidad"; una morada imperecedera de paz infinita, por encima del pensamiento y del conocimiento [...]

Pero, a causa de la teoría nihilista [...] las escuelas budistas fueron muy lejos en el camino de la negación y, a veces, proclamaron un Nirvana-anulación.

Algunas escuelas conservaron la doctrina del "elemento inmortal", la entidad eterna, que es alcanzada por el santo viviente. Pero creen que un santo es solamente un compuesto de átomos transitorios y, por lo tanto, que perece completamente al morir. El Nirvana de un santo es sólo la aniquilación de este santo.

Algunos eruditos rechazan totalmente la noción del "elemento inmortal" y dicen que el Nirvana es sólo la "no-existencia que sigue a la existencia".

Un tercer criterio es que el Nirvana es la felicidad eterna; el santo que muere posee la beatitud *(sukha)*, pues ya no sufre más; pero no tiene ningún sentimiento de la beatitud *(sukhasamvedana)*. Este Nirvana es, según una escuela del Mahayana, el Nirvana de los santos ordinarios.

Por último, según el Mahayana, los budas tienen una Nirvana propio; en él están perfectamente tranquilos y libres; pero, a pesar de todo, son compasivos y actuantes. Ellos no abandonan la existencia, y subsistirán siempre.» L. de la Valle Poussin, «Budismo», en G. T. Garrat, *El legado de la India*, Pegaso, Madrid, 1950, pp. 255-257.

[56] J. Barthélémy Saint-Hilaire, *Buda y su religión*, La España Moderna, Madrid, s/f, p. 123.

[57] H. T. Colebrooke, *Essays on the religión and philosophy of the hindus*, Indological Book House, Nueva Delhi, 1972, Benarés, 1972, p. 258.

[58] Véase D. J. Kalupahana, *A history of buddhist philosophy*, University of Hawaii Press, 1992, p. 96.

[59] C. Dragonetti (ed.), *Udana. La palabra de Buda*, Barral, Barcelona, 1971, p. 228.

[60] *Ibid.*, p. 236.

[61] I. Quiles, *ob. cit.*, p. 93.

[62] Piyadassi Thera, *ob. cit.*, p. 75.

[63] La metáfora del camino es corriente en la religión, sea el sendero *(magga)* de Siddhârtha Gautama, el Tao de Lao-zi o Jesús de Nazareth proclamando: «Yo soy el camino y la verdad y la vida» (Jn 14,61).

[64] F. Lenoir, *Las metamorfosis de Dios. La nueva espiritualidad occidental*, Alianza Editorial, Madrid, 2005, p. 257.

[65] «Las enseñanzas de Buda nos ofrecen una gran variedad de métodos de entrenamiento mental y sujetos de meditación acomodados a las variadas necesidades, temperamentos y capacidades individuales. Todos estos métodos convergen fundamentalmente en "El Camino de la Atención" [...] puede, por tanto, ser llamado con justicia "El Corazón de la meditación budista" e incluso "El corazón de toda la doctrina".» Nianaponika, *El corazón de la meditación budista*, Eyras, Madrid, 1975, p. 11.

[66] Una de las formas más claras para expresar lo que es la meditación la hemos hallado en un cuento de Anthony de Mello: «En uno de sus viajes, el gobernador se detuvo a presentar sus respetos al Maestro.

"Los asuntos de Estado no me permiten escuchar largos discursos", dijo.

"¿Podrías, pues, decirle en unas cuantas frases la esencia de la religión a un hombre tan ocupado como yo?"

"Lo diré en una sola palabra, en honor a su Excelencia".

"¡Increíble! ¿Cuál es esa insólita palabra?"

"Silencio".

"¿Y cuál es el camino hacia el Silencio?"

"La meditación".

"¿Y qué es, si se me permite preguntarlo, la meditación?"

"Silencio".» *¿Quién puede hacer que amanezca?* Sal Terrae, Santander, 1988, p. 22.

[67] A. Solé-Leris, *La meditación budista*, Martínez Roca, Barcelona, 1986, p. 15.

Capítulo 4

¹ «Junto al védico y al sánscrito, lenguas de himnos y de invocaciones, lenguas sagradas y sabias, se desarrollaron en el fondo ario hablas populares o *pracríticas*, de las cuales la misma lengua sagrada tomaba algunas veces modos de pronunciación y expresión como hacen frecuentemente los ilustrados bajo la influencia de la masa. Por lo demás, en el momento en que el védico, ya anticuado y poco comprensible, cedió al sánscrito su rango de lengua sabia, los mismos prácritos llegaron a cierta madurez y formaron el indo medio. Algunas nuevas lenguas literarias nacieron así. La más importante es el *pali*, actualmente lengua eclesiástica de los budistas de Ceilán, de Birmania y de Siam. No se sabe exactamente dónde ni cuándo fue hablada antes de servir para la predicación de los discípulos del Buda y la redacción del canon búdico. Siendo el Buda originario de Magadha, se ha buscado en el *magadhi* el prototipo del pali; es, no obstante, más probable que el pali descanse en el dialecto de Ujjayini, cuyo maestro pudo utilizarlo para ser comprendido por todos sus auditores.» VV.AA., *La India antigua y su civilización*, UTEHA, México, 1957, pp. 198-199.

² «Ya no nos contentamos con el esquema tradicional, con arreglo al cual la disciplina debió ser fijada en Rajagrha, poco después de la muerte del Maestro; después, en Vaiçali, cien años más tarde, y los textos canónicos definitivamente establecidos en el año 245 antes de la era cristiana, en Pataliputra, bajo Açoca. Comenzamos a sospechar una extremada diversidad de tradiciones budistas según los lugares y tiempos, y a reconocer que tal o cual concilio, sin reducirse a un mito, aparece bajo un aspecto legendario. No sólo los relatos son incompletos o tardíos, o fantásticos, sino que son tendenciosos, tendentes a la apología de una tradición particular». *Ibid.*, p. 142.

³ La colección *Sacred Books of the East* (1879-1900), editada en Oxford por Friedrich Max Müller con la ayuda de grandes orientalistas, incluye importantes textos budistas.

⁴ El *Dîgha-nikâya* contiene treinta cuatro sûtras («discursos» o «sermones»), de los más largos, divididos en tres libros: *Sîlakhandhavagga*, *Mahâvagga* y *Pâthikavagga*. El *Majjhima-nikâya* comprende los tratados de mediana longitud, en total ciento cincuenta y dos. El *Samyutta-nikâya*, especie de mezcla en la que se han vertido colecciones de cualquier naturaleza, siete mil setecientos sesenta y dos textos en total. El *Anguttara-nikâya* es un trabajo muy extenso que contiene más de doscientos sûtras. Éstos están clasificados en secciones numeradas del uno al once, y los sûtras de cada uno de ellas tratan de cosas de las cuales existen tantas como lo indica el número del sûtra. A las cuatro colecciones anteriores hay que añadir una quinta denominada *Khuddaka-nikâya*, la cual comprende diversas secciones cortas: *Udâna* (serie de cortas narraciones edificantes terminadas cada una por un apotegma), *Khuddaka-pâtha* (pequeño grupo de textos breves), *Cariyâ-pitaka* (relato en verso de existencias anteriores del Buddha), *Itivuttaka* (antología de las enseñanzas morales del Buddha), *Sutta-nipâta* (colección de textos antiguos y ya agrupados anteriormente en subcolecciones), *Vimâna-vatthu* (descripción poética de las bienaventuranzas y de los castigos que existen fuera de la tierra), *Peta-vatthu* (serie de historias sobre los espíritus de los muertos), *Therî-gâthâ* (poemas atribuidos a setenta y tres monjas), *Thera-gâthâ* (poemas atribuidos a doscientos sesenta y cuatro ancianos de la orden budista), *Jâtaka* (quinientos cuarenta y siete narraciones que cuentan los eventos de las existencias anteriores del Buddha), *Niddesa* (comentario de treinta y tres composiciones del *Sutta-nipâta*, atribuido a Shâriputra), *Patisambhidâ-magga* (serie de enseñanzas escolásticas acerca del sendero del conocimiento salvífico), *Apadâna* (narraciones en verso sobre las hazañas de cincuenta monjes y cuarenta monjas), *Buddhavamsa* (historia de veinticuatro Buddhas que precedieron al histórico Siddhârtha Gautama) y *Dhammapada* (compilación de la doctrina del

Buddha en cuatrocientos veintitrés versos, divididos en veintiséis capítulos). Los contenidos del *Khuddaka-nikâya* son muy variados. La mayor parte de las obras de esta colección de aforismos, canciones, poemas y fábulas tienen un carácter artístico y literario, así como edificante, y por eso son muy importantes en la historia literaria de la India.

[5] Una pormenorizada explicación del *Vinaya* y de la disciplina monástica se halla en J. López-Gay, *La mística del budismo*, Biblioteca de Autores Cristianos, Madrid, 1974.

[6] Véase S. Lévi, «Las Sagradas Escrituras del Budismo», en *Revista de Estudios Orientalistas*, II, 3 (1992), pp. 119-120.

[7] Véase A. Bareau, *Les religions de l'Inde*, III, Payot, París, 1966, pp. 150-168; F. Tola y C. Dragonetti, *Budismo mahayana*, Kier, Buenos Aires, 1980, pp. 12-13.

[8] La palabra sûtra significa propiamente «hilo» o «cordel»; posteriormente, por extensión, ya «fascículo», ya «hilera» de reglas formuladas en un cuaderno. En el budismo, la palabra designa sobre todo los textos originales que se remontan a la prédica del Buddha.

[9] F. Tola y C. Dragonetti, *ob. cit.*, p. 13.

[10] Véase A. Bareau, *Les premiers concilies bouddhiques*, PUF, París, 1955.

[11] Algunos eruditos occidentales han puesto en duda la realidad de este primer concilio.

[12] Los diez puntos, enumerados en el *Cullavagga*, son los que siguen: beber suero de manteca después de las comidas; la práctica de llevar sal en un cuerno; la de ingerir alimentos cuando la sombra tiene dos dedos de ancho; la de ir a otro pueblo y comer allí otro alimento el mismo día; obtener la aprobación de una acción después de que ha sido realizada; la observación de las ceremonias del *uposatha* en varios lugares, en la misma jurisdicción; utilizar prácticas habituales como precedentes; beber vino de la palmera; la aceptación de oro y plata; usar una alfombra que no tenga orla. Véase B. Jinananda, «Los cuatro concilios budistas», en *Revista de Estudios Budistas* 6 (1993-1994), pp. 94-95.

[13] J. Campbell, *Las máscaras de Dios. Mitología oriental*, Alianza Editorial, Madrid, 1991, p. 335.

[14] «También se las considera como las escuelas que constituyen el budismo de los *Nikâya* o el *Shrâvakayâna* o "Vehículo de los Discípulos" (que directamente escucharon las palabras de Buda) o *budismo abhidármico*, ya que las diversas opiniones de estas escuelas están incluidas en su respectiva literatura abhidhármica.» C. Dragonetti, «Filosofía de la India II. Budismo», en M. Cruz (ed.), *Filosofías no occidentales*, Trotta, Madrid, 1999, p. 147.

[15] La doctrina del Buddha se denomina yâna, es decir «vehículo» o «barca» para el transporte de una orilla a otra de un río. La barca es la imagen más importante empleada por el budismo para referirse al sentido y a la función de la doctrina o enseñanza: «El Iluminado llama "camino" o "vehículo" a su método. Una embarcación, como las que transportan a los hombres y mujeres de la India para cruzar sus ríos sin puentes, que permiten alcanzar la otra orilla. El Buddha utilizó en una ocasión la metáfora de un hombre que está parado en una orilla, lleno de miedo y peligro. Enfrente está la orilla de la serenidad. Con grandes esfuerzos consigue construir una embarcación hecha con madera y cañas que le permite cruzar felizmente. El Buddha pregunta entonces a los monjes: "¿sería el hombre inteligente si conservase la balsa porque ésta le ha salvado?, ¿si la cargara sobre sus espaldas y la llevase consigo tierra adentro?" "No, alteza —contestaron los monjes—, debe abandonarla tras él, en el río". "Lo mismo ocurre también con la enseñanza —concluye el Buddha—, sirve para ponerse a salvo; no para aferrarse a ella"». H. Zimmer, *Yoga y budismo*, Kairós, Barcelona, 1998, pp. 248-249.

[16] Existen varios puntos coincidentes entre Hînayâna y Mahâyâna: «1. El objeto del budismo es desprenderse de la ilusión, obtener el esclarecimiento y entrar en el mundo de lo Infinito y Absoluto.

2. El mundo no tiene comienzo ni fin. Todo se explica por la causalidad, pero no hay causa primera.

3. Todo cambia, todo es impermanente, todo es transitorio. Esto es cierto no sólo para el hombre sino para todo lo vivo, aun aquello que parece más duradero.

4. No hay una entidad sustancial conocida como el "Yo". Como todo es impermanente y transitorio, no hay por lo tanto yo o ego persistente más allá de la conciencia, como generalmente se acepta.

5. La ley de causalidad es universalmente válida, tanto en el mundo moral como en el físico. Toda causa tiene un efecto.

6. La transmigración explica la causalidad y es debida al karma. El karma es producido por los hechos en la vida del nacimiento y la muerte. La transmigración lleva al sufrimiento, como lo señalan las Cuatro Nobles Verdades.

7. La ilusión es la causa del sufrimiento, que es universal.

8. Las prácticas morales, tales como la Óctuple Noble Vía y las Paramitas, se prescriben con el fin de hacer desaparecer la ilusión.

En lo que respecta a la naturaleza del Nirvana, el Mahayana e Hinayana difieren, pero ambos creen firmemente que el Nirvana puede obtenerse por medio de la bodhisattvidad y del arhatado, respectivamente». B. L. Suzuki, *Budismo Mahayana*, Fabril, Buenos Aires, 1961, pp. 61-62.

[17] «Entre las escuelas del *Hînayâna* recordaremos la de los *Savâstivâdin*, "los partidarios del *todo es*", los realistas [...] La escuela de los *Sarvâsti-vâdin* dio origen a los *vaibhâsikas*, defensores de extrañas doctrinas acerca de la teoría de conocimiento [...] finalmente, la escuela del *Sautrântika* [...] Característica fundamental de su doctrina es la teoría sobre la fugacidad del ser.» A. Ballini, «Las religiones de la India», en P. Tacchi Venturi (dir.), *Historia de las religiones*, Gustavo Gili, tomo I, Barcelona, 1947, pp. 578-579.

[18] B. L. Suzuki, *ob. cit.*, p. 17.

[19] Véase D. T. Suzuki, *Notas para una introducción al estudio del budismo mahayana*, Almagesto, México, 1991; P. Williams, *Mahâyâna Buddhism. The doctrinal foundations*, Routledge, Nueva York, 1994; N. Dutt, *Mahâyâna buddhism*, Motilal Banarsidass, Nueva Delhi, 1978; F. Tola y C. Dragonetti, *ob. cit.,* y B. L. Suzuki, *ob. cit.*

[20] De gran interés son dos de las doctrinas del grupo Mahâsangika: «1. Enseña que el pensamiento, en su naturaleza, en sí mismo, en su sustancia, es perfectamente puro y translúcido. Sus impurezas son accidentales, nunca alcanzan o afectan a la pureza original, y siguen siendo "adventicias" a ésta. 2. Los mahâsanghikas acabaron, con el paso del tiempo, encaminados a un escepticismo creciente acerca del valor del conocimiento verbalizado y conceptualizado. Algunos enseñaban que todas las cosas del mundo son irreales, ya que son resultado de las visiones corrompidas. Sólo lo que trasciende las cosas mundanas y puede ser llamado "lo vacío", por suponer la ausencia de todas ellas, es real. Otros afirmaban que todas las cosas, tanto mundanas como supramundanas, tanto absolutas como relativas, tanto el Samsâra como el Nirvana, son ficticias e irreales, y que todo lo que tenemos son algunas expresiones verbales que no equivalen a nada real. De este modo, los mahâsanghikas plantaron tempranamente las semillas que florecieron en el budismo mahâyâna del segundo período». E. Conze, *Breve historia del budismo*, Alianza Editorial, Madrid, 1983, pp. 37-38.

[21] VV.AA., *ob. cit.*, p. 166.

[22] «El ideal del monje del hînayâna, tal como aparece en la literatura sánscrita y más aún en la pâli, era demasiado egoísta, y por esto huía del mundo y de los hombres. Se esforzaba por la propia iluminación. Ahora, como reacción, se impuso la doctrina del bodhisattva que rehúsa esa liberación propia del nirvana hasta que todos los seres vivientes estén sal-

vados». J. López-Gay, «El Bodhisattva en los sutras del Mahayana», en *Boletín de la Asociación Española de Orientalistas*, XXII (1986), pp. 260-261.

[23] Véase B. L. Suzuki, *ob. cit.*, pp. 102-103.

[24] Véase *ibid.*, pp. 98-102.

[25] Bodhisattva de la sabiduría. En el budismo tibetano Tsongkapa suele considerarse una encarnación de Mañjushrî.

[26] En el budismo tibetano, emanación de Vairochana.

[27] Según la doctrina, ya presente en los *nikâyas* y en los *âgamas,* será el próximo Buddha, y representa la encarnación del amor universal. Regenerará el mundo por el poder de su divino amor, e inaugurará una Nueva Era de paz universal y fraternidad. En la actualidad se halla en el Cielo Tushita, de donde descenderá y nacerá en el seno de la humanidad para convertirse en el próximo Buddha y así revelar de nuevo el Camino que conduce a la liberación.

[28] Se le considera la personificación misma de la compasión. El Dalai Lama es considerado una emanación de Avalokiteshvara.

[29] «No existen realmente Budas, ni Bodhisattvas, ni perfecciones, ni fases. Estos son productos de la imaginación, simples pretextos, concesiones a las necesidades de la gente ignorante, ideados para transportarlos al Más Allá. Todo lo que no sea el Uno, también llamado "Vacío" o "el hecho de ser así", es ajeno a la existencia real, y todo lo que se diga de ello será en último término incierto, falso y fútil. Pero, sin embargo, hablar de ello no sólo está permitido, sino que se considera incluso útil, ya que la salvación de los seres lo requiere.» E. Conze, *ob. cit.,* p. 56.

[30] Es el que disipa las tinieblas del error y se le suele representar de color blanco brillante, sentado en flor de loto, con un hábito de tipo monástico realizando el mûdra de la Sabiduría Suprema.

[31] Simboliza el dominio sobre las pasiones. Su símbolo es el vajra, su color es el blanco y exhibe el mûdra-que-toca-la tierra.

[32] Es la personificación de la generosidad. La triple joya es su símbolo, que está representado con el gesto de dar. El Buddha terrestre Kâshyapa y el bodhisattva trascendente Ratnapâni son emanaciones de Ratnasambhava.

[33] Encarnación de la «sabiduría práctica» del Buddha. Su color es el verde y rige el elemento aire. Su emblema es el vajra doble.

[34] Véase J. Eracle, *La Doctrina Búdica de la Tierra Pura*, Taurus, Madrid, 1981.

[35] En el vocabulario budista, *prajñâ* («sabiduría») adquiere un valor de primera magnitud. En realidad, se identifica con el Buddha, el despierto, ya que la sabiduría y el despertar determinan su naturaleza intrínseca.

[36] E. Conze (ed.), *Buddhist texts through the ages*, Bruno Cassirer, Oxford, 1954, p. 65.

[37] «Los intentos de poner en consonancia los diversos aspectos de un buda como: 1. Un hombre mortal y terrenal. 2. Como señor de un reino celestial, y 3. Como un concepto metafísico que se destaca más allá de toda multiplicidad, hicieron surgir la teoría de los tres "cuerpos" *(tri-kâya).*» H. von Glasenapp, *El budismo una religión sin Dios*, Barral, Barcelona, 1974, p. 102.

[38] B. L. Suzuki, *ob. cit.,* p. 69.

[39] Véase T. R. V. Murti, *The central philosophy of buddhism*, George Allen and Unwin, Londres, 1974, pp. 87-103.

[40] Nâgârjuna, *Fundamentos de la vía media.* Ed. J. Arnau, Siruela, Madrid, 2003, p. 33.

[41] La «universidad búdica», como a veces se denomina a Nâlandâ, fue fundada como monasterio, hacia el siglo II d.C., por un rey de Magadha, y se desarrolló posteriormente como universidad, en la que dieron enseñanzas notables representantes del grupo Mâdh-

yamaka. Fue destruida por la invasión musulmana a finales del siglo XII. En 1351 se construyó en el Tíbet un centro de estudios con el mismo nombre.

[42] Una breve e interesante aproximación al concepto de «vacuidad» nos la ofrece Edward Conze: «1. *Etimológicamente*, sûnya expresa la idea de que algo, que parece mucho, es realmente nada. Desde fuera, parece que hay mucho, pero no hay nada en realidad. Una persona "engreída", como sabemos, es una persona "vacía". 2. Como un término *espiritual*, la vacuidad indica la completa negativa, la completa liberación del mundo alrededor de nosotros en todos sus aspectos y a lo largo de la totalidad de su extensión. 3. Como un término *técnico* denota en el Budismo la ausencia de cualquier tipo de sí mismo. Lo primero de todo, todos los dharmas están "vacíos" en el sentido de que en su realidad ningún yo puede ser encontrado, nada que le sea propio, nada que le pertenezca. En segundo lugar, todos los dharmas están vacíos, en el sentido de que cada uno depende tanto de los demás que no es nada por o en sí mismo. En el sentido último los dharmas no existen como entidades separadas. Si lo analizamos por sí mismo, como no condicionado, un dharma es el vacío, y su propio ser es vacuidad. Estos dos lados de la vacuidad han sido sujetos de meditación budista por mucho tiempo. Los Theravadines y Sarvastivadines ponen énfasis en el primero (esto es, la ausencia de un yo, el âtman), los Madhyamikas el segundo (esto es, la ausencia de un ser propio, svabhâva). El familiarizarse con la vacuidad es por eso el tercer paso preliminar en dirección hacia la Sabiduría Perfecta». E. Conze, *Buddhist Wisdom Books*, George Allen & Unwin, Londres, 1958, pp. 80-81.

[43] H. Zimmer, *Filosofías de la India*, Eudeba, Buenos Aires, 1979, p. 404.

[44] H. von Glasenapp, *La filosofía de los hindúes*, Barral, Barcelona, 1977, p. 353.

[45] F. Tola y C. Dragonetti, *ob. cit.*, pp. 79-80.

[46] «Esta opinión media, que se proclama igualmente distante del realismo y del nihilismo absolutos, se apoya en la teoría de la vacuidad *(sûnyatâ)* universal, tal como se enseña en los prajñâpâramitasûtra, pero Nâgârjuna la lleva hasta sus consecuencias más lejanas con una audacia asombrosa y sirviéndose de una dialéctica particular llamada "ocasión" *(prasanga)*, basada en la reducción al absurdo de las opiniones adversas. Con una maestría y un virtuosismo admirables, agrupa por parejas las teorías contradictorias, las opone una a otra, refuta cada una de ellas mediante la otra, y las rechaza finalmente para no aceptar más que la "doctrina del medio", es decir, la de la vacuidad. El método utilizado por Nâgârjuna es, pues, esencialmente negativo, destructivo incluso, pues no pretende sino demostrar el carácter erróneo de las ideas que los hombres consideran como verdaderas y que, por consiguiente, les impiden ver las cosas como son y alcanzar la liberación. La misma vacuidad, que no es otra cosa en suma que lo que queda cuando se han rechazado una a una las parejas de teorías contradictorias, no tiene nada de absoluto, no es una realidad sobre la cual se pueda reconstruir el universo con el pensamiento, pues por el hecho mismo de enunciarla y definirla así, se le daría una plenitud contraria a su verdadera naturaleza. La vacuidad de naturaleza propia está y sigue estando enteramente vacía de naturaleza propia, y este carácter la hace inefable, inconcebible incluso para los hombres ordinarios.» A. Bareau, «El budismo indio», en H. C. Puech (dir.), *Las religiones en la India y en Extremo Oriente* (Historia de las Religiones), Siglo Veintiuno, vol. 4, Madrid, 1985, pp. 240-241. Y en palabras de Giuseppe Tucci: «Partiendo del *Pratityasamutpada*, Nagarjuna demuestra que las cosas, siendo condicionadas, no tienen naturaleza propia. Ninguna cosa existe en sí; es, en cuanto correlativa a otras. Su ser es en relación a otro ser, es tan sólo conceptual. Su individualidad y singularidad son una suposición errónea; nada son fuera de la identidad absoluta, la cual es "el vacío", lo inexpresable, lo no conceptual en el sentido de hallarse más allá de toda designación; no es ni ser ni no ser, porque decir que una cosa es o no es constituye ya un juicio, y la identidad está por encima de todas las categorías lógicas, más allá de la afir-

mación y de la negación. Del mundo de la experiencia nada se puede predicar, ni que es ni que no es, ni que es y no es, nada en absoluto. Ningún concepto resulta válido: todo es contradictorio. Con un razonamiento inexorable, Nagarjuna reduce al absurdo *(prasanga)* toda idea posible. El Madhyamika ha sido calificado de relativismo, pero mejor podría llamarse criticismo o análisis de la relatividad del pensamiento. Todo el pensamiento (y lo que hay en el pensamiento) es relativo; ninguna cosa tiene una existencia real, su ser es puramente imaginario y aparente *(samvrti);* ningún concepto es independiente: sujeto y objeto son interdependientes. El pensamiento sutil trabaja para su propia negación: cuando el proceso dialéctico ha demostrado la insostenibilidad lógica de todo lo pensado, la cesación y detención a que se llega es el vacío, es decir, algo que carece de correlato, o sea, lo único y, por consiguiente, lo impensable. Pensar es suponer siempre una relación. En consecuencia, lo real es ni ser ni no ser, puesto que si fuera uno u otro, ya no sería el vacío. ¿Se niega por esto el mundo? No más de lo que lo niega el Vedanta aprovechando la enseñanza de Nagarjuna. Desde un punto de vista empírico, el mundo es como aparece, pero, más allá de este velo de apariencias, existe lo incalificado e incalificable, el vacío. Para explicar mejor esta posición suya, Nagarjuna trae a colación el ejemplo de la persona que sufre una afección ocular e imagina ver manchas o puntos: quien ignora que está enfermo, considera tales manchas como verdaderas y reales; quien sabe que está enfermo, aun no pudiendo eliminar el defecto, sabe que la persona sana se halla libre de él y que, para ella, no existen las manchas. Así, la verdadera visión es la que descubre la identidad extrema más allá de todos los opuestos y de todos los conceptos, identidad en la que, precisamente, se equivalen *samsara* y Budidad, porque ambas, contraponiéndose, no pueden ser lo real: y es que lo real trasciende de toda dualidad.» *Historia de la filosofía hindú*, Luis Miracle, Barcelona, 1974, pp. 70-71.

[47] «El Budismo, que también parte de un neto dualismo entre el mundo sensible, compuesto por la combinación de elementos llamados *dharma*, y el otro plano (el incondicionado o *asamskrta),* van acentuando poco a poco el carácter transeúnte de los *dharma,* los cuales son puntos-instantes; la realidad sensible es un eterno fluir de momentos separados *(ksana).* De este modo queda sentada la premisa para que Nagarjuna y los Yogacara extraigan por vías diferentes su conclusión extrema: las cosas de la experiencia no son, por cuanto están recíprocamente condicionadas. La realidad es un concepto límite, que se manifiesta cuando el proceso discursivo, que constituye el carácter del ser empírico, se detiene; Nagarjuna lo llamó vacío *(sunya),* en cuanto se encuentra más allá de toda cualificación. Después, los Yogacara identifican este vacío con el pensamiento puro, principio absoluto, conciencia luminosa e inmóvil». *Ibid.,* pp. 28-29.

[48] E. B. Cowell (ed.), *Buddhist Mahayana,* Dover Publications INC., Nueva York, 1969, p. 147.

[49] Del «Sutra del Corazón» se han llevado a cabo al menos diez traducciones al chino, y una al tibetano. Asimismo se ha conservado el tibetano en siete comentarios de autores indios. Además existen traducciones al mogol y al sogdiano. Actualmente se conserva el texto original sánscrito. De él nos han llegado dos recensiones, una breve y otra larga. La versión más larga de este texto es la que se utiliza generalmente en Tíbet. La más breve es conocida en Japón como *Maka Hannya Haramita Shingyo*. Véase D. S. López, *The Heart Sûtra explained,* State University of New York Press, Nueva York, 1988; Kelsang Gyatso, *Corazón de la Sabiduría,* Edicomunicación, Barcelona, 1988; M. Soeng, *Heart Sutra*, Primary Point Press, Cumberland, 1995; T. Deshimaru, *El Sutra de la Gran Sabiduría,* Miraguano, Madrid, 1987; E. Conze, *ob. cit.;* G. Rabten, *Echoes of voidness,* Wisdom, Londres, 1986.

[50] A. Govinda, *Meditación creadora y consciencia multidimensional,* Kier, Buenos Aires, 1987, pp. 345-346.

⁵¹ «El Buddha acostumbraba a caracterizar sus enseñanzas como *madhyamâ-pratipad* (la vía media). Cuando Nâgârjuna desarrolló su filosofía, se aprovechó de esta importante palabra, y llamó a su filosofía *Madhyamaka (madhyamaiva madhyamakam)* o *Madhyamaka-sâstra*. Los seguidores de este sistema fueron conocidos como Mâdhyamika *(madhyamakam adhîyate vidanti vâ Mâdhyamikâh)*. El nombre correcto para este sistema es Mâdhyamaka no Mâdhyamika. Mâdhyamika significa el que cree o en el seguidor del sistema Madhyamaka.» J. Sing, *An introduction to Mâdhyamaka Philosophy*, Motilal Banarsidass, Nueva Delhi, 1987, p. 4.

⁵² Para una exploración más profunda de la filosofía de Nâgârjuna y la escuela *Mâdhyamaka* se pueden consultar las siguientes obras: T. R. V. Murti, *ob. cit.*; V. Fatone, *El budismo «nihilista»*, Eudeba, Buenos Aires, 1962; D. J. Kalupahana, *Nâgârjuna. The philosophy of the Middle Way*, State University of New York Press, Nueva York, 1986; K. Bhattacharya, *The dialectical method of Nâgârjuna. Vigrahavyâvartanî*, Motilal Banarsidass, Nueva Delhi, 1990; C. Lindter (ed.), *Master of Wisdom. Writings of the buddhist master Nâgârjuna*, Dharma, Berkeley, 1986; D. J. Kalupahana (ed.), *Mûlamadhyamakakârikâ of Nâgârjuna. The philosophy of the Middle Way*, Motilal Banarsidass, Nueva Delhi, 1991; D. Ross Komito, *Nâgârjuna's «Seventy Stanzas»: A buddhist psychology of emptiness*, Snow Lion Publications, Nueva York, 1987; P. Fenner, *The Ontology of the Middle Way*, Kluwer Academic Publishers, Dordrecht, The Netherlands, 1990; F. Tola y C. Dragonetti, *Nihilismo budista*, Premià, México, 1990; C. Lindtner, *Master of wisdom, Writings of the buddhist master Nâgârjuna*, Dharma Berkeley, 1986; K. Venkata Ramanan, *Nagarjuna's Philosophy*, Motilal Banarsidass, Nueva Delhi, 1993 y L. de La Vallée Poussin, «Madhyamaka», en *Melanges chinois et bouddhiques* 2 (1932-1933), pp. 1-146.

⁵³ H. von Glasenapp, *ob. cit.*, p. 123.

⁵⁴ K. Jaspers, *Los grandes filósofos. Los metafísicos que pensaron desde el origen: Anaximandro, Heráclito, Parménides, Plotino, Anselmo, Heráclito, Spinoza, Lao-tse, Nâgârjuna*, Tecnos, Madrid, 1998, p. 383.

⁵⁵ Véase E. Conze, *Selected sayings from the perfection of Wisdom*, The Buddhist Society, Londres, 1955; *Perfect Wisdom: The Short Prajñâpâramitâ Texts*, Buddhist Publishing Group, Londres, 1993 y *Buddhist Wisdom Books*, Ed. cit.

⁵⁶ Rudolf Otto contempla en *shûnya* «el *mirum* llevado al extremo de "paradoja" y "antonimia" [...] A quien no comparta este conocimiento, ha de parecerle aberración pura los escritos sobre los prajna paramita, que glorifican el *suniam*, el vacío. Y le resultará inconcebible la seducción que han ejercido sobre millones de hombres». *Lo santo*, Alianza Editorial, Madrid, 2001, p. 42.

⁵⁷ H. von Glasenapp, *ob. cit.*, pp. 350-354.

⁵⁸ F. Tola y C. Dragonetti, *ob. cit.*, p. 76.

⁵⁹ D. T. Suzuki, *Ensayos sobre budismo* zen, Kier, Tercera Serie, Buenos Aires, 1989, p. 286.

⁶⁰ Su contenido doctrinario comprende una parte teórica, filosófica, que está en conexión con el nombre de vijñânavâdin, «los que enseñan el idealismo», dado a los que siguen esos planteamientos y una parte práctica, que explica su otro nombre de yogâchâra, «los que practican el yoga».

⁶¹ Khempo Tsultrim Gyamtso, *Meditación sobre la vacuidad*, José J. de Olañeta, Palma de Mallorca, 1983, pp. 40-41.

⁶² *Ibid.*, p. 37.

⁶³ Ashvaghosha, el autor del famoso tratado *Mahâyânashraddhotpâdashâstra* («El surgimiento de la fe en el Mahâhâna»), y el poeta Ashvaghosha, autor del *Buddhacharita* («La vida de Buddha»), aparecen en muchos textos como una misma persona.

⁶⁴ H. von Glasenapp, *El budismo una religión sin Dios*, ed. cit., pp. 102-103.

Capítulo 5

[1] La espiritualidad denominada de la «Tierra Pura» constituye una de las formas más interesantes de la corriente Mahâyâna. En el siglo III, en China, la Tierra Pura, un movimiento que ofrecía la salvación en el paraíso occidental de Amitâbha (en japonés, Amida), evolucionó en parte como reacción ante la miseria que siguió al hundimiento del gran imperio Han. Después, el mismo movimiento budista echó raíces en Japón. En el transcurso del tiempo se subdividió en diversos grupos: Jôdo-shû y Jôdo-shin-shû. La escuela de la Tierra Pura se apoya en tres tratados fundamentales: Gran *Sukhâvatî-Vyûha-sûtra*, *Kam-Muryôju-Kyô* o *Amitâyurdhyâna-sûtra* y Pequeño *Sukhâvatî-Vyûha-sûtra*.

[2] Rey de Magadha en la época del Buddha Shâkyamuni, es considerado por los jainistas y por los budistas como uno de los suyos. Realizó la conquista del Anga y fundó su capital, Râjagriha. Fue asesinado por su hijo, Ajâtasattu, si bien hay motivos para sospechar de la historicidad del relato budista, según el cual, el parricidio fue cometido a instigaciones de Devadatta, primo del Buddha.

[3] «Hay dos tipos de razones, internas y externas, que explican la desaparición del budismo de la India. Razones internas: 1) la fuerza del budismo estaba en los monasterios [...] 2) la prosperidad del budismo dependió siempre del apoyo que le prestaban los reyes y las clases ricas de los comerciantes; 3) el budismo, aunque no era abiertamente opuesto al sistema social de la India, nunca lo defendió, y en ocasiones le causó algunos agravios; 4) el budismo, en su forma india, era no violento, y por ello resultaba incapaz de oponer una defensa a las agresiones; 5) la doctrina budista resultaba demasiado profunda para la capacidad de las masas. Razones externas: 1) otras religiones de la India, que de por sí eran muy fuertes, adoptaron elementos muy importantes del budismo; 2) los reyes hostiles, los invasores de la India y a veces algunas revueltas provocadas destruyeron muchos monasterios y otros monumentos religiosos budistas, y exterminaron gran número de monjes; 3) el hinduismo restaurado desplazó en muchas zonas al budismo y borró el recuerdo de los lugares sagrados budistas al superponerles deliberadamente sus propios edificios; 4) el apoyo recibido de los invasores de la India del Norte a comienzos de nuestra era y el consiguiente éxito en varias naciones asiáticas pudo dar un sello de "extranjerismo" a los budistas en el sentir de la población india. Se ha aducido otra razón, nada convincente, que consiste en que en sus últimas fases el budismo degeneró al adoptar el tantrismo [...] Otra razón externa inconsistente es la que afirma que después de los tiempos de Dharmakirti los monjes budistas fueron derrotados en sus controversias con el gran maestro de hinduismo Sankara». A. Wayman, «Budismo», en C. J. Bleeker y G. Widengren (dirs.), *Historia religionum. Manual de historia de las religiones*, Cristiandad, vol. I, Madrid, 1973, pp. 371-372.

[4] Y. Yap y A. Cotterell, *La civilización china clásica*, Aymá, Barcelona, 1981, p. 159.

[5] «Según el *Mahavamsa* y el informe de Hiuen Tsang, la labor principal en la conversión de Ceilán (llamado Lanka o Simhala) a la fe budista fue de Mahindra (o Mahendra), hijo (o hermano menor) del Rey Asoka. El rey de Ceilán de aquella época se llamaba Tissa, y se convirtió en gran protector de la nueva religión en la isla. Tissa erigió en Anuradhapura, capital del reino, varios edificios sagrados, entre los que figuraban el Mahavihara o Gran Monasterio, donde se plantó una parte del árbol Bodhi traído de Gaya [...] En el siglo IX de la Era cristiana los reyes trasladaron su residencia a Polonnaruwa, donde todavía se conservan *dagobas* medievales, templos y viharas; y en el siglo XVI fue trasladada la capitalidad a Kandy, donde el santuario más famoso es el Dalada Maligawa, o templo del Diente». J. Finegan, *Esplendores de las antiguas religiones*, Luis de Caralt, vol. 1, Barcelona, 1964, p. 342.

⁶ Indonesia se enorgullece de poseer el monumento budista más grande del sudeste asiático: el templo de Boro-Budur, en Java.

⁷ La Ruta de la Seda no era la única vía de comercio que enlazaba China con el resto del continente euroasiático, hay que hablar de Rutas de la Seda: «El término Ruta de la Seda no es más que una abstracción que nos sirve para identificar toda una serie de rutas comerciales, que unían Oriente y Occidente a partir del siglo I a.C. A través de dichas rutas se transportaba a Roma y Alejandría gran cantidad de distintos materiales, en su mayoría objetos de lujo [...] pero uno de los productos más apreciados y rodeados de mayor misterio fue, sin duda, la seda, que llegó a dar nombre a la totalidad de la vía». E. Fernández del Campo, «India en las rutas de la seda», en *Boletín de la Asociación Española de Orientalistas*, XXX (1994), pp. 105-106.

⁸ R. Dawson, *El legado de China*, Revista de Derecho Privado, Madrid, 1967, pp. 100-101.

⁹ Véase F. Hollang, *El budismo*, Casal i Vall, Andorra, 1964, pp. 53-54.

¹⁰ P. Harvey, *El budismo*, Cambridge Universiy Press, Madrid, 1998, p. 178.

¹¹ J. Marín, *Buda o la negación del mundo*, Espasa-Calpe, Buenos Aires, 1954, p. 178.

¹² La palabra taoísmo es un concepto habitual en el mundo occidental para nombrar dos tendencias de distinta índole. Por un lado, el taoísmo filosófico *(daojia)*, con sus tres principales representantes, Lao-zi, Zhuang-zi y Lie-zi, y que constituye una doctrina mística centrada en las concepciones del Tao o Dao («Camino») y del Wu Wei («no interferir en el curso natural de las cosas»); por otra parte, el taoísmo religioso, «taoísmo eclesiástico» o «enseñanzas taoístas» *(daojiao)*, con sus diversas orientaciones y escuelas (las Cinco Fanegas de Arroz, la Perfecta Realización, la Recta Unidad, la Higiene de las Divinidades Interiores, la Joya Mágica, la Vía de la Suprema Paz, etc.) que tienen por objeto la prolongación de la vida cuando no la inmortalidad.

¹³ Es el gran continuador y restaurador de la tradición nacional de China. A él le debemos la salvación de los más antiguos documentos históricos y literarios del pueblo chino. Confucio ha sido venerado durante siglos a causa de algunos textos que no son suyos sino documentos antiguos recogidos en antologías, como los *Clásicos*, o máximas y diálogos transcritos por sus discípulos después de su muerte, como los «Cuatro Libros», a saber: *La Gran Enseñanza, La Doctrina del Justo Medio, El Libro de Mencio* y *Analectas*.

¹⁴ «El *San lun* (en japonés, *Sanron*) corresponde al pensamiento madhyamika (Nâgârjuna, Âryadeva); el *Tch'en-chi* (en japonés, *Jojitsu*), doctrina de la *satyasiddhi* que preconizó Harivarman, corresponde a la ortodoxia sautrantika; el *Yeu*, teoría del Abhidarmakoça (en japonés, *Kusha*), corresponde al realismo sarvastivadino; el *Fa-hsiang* (en japonés, *Hosso*) corresponde al idealismo *vijñanavadino*, y el *Lu* (en japonés, *Ritsu*) al Vinaya, cuerpo de la disciplina. Pero los más influyentes fueron aquellos en que mejor se desenvolvieron las características chinas: en primer lugar, el *Tching-tu* (en japonés, *Jodo)*, devoción muy popular hacia un buda semiiranio, Amitâbha, la Luz infinita, señor del Paraíso de Occidente. Después el *T'ien-t'ai* (en japonés, *Tendai)*, que comenta el *Saddharmapundarîka* y la *Mahâprajñâpâramitâ*, pero que toma su nombre de un monasterio puramente chino (el Tche-kiang) y adora a Vairocana. Otro es el *Hua-yen* (en japonés, *Kegon)*, cuyo texto fundamental es el *Avatamsaka*, está consagrado a Mañjuçri y recibió su regla en el Ou t'ai chan, montaña de las cinco terrazas y famoso lugar de peregrinación. Otro, el *Tchan* (en japonés, *Zen)*, está también localizado sobre una montaña, Lu chang, y practica, diciéndose heredero del *dhyâna*, un repliegue feroz en el fuero interno, en el silencio y en la ataraxia [...] Finalmente, el *Tchen-yen* (en japonés *Shingon)* adapta a las supersticiones indígenas las magias tántricas, la del gesto *(âsanas, mûdras)*, la de las fórmulas *(mantras, dharanis)* y la del

yoga». P. Masson-Oursel, *La filosofía en Oriente*, Sudamericana, Buenos Aires, 1947, pp. 150-151.

[15] E. R. Hughes, «Religiones en China», en E. O. James (dir.), *Historia de las religiones*, Vergara, tomo II, Barcelona, 1963, p. 296.

[16] «La leyenda nos explica que un día, furioso de haberse dormido durante su meditación, Bodhidharma, se cortó los párpados y los tiró. En el sitio donde cayeron, creció una planta cuyas hojas eran parecidas a párpados humanos: el árbol del té. Desde aquella época los monjes Zen beben una infusión de estas hojas para mantenerse despiertos, es de ahí donde sale el dicho Zen: "el sabor del Zen y el del té son iguales"». R. Thomas, *Zen, escuela del Budismo Mahayana*, Alas, Barcelona, 1971, p. 11.

[17] E. Conze (ed.), *Buddhist texts through the ages*, Bruno Cassirer, Oxford, 1954, p. 202.

[18] Fung Yu-Lan (Feng Youlan), *Breve historia de la filosofía china*, Fondo de Cultura Económica, México, 1987, p. 408.

[19] Véase G. Kato, *Le Shintô, religion nationale du Japon*, Geuthner, París, 1931; J. Herbert, *Aux sources du Japon. Le Shintô*, Albin Michel, París, 1964; L. Fréderic, *Le Shintô. Esprit et religion du Japon*, Bordas, París, 1972.

[20] «La secularización del budismo fue tan total en las enseñanzas de Nichiren, que llegó a identificar la religión con la prosperidad nacional. Se ensalza una cierta forma del budismo, la del Loto de la Luz Verdadera, diciendo que es la única curación de los males materiales, tanto económicos como políticos. Terremotos, huracanes, la peste, la amenaza de invasiones extranjeras, todo era debido a que se habían abandonado las Escrituras del Loto y se habían seguido formas falsas del budismo. En el corazón de Nichiren, el Japón y el budismo se identificaban». F. Harold Smith, «El budismo», en E. O. James, *Historia de las religiones*, Vergara, tomo II, Barcelona, 1960, p. 239.

[21] El nombre de Buston aparece ligado al período más antiguo de la historia del budismo tibetano. En su época fue considerado como el mejor conocedor del sistema *Kâlachakra*.

[22] Véase I. Preciado, *Svástica. Religión y magia en el Tíbet*, Óberon, Madrid, 2003.

[23] F. Mora, *Padmasambhava y el budismo tibetano*, Kairós, Barcelona, 1998, p. 14.

[24] M. Eliade, *Historia de las creencias y de las ideas religiosas*, Cristiandad, vol. III/I, Madrid, 1983, p. 281.

[25] F. Mora, *ob. cit.*, p. 23.

[26] J. Blofeld, *El budismo tibetano*, Martínez Roca, Barcelona, 1980, p. 38.

[27] M. Pallis, *El camino y la montaña*, Kier, Buenos Aires, 1973, p. 161.

[28] Sobre la historia del budismo, puede consultarse H. Akira, *A history of Indian Buddhism. From Sâkyamuni to Early Mahâyâna*, University of Hawaii Press, 1990; E. Conze, *Breve historia del budismo*, Alianza Editorial, Madrid, 1983; F. Lénoir, *El budismo en Occidente*, Seix Barral, Barcelona, 2000 y H. de Lubac, *La rencontre du bouddhism et de l'Occident*, Aubier, París, 1955.

[29] A. Bareau, «El budismo indio», en H.-C. Puech (dir.), *Las religiones en la India y en el Extremo Oriente* (Historia de las Religiones), Siglo Veintiuno, vol. 4, Madrid, 1985, pp. 230 y 231.

[30] D. T. Suzuki, *Ensayos sobre budismo zen*, Kier, Primera Serie, Buenos Aires, 1981, p. 191.

[31] Véase M. Waldberg, *Los bosques del zen*, Espasa-Calpe, Madrid, 1978, p. 72.

[32] D. T. Suzuki, *ob. cit.*, pp. 206-208.

[33] *Ibid.*, p. 233.

[34] Huei-neng (Huineng), *Vida y enseñanza de Huei-neng*, Luis Cárcamo, Madrid, 1985, p. 19.

[35] *Ibid.*, p. 22.
[36] A principios del siglo XI la escuela Rinzai se dividió en dos corrientes: Yôgi y Ôryô.
[37] Véase T. Cleary, *Las cinco casas del zen*, Integral, Barcelona, 1997.
[38] «El título de Shôbôgenzô ("Tesoro del conocimiento de la verdadera Ley") provenía de cierta frase legendaria pronunciada por Shâkyamuni con motivo de una asamblea celebrada en la montaña del pico de los Buitres. El Buda se levantó, cogió una flor y la mostró a la comunidad. Sin pronunciar ni una sola palabra permaneció inmóvil durante largo rato. La perpleja asistencia no dejaba de preguntarse lo que de esa manera quería dar a entender. Recorriendo con su mirada inquisitiva a los allí reunidos, vio a su discípulo Mahâkâshyapa responder con una sonrisa como signo de comprensión, tras lo cual dijo: "Poseo el Tesoro del Conocimiento de la verdadera Ley, el espíritu maravilloso del nirvana, y en este momento se lo entrego a Mahâkâshyapa"». Dôgen, *Cuerpo y espíritu*, Paidós, Barcelona, 2002, p. 3.
[39] S. Suzuki, *Mente zen, mente de principiante*, Editorial Cuatro Estaciones, Buenos Aires, 1989, p. 67.
[40] J. López-Gay, *La mística del budismo*, Biblioteca de Autores Cristianos, Madrid, 1974, p. 223.
[41] P. Kapleau, *Los tres pilares del zen*, Árbol Editorial, México, 1990, p. 393.
[42] Las narraciones de Nasrudín tienen un gran valor en los ámbitos sufíes: «La utilización de las leyendas de Nasrudín en los círculos sufíes muestra que la intención del maestro es desarrollar en los estudiantes una forma de pensar diferente de los patrones habituales... Se mantiene que ciertos niveles de comprensión no son posibles mientras el cerebro no aprenda a funcionar de más de una manera; éste es el equivalente del "proceso de iluminación mística" de algunos sistemas, pero los Naqshbandis parecen sostener la tesis de que el cerebro debe ser preparado gradualmente, sin que la iluminación sea una experiencia tan violenta como en otros métodos». C. Naranjo, *Psicología de la meditación*, Cuatro Estaciones, Buenos Aires, 1989, p. 56.
[43] I. Shah, *Los sufíes*, Luis de Caralt, Barcelona, 1984, p. 80.
[44] C. Lévi-Strauss, *Antropología estructural*, Eudeba, Buenos Aires, 1968, pp. 62-63.
[45] En C. Lévi-Strauss hallamos una clara y manifiesta inclinación hacia los principios del budismo, «esta gran religión del no-saber». *Tristes Trópicos*, Eudeba, Buenos Aires, 1976, p. 415.
[46] El budismo zen concuerda con el pensamiento de las escuelas Mâdhyamaka y Yogâchâra. Véase Chang Chen-Chi, *La práctica del zen*, La Pléyade, Buenos Aires, 1971, pp. 160-168.
[47] Véase D. T. Suzuki, *El zen y la cultura japonesa*, Paidós, Barcelona, 1996.
[48] Véase G. Nitschke, *El jardín japonés*. Taschen, Madrid, 1999.
[49] Véase Kazuko Okakura, *Le Livre du thé*, Dervy Livres, París, 1969.
[50] «Este budismo, llamado también *tántrico* (*tantra*, fórmulas eficaces), lleva consigo una afirmación del mundo material. De alguna forma, todos los dioses residen en el cuerpo humano. En el panteón coloca, junto a los Buddhas, una pareja femenina, o principio activo. La salvación consiste en la unión con el cosmos-Buddha a través de ciertas acciones sagradas, como pronunciación de sílabas místicas (*mantra*), o de gestos de los dedos (*mûdra*), o de la disciplina psicofísica (*yoga*), o de ciertos diagramas mágicos (*yantra*), o pinturas gráficas circulares ritualísticas (*mandala*) o aun de ciertos actos sexuales (*maithuna*). En el campo ético consideran que todo es puro en el hombre. Dentro de este budismo se ha desarrollado un simbolismo exagerado. En sus orígenes es clara la influencia del shivaísmo y saktismo. Dentro de la vida monástica del Tíbet ha florecido hasta nuestros días. Penetró

también en China y Japón, principalmente dentro de las sectas tendai y shingon». J. López-Gay, *ob. cit.*, p. 11.

[51] Véase H. von Glasenapp, *Misterios budistas*, Ediciones Esotéricas, Buenos Aires, 1974, pp. 74-81.

[52] I. Preciado (ed.), *Vida de Milarepa*, Anagrama, Barcelona, 1994, p. 21.

[53] En el punto neurálgico de las historias relativas a la alquimia mística de los «ochenta y cuatro magos», aparece Nâgârjuna, un gran maestro tántrico del siglo VII. Véase, J. Robinson (ed.), *Buddhas Lions: The Lives of The Eighty-Four Siddhas*, Berkeley, 1979.

[54] A. Govinda, *Fundamentos de la mística tibetana*, Eyras, Madrid, 1980, pp. 56 y 57.

[55] Escuela del budismo tibetano fundada por Dromtön, discípulo de Atisha, hacia el 1050. Los contenidos doctrinales más relevantes de esta escuela se conocieron con el nombre de lo-jong («purificación de la mente»).

[56] M. Lalou, *Las religiones del Tíbet*, Barral, Barcelona, 1974, p. 63.

[57] J. Blofeld, *ob. cit.*, pp. 234-235.

[58] Tai Situ Rimpoche, Gyaltsab Rimpoche y Kalu Rimpoche, *Perlas del Dharma*, Samye-Dzong, Barcelona, 1983, p. 84.

[59] E. Conze, *ob. cit.*, pp. 138-139.

[60] W. Y. Evans-Wentz, *El libro tibetano de la gran liberación*, Kier, Buenos Aires, 1977, p. 157.

[61] Hay varias ediciones en castellano, por ejemplo: G. Tucci, *El libro tibetano de los muertos*, Dédalo, Buenos Aires, 1976; C. Trungpa y F. Fremantle, *El libro tibetano de los muertos*, Troquel, Buenos Aires, 1978, W. Y. Evans-Wentz, *El libro tibetano de los muertos*, Kier, Buenos Aires, 1990, y R. N. Prats (ed.), *El libro de los muertos tibetano: la liberación por audición durante el estado intermedio*, Siruela, Madrid, 1999.

[62] G. Tucci, *ob. cit.*, p. 13.

[63] Véase *ibid.*, pp. 8-9.

[64] El lama Anagarika Govinda es el autor de una interesante descripción de las experiencias que sufre el individuo tras el óbito, según consta en el *Bardo thödröl*: «En el primer día de la experiencia de la realidad en el estado *post mortem (chor-ñid-bar-do)*, la luz azul oscura de la sabiduría del *Dharma-dhâtu* emana del corazón de Vairocâna con tal fuerza que el ojo se siente cegado. "Al mismo tiempo aparece ante ti la doble luz blanca de los dioses *(lhahi-hod dkar-po-bkrag-med)*. Por medio de la fuerza de los malos karmas, la luz de un azul brillante provoca en ti el miedo, el terror, junto con un deseo de huida [...] Si, a causa de una irresistible ceguera mental *(gli-mug-drag-po)*, cedes al deseo, caminarás errante por el reino de los *devas* y, en el curso de ese errar por los seis mundos, darás la espalda al sendero de la liberación". En el segundo día del Bardo de la Realidad, se dice que la blanca y radiante luz de la "Sabiduría semejante a un espejo" reluce en el corazón de Vajrasattva (Aksobhya) y que, al mismo tiempo, aparece luz del purgatorio, turbia, de color ahumado *(dmyal-baho-bhod du-kha bkrag-med)*. "Mediante la fuerza del odio *(se-sdan-gyi bdan-gis)*, te sentirás aterrado por la radiante luz y tratarás de huir de ella, pero te sentirás también pendiente de la ahumada luz de los infiernos. Si te dejas atraer por ella, caerás en los mundos infernales, en los que sufrirás insoportables tormentos y quedarás paralizado en el camino de la Redención". Al tercer día brilla la cegadora luz amarilla de la "Sabiduría de la Igualdad de los Seres", emanando del corazón de Ratnasambhava y, al mismo tiempo, aparece la luz azul oscura del estado de la existencia humana *(mihi; hod snon-po bkrag-med)*. "Mediante la fuerza del orgullo *(na-rgyal-gyi dban-gis)* te aterras a continuación ante la radiante luz amarilla de la Sabiduría Igualadora, de la que quieres huir, porque te atrae la luz de los hombres, azul oscura. Si cedes a ella, renacerás en el mundo humano *(mihi-gnas)* y ten-

drás que sufrir las angustias del nacimiento, de la vejez, de la enfermedad y de la muerte". Al cuarto día aparece la luz roja turbadora de la "Sabiduría discriminante" del corazón de Amitâbha, al mismo tiempo que la luz de los pretas, de un amarillo oscuro *(yi-dvags-kyi hod ser-po bkrag-med-pa)*. "Por la fuerza del deseo apasionado *(hdod-chags dran-pohi dban-gis)*, te aterrará la luz roja irradiante (de la "Sabiduría discriminante") y querrás huir de ella, mientras te atraerá la luz amarilla oscura de los pretas. Si sigues esta atracción, caerás en el reino de los pretas y sufrirás allí la sed y el hambre más insoportables" [...] Al quinto irradia la cegadora luz verde de la "Sabiduría que todo lo consigue", que viene desde el corazón de Amoghasiddhi; mientras, brilla simultáneamente la luz de un rojo oscuro, causada por la envidia, de los asuras *(lha-ma, yin-gyi-hod dmar-po bkrag-med-pa)*. "Por culpa de una violenta envidia *(phrag-dog-drap-pos)*, serás aterrado por la brillante luz verde (de la Sabiduría que todo lo consigue), que tú tratarás de evitar mientras te atrae la luz roja oscura de los *asuras*. Si te dejas arrastrar, caerás en el mundo de los *asuras* para sufrir los insoportables tormentos del combate y de la discordia". Al sexto día aparecen reunidas las irradiaciones de las cinco Sabidurías, los Dhyâni-Buddhas, las divinidades tutelares (los guardianes de las puertas mandálicas) y los Buddhas de los seis reinos, de los que ya hemos mencionado los nombres en este texto. "Al mismo tiempo que las radiaciones de las sabidurías, aparecen constantemente luces turbulentas de los seis reinos *(rigs-drug)*: blancas para los *devas*, rojas para los *asuras*, azules para los humanos, verdes para los animales, amarillas para los *pretas* y ahumadas para los infiernos" [...] Al séptimo día aparecen las irradiaciones de los cinco colores de las Divinidades detentadoras del Saber, al mismo tiempo que la luz verde oscura del mundo animal *(dud-hgrohi-hod-ljan-khu-bkrag-med)*. "Por medio de las fuerzas desencadenadas por las tendencias ilusorias *(chags-hkhrul-pahi-dban-gis)* te sentirás espantado por el estallido de la irradiación de los cinco colores y querrás huir, al mismo tiempo que te sentirás atraído por las luces turbulentas. Si sigues esa tendencia, te hundirás en la oscuridad mental *(gli-mug)* del mundo animal *(dud-hgrohi-gnas)* y allí sufrirás interminables penas de la esclavitud, de la mudez, de la apatía" [...] Los seres que no están sintonizados con las cualidades espirituales de los Dhyâni-Buddhas y que, precisamente por eso, rechazan el estallido en sus radiaciones, actúan de ese modo en razón de sus particularidades, opuestas a las de los Dhyâni-Buddhas [...] Las fuerzas de los cinco Dhyâni-Buddas constituyen de este modo antídotos para la eliminación de los cinco venenos: ceguera, odio, deseo, envidia y orgullo, que son las causas de los estados existenciales terrestres o samsáricos [...] Según el predominio de uno u otro de los cinco venenos, los seres renacen en uno o en otro de los reinos de existencia». A. Govinda, *ob. cit.*, pp. 282, 283, 284 y 285.

[65] F. Mora, *ob. cit.*, p. 23.
[66] J. Blofeld, *ob. cit.*, pp. 138-139.
[67] A. Govinda, *El camino de las nubes blancas*, Eyras, Madrid, 1981, pp. 53-54.
[68] H. von Glasenapp, *ob. cit.*, pp. 132-133.
[69] A. David-Neel, *Místicos y magos del Tíbet*, Espasa-Calpe, Madrid, 1968, pp. 182-183.
[70] *Ibid.*, pp. 170-171, 172, 173 y 174.
[71] *Ibid.*, p. 191.
[72] W. Y. Evans-Wentz, *Yoga tibetano y doctrinas secretas*, Kier, Buenos Aires, 1975, pp. 289-290.

BIBLIOGRAFÍA

AKIRA, H., *A history of indian buddhism. From Sâkyamuni to early mahâyâna*, University of Hawaii Press, 1990.
ANESAKI, M., *History of japanese religion*, Routledge, Londres, 1930.
ANTOLÍN, M., y EMBID, A., *Introducción al budismo zen*, Barral, Barcelona, 1974.
ARNAU, J., *La palabra frente al vacío*, Fondo de Cultura Económica, México, 2005.
ARNOLD, P., *Con los lamas tibetanos*, Dédalo, Buenos Aires, 1976.
— *El zen y la tradición japonesa*, Mensajero, Bilbao, 1979.
ARVON, H., *Le bouddhisme*, PUF, París, 1951.
AUSTIN, J. (ed.), *The Dhammapada: from the Khuddaka Nikaya of the Sutta Pitaka*, The Buddhist Society, Londres, 1988.
BACOT, J., *Le poète tibétain Milarepa*, Bossard, París, 1924.
BAHM, A. J., *Philosophy of the Buddha*, Asian Humanities Press, Berkeley, 1993.
BARBER, N., *The flight of Dalai Lama*, Hodder & Stoughton, Londres, 1960.
BAREAU, A., *L'Absolu en philosophie bouddhique*, Centre de Documentation Universitaire, París, 1951.
— *Les sectes bouddhiques du petit véhicule*, École Française d'Extrême-Orient, París, 1955.
— *Les premiers conciles bouddhiques*, PUF, París, 1955.
— *Buda*, Edaf, Madrid, 1974.

BARTHELEMY SAINT-HILAIRE, J., *Buda y su religión*, La España Moderna, Madrid, s/f.
— *Le nirvana bouddhique*, Durand, París, 1875.
BENFEY, T., *A sanskrit-english dictionary*, Asian Educational Services, Nueva Delhi, 1991.
BENOIT, H., *La doctrina suprema*, Mundonuevo, Buenos Aires, 1961.
BHIKKHU BODDHI, *La esencia del budismo. El noble sendero óctuple*, Edaf, Madrid, 1992.
BHIKKHU KHANTIPALO y NYANASATTA THERA, *La práctica de la meditación y los fundamentos de la atención*, Altalena, Madrid, 1982.
BLOFELD, J., *Enseñanzas zen de Huang Po*, Diana, México, 1976.
— *El budismo tibetano*, Martínez Roca, Barcelona, 1980.
— *Mantras, sagradas palabras de poder*, Edaf, Madrid, 1981.
— *La rueda de la vida*, Eyras, Madrid, 1982.
BLYTH, R. H., *Haiku*, Hokuseido Press, 4 vols., Tokio, 1950.
BODHIDHARMA, *Enseñanzas zen*, Kairós, Barcelona, 1995.
BORGES, J. L., y JURADO, A., *Qué es el budismo*, Alianza Editorial, Madrid, 2000.
BREWSTER, E. H., *The life of Gotama the Buddha*, Routlege & Kegan Paul, Londres, 1956.
BROSSE, J., *Los maestros zen*, José J. de Olañeta, Barcelona, 1999.
BUDDHAGHOSA, *The Path of Purification (Visuddhimagga)*, Buddhist Publication Society, Sri Lanka, 1991.
BURNOUF, E., *Introduction a l'histoire du buddhisme indien*, Maisonneuve et Cie, Libraires-Éditeurs, París, 1876.
BUSSAGLI, M., *Qué ha dicho verdaderamente Buda*, Doncel, Madrid, 1971.
CHALLAYE, F., *Les philosophes de l'Inde*, PUF, París, 1956.
CHANG, G. C. C. (ed.), *Cantos de Milarepa*, Centro Yoga Universal Ciudad de México y Editorial Yug, 2 vols., México, 1981.
CHANG CHEN-CHI, *La práctica del zen*, La Pléyade, Buenos Aires, 1971.
CHOCHOD, L., *Occultisme et magies en Extrême Orient*, Payot, París, 1949.
CHODRON, T., *Los factores mentales*, Dharma, Novelda, 1989.
CLEARY, T. (ed.), *La esencia del zen*, Kairós, Barcelona, 1994.
— *Las cinco casas del zen*, Integral, Barcelona, 1997.
CONZE, E., *Selected sayings from the Perfection of Wisdom*, The Buddhist Society, Londres, 1955.
— *Buddhist wisdom books*, George Allen & Unwin LTD, Londres, 1958.
— *Thirty years of buddhist studies*, Bruno Cassirer, Great Britain, 1968.
— *Buddhist scriptures*, Penguin Books, Harmondsworth, 1969.
— *El budismo. Su esencia y su desarrollo*, Fondo de Cultura Económica, México, 1978.
— *Breve historia del budismo*, Alianza Editorial, Madrid, 1983.
— *Perfect wisdom: The Short Prajñâpâramitâ Texts*, Buddhist Publishing Group, Londres, 1993.

— *Buddhist texts through the ages*, Munshiram Manoharlal Publishers, Nueva Delhi, 1995.
COOMARASWAMY, A., *Buddha y el evangelio del budismo*, Paidós, Barcelona, 1989.
— *Hinduismo y budismo*, Paidós, Barcelona, 1997.
— y I. B. HORNER (eds.), *The living thoughts of Gotama the Buddha*, Cassell and Company, Londres, 1948.
COWELL, E. B (ed.), *Buddhist Mahâyâna Texts*, Dover Publications INC., Nueva York, 1969.
DALAI LAMA, *El budismo del Tíbet y la clave del camino medio*, Diana, México, 1976.
— *Introducción al budismo tibetano*, Luis Cárcamo Editor, Madrid, 1982.
— *Un acercamiento a la mente lúcida*, Dharma, Novelda, 1987.
— y HOPKINS, J., *Kalachakra Tantra*, Wisdom Publications, Londres, 1985.
DAVID-NÉEL, A., *Místicos y magos del Tíbet*, Espasa-Calpe, Madrid, 1968.
— *Inmortalidad y reencarnación*, Dédalo, Buenos Aires, 1973.
— *Iniciaciones e iniciados del Tíbet*, La Pléyade, Buenos Aires, 1976.
— *Las enseñanzas secretas de los buddhistas tibetanos*, Kier, Buenos Aires, 1981.
— *Viaje a Lhasa*, Índigo, Barcelona, 1989.
— *El budismo de Buda*, "La Llave", Vitoria-Gasteiz, 2001.
DE SILVA, P., *Introduction to buddhist psychology*, Macmillan Press LTD, Londres, 2000.
DE WETERING, J. van, *El espejo vacío. Experiencias en un monasterio Zen*, Kairós, Barcelona, 1984.
DHIRAVAMSA, *Retorno al origen*, Los Libros de la Liebre de Marzo, Barcelona, 1992.
DOGEN, *La Naturaleza de Buda (Shobogenzo)*, Obelisco, Barcelona, 1989.
— *Cuerpo y espíritu*, Paidós, Barcelona, 2002.
DRAGONETTI, C. (ed.), *Udana. La palabra de Buda*, Barral, Barcelona, 1971.
— *Digha Nikâya. Diálogos Mayores de Buda*, Monte Ávila, Caracas, 1977.
— *Dhammapada*, Sudamericana, Buenos Aires, 1995.
DUMOULIN, H., *A history of zen buddhism*, Pantheon Books, Nueva York, 1963.
— *Encuentro con el budismo*, Herder, Barcelona, 1982.
— *Para entender el budismo*, Mensajero, Bilbao, 1997.
DURCKHEIM, K., *El zen y nosotros*, Mensajero, Bilbao, 1978.
DUTT, N., *Mahâyâna buddhism*, Motilal Banarsidass, Nueva Delhi, 1978.
ENOMILLA-LASALLE, H. M., *El zen*, Mensajero, Bilbao, 1972.
— *El zen entre los cristianos*, Herder, Barcelona, 1975.
ERACLE, J., *La doctrina búdica de la Tierra Pura*, Taurus, Madrid, 1981.
EVANS, D. W. (ed.), *The Discourses of Gotama Buddha Middle Collection*, Janus Publishing Company, Londres, 1991.
EVANS-WENTZ, W. Y., *Yoga tibetano y doctrinas secretas*, Kier, Buenos Aires, 1975.
— *El libro tibetano de la gran liberación*, Kier, Buenos Aires, 1977.

— *El gran yogui Milarepa del Tíbet*, Kier, Buenos Aires, 1984.
— *El libro tibetano de los muertos*, Kier, Buenos Aires, 1990.
ÉVOLA, J., *La doctrina del Despertar*, Grijalbo, México, 1998.
FATONE, V., *El budismo «nihilista»*, Eudeba, Buenos Aires, 1962.
FORMICHI, C., *Apología del budismo*, Dédalo, Buenos Aires, 1976.
FOUCHER, A., *Las vidas anteriores de Buda*, Taurus, Madrid, 1959.
— *Buda*, Grijalbo, Barcelona, 1963.
GLASENAPP, H. von, *Brahmâ y Bouddha*, Payot, París, 1937.
— *Les cinq grandes religions du monde*, Payot, París, 1954.
— *El budismo, una religión sin Dios*, Barral, Barcelona, 1974.
— *Misterios budistas*, Ediciones Esotéricas, Buenos Aires, 1974.
— *La filosofía de los hindúes*, Barral, Barcelona, 1977.
GOLDSTEIN, J., y KORNFIELD, J., *Vipassana. El camino de la meditación interior*, Kairós, Barcelona, 1995.
GOMBRICH, R., *Budismo theravâda. Historia social desde el antiguo Benarés hasta el moderno Colombo*, Cristiandad, Madrid, 2002.
GORDI, I. (ed.), *Destellos de Sabiduría. El Bodhisatvacaryavatara de Shantideva (685-763)*, Amara, Ciutadella (Menorca), 1995.
GOVINDA, A., *Fundamentos de la mística tibetana*, Eyras, Madrid, 1980.
— *El camino de las nubes blancas*, Eyras, Madrid, 1981.
— *Meditación creadora y consciencia multidimensional*, Kier, Buenos Aires, 1987.
GRUZALSKI, B., *Buda*, Tecnos, Madrid, 2002.
GUENTHER, H. V. (ed.), *The jewel ornament of liberation*, Shambhala, Boston y Londres, 1986.
— *Philosophy and psychology in the Abhidharma*, Motilal Banarsidass, Nueva Delhi, 1991.
— y KAWAMURA, L. S., *Mind in buddhist psychology*, Dharma, Berkeley, 1975.
GUILLON, E., *Les philosophies bouddhistes*, PUF, París, 1995.
HAKEDA, Y. S. (ed.), *The awakening of faith atributed to Asvaghosha*, Columbia University Press, Nueva York, 1967.
HAMILTON, C., *Buddhism*, The Liberal Arts Press, Nueva York, 1952.
HARRIS, I. C., *The continuity of Madhyamika and Yogâcâra in India Mahâyâna Buddhism*, E. J. Brill, Nueva York, 1991.
HARVEY, P., *El budismo*, Cambridge University Press, Madrid, 1998.
HERRIGEL, E., *El camino del zen*, Paidós, Barcelona, 1999.
HOFFMANN, Y., *Poemas japoneses a la muerte. Escritos por monjes zen y poetas de haiku en el umbral de la muerte*, DVD ediciones, Barcelona, 2001.
HOLLANG, F., *El budismo*, Casal i Vall, Andorra, 1964.
HOPKINS, J., *Meditation on emptiness*, Wisdom, Londres, 1983.
— *The tantric distinction: an introduction to tibetan buddhism*, Wisdom Books, Londres, 1984.

— *Emptiness yoga. The tibetan middle way*, Snow Lion Publications, Nueva York, 1995.
— HORNER, I. B. (ed.), *Milinda's Questions*, The Pali Text Society, 2 vols., Oxford, 1990.
— *The Book of the Discipline (Vinaya-Pitaka)*, The Pali Text Society, 6 vols., Oxford, 1992.
HOUANG, F., *El budismo*, Casal i Vall, Andorra, 1964.
HUI-NENG, *Vida y enseñanza de Huei-neng*, Luis Cárcamo, Madrid, 1985.
— *Sûtra del estrado (tan jing)*, Kairós, Barcelona, 2000.
HUMPHREYS, C., *La sabiduría del budismo*, Kier, Buenos Aires, 1973.
— *El zen visto por Occidente*, Dédalo, Buenos Aires, 1976.
— *A popular dictionary of Buddhism*, Curzon Press, Londres, 1994.
HUNTINGTON, C. W., Jr., y GESHÉ NAMGYAL WANGCHE, *The emptiness of emptiness. An introduction to early indian Mâdhyamika*, University of Hawaii Press, Honolulu, 1989.
IKEDA, D., *Budismo primer milenio*, Taurus, Madrid, 1988.
IZUTSU, T., *El koan zen*, Eyras, Madrid, 1980.
JASINK, B., *La mística del buddhismo*, Fratelli Bocca, Turín, 1925.
JOHANSSON, R. E. A., *Pali buddhist text*, Curzon Press, Londres, 1986.
KALU RIMPOCHE, *La práctica del budismo tibetano*, Barath, Madrid, 1984.
KALUPAHANA, D. J., *Nâgârjuna. The philosophy of the middle way*, State University of New York Press, Nueva York, 1986.
— *A history of buddhist philosophy*, University of Hawaii Press, Honolulu, 1992.
KAPLEAU, P., *Los tres pilares del zen*, Árbol Editorial, S. A. de C.V., México, 1990.
KEROUAC, J., *Los vagabundos del dharma*, Anagrama, Barcelona, 2004.
KOBAYASHI, I., *Cincuenta haikus*, Hiperión, Madrid, 1986.
KOHN, M. H., *The Shambhala dictionary of buddhism and zen*, Shamballa, Boston, 1991.
LALOU, M., *Répertoire du Tamur*, Maisonneuve, París, 1933.
— *Las religiones del Tíbet*, Barral, Barcelona, 1974.
LAMOTTE, E. (ed.), *Le Traité de la grande vertu de sagesse de Nâgârjuna (Mahâprajñâpâramitâsâstra)*, Institut Orientaliste, Université de Louvain, 2 vols., Louvain, 1949.
— *The teaching of Vimalakîrti (Vimalakîrtinirdesa)*, The Pâli Text Society, Londres, 1976.
LENOIR, F., *El budismo en Occidente*, Seix Barral, Barcelona, 2000.
LÉON FEER, M., *The Samyutta-Nikaya of the Sutta-Pitaka*, Pali Text Society, 5 vols., Oxford, 1975-1991.
LÉVI, P., *Amida*, Seuil, París, 1955.
LING, T., *Las grandes religiones de Oriente y Occidente*, Istmo, 2 vols., Madrid, 1972.
— *The Buddha*, M. T. Smith Ltd., Londres, 1973.

LONGCHEN RABJAM, *The practice of Dzogchen*, Snow Lion Publications, Nueva York, 1989.
LÓPEZ, D. S., *A study of svâtantrika*, Snow Lion Publications, Nueva York, 1987.
— *The Hearth Sûtra explained*, State University of New York Press, Nueva York, 1988.
— *Buddhism. An introduction and guide*, Penguin Books, Londres, 2002.
LÓPEZ-GAY, J., *La mística del budismo*, Biblioteca de Autores Cristianos, Madrid, 1974.
LUBAC, H. DE, *La rencontre du bouddhism et de l'Occident*, Aubier, París, 1952.
— *Amida. Aspects du bouddhisme*, Seuil, París, 1955.
MARÍN, J., *Buda o la negación del mundo*, Espasa-Calpe, Buenos Aires, 1954.
MASSON, A., *Histoire du Vietnam*, PUF, París, 1960.
MASUTANI, F., *A comparative study of buddhism and christianity*, The Young East Association, Tokyo, 1957.
MERTON, T., *El zen y los pájaros del deseo*, Kairós, Barcelona, 1999.
MIZUNO, K., *Basic buddhist concepts*, Kosei Publishing Co., Tokyo, 1992.
MORA, F., *Las enseñanzas de Padmasambhava y el budismo tibetano*, Kairós, Barcelona, 1998.
MORAES, F., *The revolt in Tibet*, Macmillan, Nueva York, 1960.
MÜLLER, M. (ed.), *Dialogues of the Buddha*, The Pali Text Society, Londres, 1973.
— *The Dhammapada*, Motilal Banarsidass, Nueva Delhi, 1992.
MURTI, T. R., *The central philosophy of buddhism*, George Allen & Unwin, Oxford, 1974.
NADOU, J., *Buda y el budismo*, Círculo de Lectores, Barcelona, 1976.
NAGAO, G. M., *Mâdhyamika and Yogâcâra*, State University of New York Press, 1991.
NÂGÂRJUNA, *Fundamentos de la vía media*, Siruela, Madrid, 2003.
ÑANAMOLI, Bhikkhu, *The path of Purification. Visuddhimagga*, Buddhist Publication Society, Sri Lanka, 1991.
— y BODDHI, B., *The Middle Length Discourses of the Buddha*, Wisdom Publications, Londres, 1995.
NAPPER, E., *Dependent-arising and emptiness*, Wisdom, Londres, 1989.
NARADA THERA, *Síntesis del budismo*, Kier, Buenos Aires, 1977.
NEGRE, P., *Budismo. Enigmas de un nirvana misterioso*, Labor, Barcelona, 1946.
NISHIDA, K., *Intelligibility and the philosophy of nothingness*, Maruzen, Tokyo, 1958.
NISHITANI, K., *La religión y la nada*, Siruela, Madrid, 1999.
NYANAPONIKA THERA, *El corazón de la meditación budista*, Eyras, Madrid, 1982.
— (ed.), *Anguttara Nikaya: discursos del Buda*, Edaf, Madrid, 1999.
NYÂNATILOKA MAHÂTHERA, *La palabra del Buda*, Índigo, Barcelona, 1991.
OLDENBERG, H., *Buda. Su vida su obra su comunidad*, Áticus, Buenos Aires, 1946.

PÁLOS, S., *Las enseñanzas de Buda*, Bruguera, Barcelona, 1972.
PALLIS, M., *El camino y la montaña*, Kier, Buenos Aires, 1973.
PANIKKAR, R., *El silencio del Buddha*, Siruela, Madrid, 1996.
PERCHERON, M., *Buda*, Salvat, Barcelona, 1985.
PISCHEL, R., *Vida y doctrina de Buddha*, Revista de Occidente, Madrid, 1927.
PIYADASSI THERA, *El antiguo sendero del Buda*, Altalena, Madrid, 1982.
PRATT, J. B., *The pilgrimage of buddhism and a buddhist pilgrimage*, AMS Press, Nueva York, 1928.
PRATS, R. N. (ed.), *El libro tibetano de los muertos tibetano: la liberación por audición durante el estado intermedio*, Siruela, Madrid, 1999.
PRECIADO IDOETA, I. (ed.), *Vida de Milarepa*, Anagrama, Barcelona, 1994.
— *En el país de las nieves*, Martínez Roca, Barcelona, 2001.
— *Svastika. Religión y magia en el Tíbet*, Óberon, Madrid, 2003.
PRESBISH, C. S., *Historical dictionary of buddhism*, Sri Satguru Publications, Nueva Delhi, 1995.
PRICE, A. F., y MOU-LAM, W. (eds.), *The Diamond Sûtra and the Sûtra of Huei-Neng*, Shambhala, Boston, 1990.
PRYLUSKI, J., *Le bouddisme*, Rieder, París, 1932.
PRIMER PANCHEN LAMA, *El gran sello de la vacuidad*, Dharma, Novelda, 1988.
QUILES, I. *Filosofía budista*, Troquel, Buenos Aires, 1973.
RABTEN, G., *Echoes of voidness*, Wisdom, Londres, 1986.
RAHULA, W., *Lo que el Buddha enseñó*, Kier, Buenos Aires, 1990.
— *The heritage of the bhikkhu*, Grove Press, Nueva York, 1974.
REISCHAUER, A. K., *Studies in japanese bouddhisme*, Macmillan, Nueva York, 1927.
REVEL, J., y RICARD, M., *El monje y el filósofo*, Urano, Barcelona, 1998.
RHYS DAVIDS, T. W. (ed.), *A manual of buddhism*, Sheldon Press, Londres, 1932.
— (ed.), *The Anguttara-Nikaya*, Pali Text Society, 6 vols., Oxford, 1976-1989.
— (ed.), *Buddhist-Suttas*, Motilal Banarsidass, Nueva Delhi, 1994.
RIVIÉRE, J. R., *El arte y la estética del budismo*, Universidad Autónoma de México, México, 1958.
RODRÍGUEZ ADRADOS, F. (ed.), *Asoka. Edictos de la ley sagrada*, Edhasa, Barcelona, 1987.
ROËRICH, N., *El corazón de Asia*, Kier, Buenos Aires, 1988.
ROMÁN, M. T., *Buda: sendero del alma*, Aula Abierta, Madrid, 1997.
— *Enseñanzas espirituales de la India*, Óberon, Madrid, 2001.
— *Diccionario antológico de budismo*, Alderabán, Madrid, 2002.
— *Sabidurías orientales de la antigüedad*, Alianza Editorial, Madrid, 2004.
RUY, R. A. (ed.), *El Libro de la Gran Extinción de Gotama el Buddha o sea el Mahâ Parinibbâna Suttanta del Dîgha-Nikâya*, Hachette, Buenos Aires, 1975.
SADDHATISSA, H., *Introducción al budismo*, Alianza Editorial, Madrid, 1974.

SANGHARÁSHITA, *El sendero del Buda. Las ocho etapas de la liberación*, Dharma, Novelda, 1987.
— *El budismo: La enseñanza y su práctica*, Fundación Tres Joyas, Valencia, 1993.
— *Introducción al budismo tibetano*, Oniro, Barcelona, 1999.
SCHUHMACHER, S., y WOERNER, G., *Diccionario de la sabiduría oriental*, Paidós, Barcelona, 1993.
SCHUMANN, H. W., *Buda*, Ariel, Barcelona, 2002.
SCHUON, F., *Tesoros del budismo*, Paidós, Barcelona, 1998.
SENART, E., *Essai sur la légende du Bouddha*, París, 1882.
SHERA DORJE (ed.), *Mahâmudrâ teachings of the supreme siddhas*, Snow Lion Publications, Nueva York, 1995.
SING, J., *An introduction to Madhyamaka Philosophy*, Motilal Banarsidass, Nueva Delhi, 1987.
SITU RIMPOCHÉ, *Cánticos del Mahâmudra*, Samye-Dzong, Barcelona, 1983.
SKILTON, A., *A concise history of buddhism*, Windhorse Publications, Birmingham, 1994.
SNELLING, J., *The buddhist handbook. A complete guide to buddhist schools, teaching, practice, and history*, Inner Traditions, Rochester, Vermont, 1991.
— *El budismo*, Edaf, Madrid, 1992.
SOGYAL RIMPOCHE, *El libro tibetano de la vida y de la muerte*, Urano, Barcelona, 1994.
SOLÉ-LERIS, A., *La meditación budista*, Martínez Roca, Barcelona, 1986.
— y VÉLEZ DE CEA, A. (eds.), *Majjhima Nikâya. Los Sermones Medios del Buddha*, Kairós, Barcelona, 1999.
SOOTHILL, W. E. (ed.), *The Lotus of the Wonderful Law*, Curzon Press, Oxford, 1992.
SPIEGELMAN, J. M., y MIYUKI, M., *Budismo y psicología junguiana*, Índigo, Barcelona, 1988.
STCHERBATSKI, T., *Dharma. El concepto central del budismo*, Sirio, Málaga, 1994.
SUZUKI, B. L., *Budismo mahayana*, Fabril, Buenos Aires, 1961.
SUZUKI, D. T. (ed.), *The Lankavatara sutra*, Routledge & Kegan Paul, Londres, 1968.
— *La Gran Liberación*, Mensajero, Bilbao, 1972.
— *Ensayos sobre budismo zen*, Kier, Tres Series, Buenos Aires, 1981, 1986 y 1989.
— *Introducción al budismo zen*, Kier, Buenos Aires, 1990.
— *Studies in the Lankavatara Sutra*, SMC Publishing, Taipei, 1991.
— *Vivir el zen. Historia y práctica del budismo zen*, Kairós, Barcelona, 1995.
— *El zen y la cultura japonesa*, Paidós, Barcelona, 1996.
— y FROMM, E., *Budismo zen y psicoanálisis*, Fondo de Cultura Económica, México, 1975.
SUZUKI, S., *Mente zen mente de principiante*, Cuatro Estaciones, Buenos Aires, 1989.
TEMPA DHARGEY, Gueshe: *Lam Rim (El Camino Gradual a la Iluminación)*, Dharma, Novelda, 1990.

THICH NHAT HANH, *Ser paz. El corazón de la comprensión. Comentarios al Sutra del Corazón*, Árbol Editorial, México, 1990.
— *El Sol, mi corazón (Vivir conscientemente)*, Dharma, Novelda, 1993.
— *Las claves del zen*, Neo Person, Madrid, 1998.
THOMAS, E. J., *The history of buddhist thought*, Routledge & Kegal Paul, Londres, 1963.
— (ed.), *The road to nirvana. A selection of the buddhist Scriptures translated from the pali*, John Murray, Londres, 1992.
— (ed.), *The Perfection of Wisdom*, John Murray, Londres, 1992.
THURMAN, R. A. F., *El budismo tibetano esencial*, Robin Book, Barcelona, 1998.
TOLA, F., y DRAGONETTI, C., *Budismo mahayana*, Kier, Buenos Aires, 1980.
— *El idealismo budista. La doctrina de sólo-la-mente*, Premià, México, 1989.
— *Nihilismo budista. La doctrina de la vaciedad*, Premià, México, 1990.
TRUNGPA, C., *Más allá del materialismo espiritual*, Edhasa, Barcelona, 1985.
— *Abhidharma*, Kairós, Barcelona, 1989.
— y GUENTHER, H. V., *El amanecer del tantra*, Kairós, Barcelona, 1976.
— y FREMANTLE, F. (eds.), *El libro tibetano de los muertos*, Troquel, Buenos Aires, 1978.
TUCCI, G., *Teoría y práctica del mandala*, Dédalo, Buenos Aires, 1975.
— (ed.), *El libro tibetano de los muertos*, Dédalo, Buenos Aires, 1976.
VALLÉE POUSSIN, L. de la (ed.), *L'Abhidarmakosa de Vasubandhu*, Institut Belge des Hautes Etudes Chinoises, Bruselas, 1980.
VÉLEZ DE CEA, A., *El buddhismo*, Ediciones del Orto, Madrid, 2000.
VV.AA., *Kalachakra. La plus haut des tantras bouddhistas*, Claire Lumière, París, 1995.
WADELL, L. A., *The buddhism of Tibet or lamaism*, Asian Educational Services, Nueva Delhi, 1991.
WALDBERG, M., *Los bosques del zen*, Espasa-Calpe, Madrid, 1978.
WALSHE, M. (ed.), *The Long Discourses of the Buddha*, Wisdom Publications, Londres, 1995.
WARREN, H. C., *Buddhism in translations*, Motilal Banarsidass, Nueva Delhi, 1993.
WATTS, A., *El camino del zen*, Edhasa, Barcelona, 1971.
— *Budismo*, Kairós, Barcelona, 1999.
WILLIAMS, P., *Mahâyâna buddhism*, Routledge, Nueva York, 1994.
WOODWARD, F. L. (ed.), *The book of the kindred sayings (Sanyutta-Nikâya)*, The Pali Text Society, Oxford, 1995.
YESHE, Lama, *Introducción al tantra*, Dharma, Novelda, 1987.
YIH-CHING, Chow, *La philosophie chinoise*, PUF, París, 1956.
YOSHINORI, T., *The heart of buddhism*, The Crossroad Publishing Company, Nueva York, 1983.

GLOSARIO

Abhidharma-pitaka: una de las secciones del canon búdico. Compendio de la filosofía y la psicología búdicas.
Âgama: conjunto de las escrituras reunidas en el Sûtra-pitaka de la tradición budista sánscrita.
Anâtman: «sin sí mismo», «sin alma».
Anitya: «impermanencia».
Arhat: aquella persona que tras un supremo esfuerzo alcanza la liberación para sí.
Avidyâ: «ignorancia».
Âyatana: se aplica en especial a los doce campos sensoriales, a saber: los seis órganos de los sentidos y sus objetos correspondientes.
Bhagavat: «Bienaventurado», «Excelso», «Señor». Epíteto aplicado al Buddha.
Bhikshu: «monje».
Bhûmi: «tierra». Cada una de las etapas que debe recorrer un bodhisattva hasta llegar al estado búdico.
Bodhichitta: la motivación de obtener la iluminación total, para poder beneficiar a todos los seres.
Bodhisattva: Buddha potencial que ha alcanzado el umbral del nirvâna pero que decide permanecer en el mundo para ayudar a todos los seres a alcanzar el despertar.
Buddha: se refiere a la persona del Buddha Shâkyamuni como a cualquier ser «despierto».

Dalai Lama: soberano espiritual y temporal del Tíbet.
Dharma: verdad, doctrina, ley, virtud, esencia, religión, fenómeno, entidad, naturaleza, factores, elementos, etc.
Dharma-chakra: símbolo empleado para representar la enseñanza del Buddha.
Dharmakâya: cuerpo del Dharma. Uno de los tres cuerpos del Buddha.
Dhâtu: región, elemento, mundo o esferas de la existencia.
Dhyâna: estado de profundización de la conciencia provocado por concentración.
Dhyani-Buddha: Buddhas trascendentes.
Duhkha: sufrimiento, dolor, imperfección, frustración, mal, insatisfacción.
Gompa: monasterio.
Guru: maestro.
Hînayâna: pequeño vehículo. Una de las dos grandes corrientes del budismo.
Kâlachakra: «rueda del tiempo». El último y más complejo de los tantras búdicos.
Kalpa: medida de tiempo utilizada por los hindúes y los budistas.
Karma: ley universal de la causa y el efecto.
Karmapa: título del representante espiritual de la escuela kargyupa.
Karunâ: «compasión».
Kôan: formulación, en lenguaje paradójico, que apunta hacia la verdad última.
Mâdhyamaka: escuela del mahâyâna fundada por Nâgârjuna.
Mahâmudrâ: «gran gesto».
Mahâyâna: «gran vehículo». Una de las dos grandes corrientes del budismo.
Mandala: diagrama o círculo simbólico que se usa para realizar ejercicios de concentración o para fines mágicos.
Mantra: fórmula de encantamiento, himno de alabanza, sortilegio.
Mondô: método de enseñanza del zen mediante preguntas y respuestas.
Mudrâ: gesto.
Nikâya: colecciones de sermones que integran el Sûtra-pitaka.
Nirmanakâya: cuerpo terrenal. Uno de los tres cuerpos del Buddha.
Nirvâna: estado de conciencia intemporal, incondicionado, liberado y no dual.
Pâli: lengua en que están escritos los textos sagrados del budismo theravâda.
Pâramitâ: «aquello que ha alcanzado la otra orilla». Virtudes que un bodhisattva ejercita en el curso de su existencia.
Parinirvâna: extinción total de un Buddha o de un arhat.
Prajñâ: sabiduría.
Prajñâpâramitâ-sûtras: «Sûtras de la Perfección de la Sabiduría». Importante literatura del mahâyâna.
Pratîtya-samutpâda: origen dependiente, surgimiento condicionado, génesis condicionada, etc.
Rimpoché: título otorgado a los grandes lamas y a los tulkus o encarnaciones reconocidas.

Rôshi: maestro zen.

Samâdhi: concentración intensificada que tiene lugar como consecuencia de un intento deliberado por llevar la mente a un nivel de conciencia más elevado.

Sambhogakâya: cuerpo de la felicidad. Uno de los tres cuerpos del Buddha.

Samsâra: ciclo de existencias, rueda de los renacimientos.

Sangha: comunidad de todos los fieles budistas.

Satori: «despertar».

Shambhala: país mítico, base de las modernas leyendas de Shangri-la.

Shûnyatâ: «vacuidad». Idea nuclear de la escuela mâdhyamaka.

Siddhi: poderes psíquicos que pueden aparecer durante las prácticas yóguicas.

Skandha: «agregado», «compuesto». Las cinco clases de factores de la existencia que en el análisis budista integran el ser humano.

Stûpa: monumento funerario.

Sûtra-pitaka: «canasta de los sûtras». Una de las secciones del canon búdico.

Tantra: «hilo», «trama». Obras propias del vajrayâna.

Tathâgata: «aquel que ha venido de esta manera», «predestinado». Uno de los epítetos del Buddha.

Tathatâ: «talidad», «naturaleza verdadera de las cosas».

Terma: tratados enterrados en diferentes lugares del Tíbet.

Theravâda: única escuela del Hînayâna que existe en la actualidad.

Triloka: los tres ámbitos que constituyen el ciclo de los renacimientos.

Tripitaka: «tres cestas». Canon búdico.

Trisharana: «triple refugio». Ritual y fórmula pronunciada por un budista con ocasión de la toma de refugio en las «tres joyas».

Vajrayâna: «vehículo del diamante». Denominación empleada para referirse al budismo tibetano.

Vinaya-pitaka: «canasta de la disciplina». Una de las secciones del canon búdico.

Yâna: «vehículo», «barca».

Yogâchâra: escuela de mahâyâna, denominada también vijñânavâda, fundada por Asanga.

Zen: Escuela budista japonesa.